巻頭言

大学は入学前のコミュニティーよりも活動の自由度が高く、また卒業後のコミュニティーよりも人材の入れ替わりが激しいという特徴があります。特に東大はその傾向が顕著で、学部課程が前期・後期の2年ずつに分かれていることから、東大の学部生は毎年「最初の１年」か「最後の１年」を経験していることになります。この特徴を言い換えると「人の入れ替わりが激しいのでどんなに優れた活動でも引き継ぐ人がいないと廃れてしまう」ということ。日本国内で新型コロナウイルスが本格的に流行し始めてはや１年。まもなく学部学生の半分、すなわち全ての前期課程生が「コロナ禍前」の東大を知らない世代になろうとしています。

いつ終わるかも分からないコロナ禍により失われてしまう東大の姿があるのではないか。コロナ禍前の東大を知らない学生たちは自分の人生にとってかけがえのない何かを獲得するチャンスを逃してしまうのではないか。本書はそういったコロナ禍における東大の危機において、東大を「記録する」という観点から危機を脱却する一助となるのではないかと期待しています。本書に収録されているのは 2019 年4月から 2020 年４月にかけて『週刊　東京大学新聞』および「東大新聞オンライン」に掲載された記事。コロナ禍前最後の１年に東大はどのような姿をしていたのか、またコロナ禍に東大はどう対応したのか。これらの情報はウィズコロナ、ポストコロナの社会や東大を生きる人々にとって極めて価値あるものでしょう。本書の本領が発揮されるのは、ひょっとするとしばらく時間が経ってからかもしれません。現在東大に関わっている、将来東大に関わるかもしれない皆様にとって、本書が東大をより深く知るための一冊となれば幸いです。

東京大学新聞社
『東京大学新聞年鑑 2019-20　東大記録帖』
編集長　中野快紀

東大記録帖

～"コロナ前"の東大は～

東京大学新聞社年鑑 2019-20

CONTENS

※肩書き・学年など、記事中に現れる固有名詞は全て『週刊 東京大学新聞』に掲載された当時のものです。

特集

揺れた東大

新型コロナに東大はどう動いたか

２０２０年、今まで私たちが経験したことのない感染症が全世界を席巻した。東大では入学式が中止になり、授業はオンラインへのシフトを余儀なくされた。『東京大学新聞』も毎号、先の見えない新型コロナウイルス感染症と大学の対応、パンデミックに翻弄される学生の姿を追った。

コロナ禍に揺れた東大

40497
～
40571
40425
～
40496
新型コロナウイルスの感染
予防の観点から、関係者
以外の構内への立入を禁止
します。
ご理解ご協力をよろしく
お願いします。
東京大学

2020年春

2020年に入ってから世界的に流行した新型コロナウイルス。2021年になった今では「コロナ禍」の暮らしがもはや当たり前になってしまったが、海の向こうのパンデミックが徐々に日本にも迫ってきた2020年の春、東大や東大生もまた急な対応に追われた。未曾有の事態の中、東大では何が起きていたのか。ニュースや学生の声から当時に迫る。

2020年 1月

- 1月 6日
  中国 武漢で原因不明の肺炎
  厚生省が注意喚起

- 1月14日
  WHO
  新型コロナウイルスを確認

- 1月16日
  日本国内で初めて感染確認
  武漢に渡航した中国籍男性

- 1月30日
  WHO
  「国際的な緊急事態」を宣言

2月

- 2月 3日
  乗客の感染が確認されたクルーズ船、横浜港に入港
- 2月13日
  国内で初めての感染者死亡
  神奈川に住む80代の女性
- 2月27日
  安倍首相、全国の小中高校に臨時休校の考えを公表

NEWS▶2020 02.06

新型コロナウイルス

受験生への対応を検討

本部入試課は2月6日、新型コロナウイルスに関連する受験生への対応について、本紙の取材に「詳しい症状や治癒に要する期間などの情報を集めており、具体的な対応については検討中」と回答した。7日正午現在、東大は具体的な対応を発表していない。1月30日には文部科学省が各大学に、新型コロナウイルスに際して受験生への配慮を依頼している。

文科省は2009年に国内で新型インフルエンザが流行した時にも、各大学に受験生への配慮を求めた。東大は当時、2次試験直前には感染者数が減りつつあったことなどから、10年度入試で追試験を実施していない。過去に東大は、95年の阪神・淡路大震災で被災した受験生や、08年の北海道での暴風雪で交通機関が止まった影響を受けた受験生に、追試験を実施している。

◇

東京大学消費生活協同組合では7日現在、マスクや手指消毒用アルコールの在庫を確保できておらず、再入荷のめども立っていない。2月初頭にわずかに入荷したが、いずれも完売したという。手洗い用のハンドソープは在庫がある。

番号を見つけて指さす受験生＝2019年3月10日、本郷キャンパスで（撮影・東京大学新聞社）

NEWS▶2020 02.21

新型コロナウイルスの感染拡大防止のため

東大、合格者受験番号の掲示を中止

東大は2月21日、2020年度一般入試（前期日程）および外国学校卒業学生特別選考の合格者発表について、本郷キャンパスでの受験番号の掲示を中止すると発表した。本郷キャンパスに大勢の人が集まることで、新型コロナウイルスの感染を拡大させる恐れがあるため。合格者の受験番号は東大のウェブサイトおよび携帯電話サイトでのみ発表される。

◇

本郷キャンパスでの合格者番号の掲示は、総合図書館改修工事の資材運搬通路を確保するために、14年度の入試から3年間中止。17年度からは工夫すれば実施できると判断され、再開されていた。

閑散とする合格発表当日の本郷キャンパス。＝2020年3月10日、午後0時半ごろ、法文1号館と法文2号館の間で（撮影・湯澤周平）

受験生らはマスクを着けてキャンパスに入構した＝2月25日、本郷キャンパス正門付近で（撮影・中野快紀）

新型コロナの影響で合格発表の掲示中止

警戒態勢のなか2次試験実施

NEWS▶2020
02.25~27

2月25～27日、本郷キャンパス・駒場Ⅰキャンパスなどで2020年度第2次学力試験が実施された。文理合わせて約8500人の受験者が合格を目指し試験に臨んだ。27日には理Ⅲ受験者対象の面接試験が行われた。新型コロナウイルスの感染が広がる中、多くの受験生がマスクを着用。各試験会場には消毒液が設置された。25、26日には外国学校卒業学生特別選考の第2次選考のうち、小論文・学力試験も実施された。

◇

25日には国語と数学、26日には地理歴史、理科、外国語の試験が実施された。東大によると、2日目の外国語を受験したのは、第1段階選抜に合格した8644人のうち8534人だった。

日本国内でも新型コロナウイルス感染症の罹患者が増加する中、東大は2月13日に受験者に向けた文書を発表。手洗いうがいの励行や外出時や受験時のマスク着用など、体調管理に努めるよう求めていた。試験当日には全ての試験会場に手指消毒用のアルコール液が用意された。

初日の午前8時半ごろ、理Ⅱ志望の受験生は受験票を自宅に忘れるという不運に見舞われながらも「もちろん緊張しているが、昨日は入試のことはあまり考えずに過ごした。トラブルのおかげで吹っ切れたのでベストを尽くしたい」と意気込みを語った。

20年度入学試験（前期日程・外国学校卒業学生特別選考）の試験結果は3月10日正午ごろ、東大のウェブサイトおよび携帯電話サイトで発表される。本郷キャンパスでは14～16年度入試を除いて、例年合格者受験番号が掲示されていたが、20年度入試では新型コロナウイルスの感染を拡大させる恐れがあるため、中止となっている。

Report

新型コロナウイルスによる大学生への影響

旅行計画の急変 今も日本に帰れず

新型コロナウイルスの世界的な流行は、東大の学生の海外渡航にも深刻な影響を及ぼしている。春休みの旅行や留学と、海外への渡航の予定の変更を強いられた東大生は多いはず。以下に記されたのは、海外滞在中に状況が急速に悪化したため、現在も日本に帰れない状況にある中国人留学生の体験記である。

オーストラリアとアメリカに旅行すると決めたのは去年の12月頃だった。その時は新型コロナウィルスがまだ流行っていなかったので、航空券など普段通り入手できた。

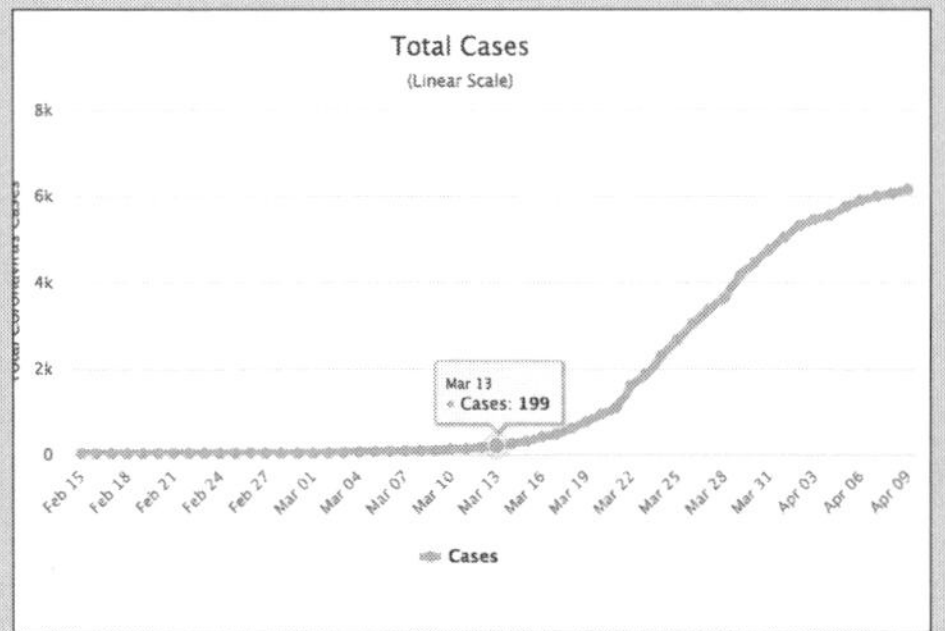

オーストラリアの感染者数の推移

2月11日にオーストラリアに渡航し、現地で大学に通う友人を訪ねて東海岸の都市ブリスベンに滞在した。当時オーストラリア全国の感染者数は100人にも満たなかったため、人々はウイルスをあまり気にしてないようだった。街中でマスクをしている人はほとんどおらず、滞在したホテルでもフロントに「発熱の症状や倦怠感がある場合、至急スタッフに伝えるか、近くの病院に寄ってください」と書いてある以外、対策は取っていなさそうだった。滞在中、友人の大学のサークルオリエンテーションや都市主催のイベントに行った。サークルオリエンテーションは予定通り行われ、かなりの人数が集まっていた。その大学では、モリソン首相の政策によりオーストラリアに渡航できない中国人生徒がいたものの、授業を録画してオンラインで視聴可能にするなどの対策をし、予定していた日付に授業が通常開始された（もちろん現在はオンライン講義に変わったが）。また、参加したイベントも、市場形式で大勢の人が集まっており、コロナウィルスの影響がほとんどない状態であった。しかし、感染人数の増加につれ、旅行の計画を予定通りに行うことができなくなっていった。

オーストラリアに滞在中、アメリカにいる友人とアメリカ旅行の計画について話した。最初はニューオーレンズとニューヨークに行く予定だった。しかし、ニューヨークでは最初に感染拡大の傾向があり、行くことを断念した。後日、アメリカ全国の感染者数が1000人を突破した上、アメリカにいる友人の大学がオンライン講義に移行したことをきっかけに旅行全体を打ち切ることにした。だが、予約したホテルや民泊はチェックイン日時が迫っていたためキャンセルできなかった。また、アメリカ国内の渡航で、キャンセルできなかった航空券も計3枚あった。宿泊代と航空券代を合計し無駄になった料金は合計20万円くらいだ。親と相談し、中国か日本に帰るか、アメリカに行き親戚の家に泊まるかの3択に絞った。中国に帰れば、新学期が始まると日本に帰る際に支障があることを予

ブリスベンの市場の様子 2月15日

ブリスベンの市場の様子 2月21日

想し諦めた。その一方、日本に戻ってもウィルスの流行の趨勢は分からないため断念した。感染者数がそれほど多くなく、親戚もいて安心だと思い、アメリカの感染者数が2000くらいに至った3月13日に、ロサンゼルスに渡航した。

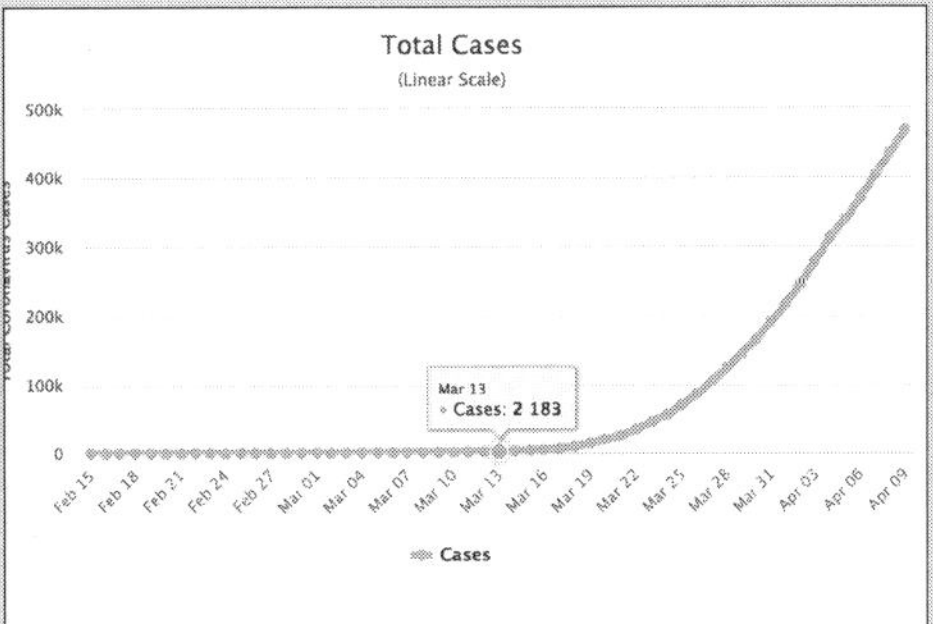

アメリカの感染者数の推移

アメリカの入国審査は普段通りで、体温審査などは行われなかった。到着した後、アメリカの感染者数は大いに増え、従妹の学校も休校になった。それを追って外出自粛令（Stay-at-Home-Order）が出て、3月19日に感染者数は1万人を突破した。人々は社会距離拡大（Social Distancing）を念頭においているようだが、まだ不要不急のような外出をしている人も見かける。

自宅隔離中の食材を買い足すために、スーパーマーケットでは毎朝開店時刻以前に店頭に長蛇の列ができ、商品の在庫不足も問題となっている。最初は卵が不足し、1人卵2パックしか買えない対策なども実施された。最近は卵の在庫が増えた一方、トイレットペーパーが欠乏状態になってしまった。

アメリカでは何か緊急状態になった時、動乱が発生しやすい。今回の事態により、トランプ大統領も新型コロナウィルスを中国ウィルスと曲解するなど、アジア系の人々が差別されている。アジア人であるため、私たちの家族も何人かの人に意識的に避けられた。自衛するために多くのアジア人は銃を買い足していたり、SNAやサイトを介して自衛団体を発足させたりしている。幸いに大きな事件はまだ発生してないようだ。

◇

日本政府は3月末に、アメリカを含む数十カ国から日本へ渡航した人に14日間の自宅隔離を要請するなどの入国制限を課した。さらに近日、これらの国から渡航してきた、特別永住者を除く外国人の入国を拒否する政策を発表した。そのため、中国人である私は現時点では日本に帰ることができなくなった。教科書の購買など授業を受ける際の問題点については、大学側の事務室や授業それぞれを担当する教授に連絡し、解決法を見出した。大学側がオンライン講義に移ったので大した支障はないが、時差が大きいため履修を組む時はかなり工夫をした。これからは日本に帰るための航空券を探すと同時に、アメリカに一時滞在しZoomで授業を受ける予定である。

◇

主な脅威は人に感染することとは言え、新型コロナウイルスは私たちの社会の他の方面にも大きな影響を及ぼしたと感じる。その発源地に拘泥しアジア人差別という正当化すべきではないものが正当化され、メディアによる過大描写を受けて特定の民族に対する偏見が生じている。個人のレベルで言えば、私は今回の事態で計画の急変を初めて経験した。感染しないよう、自分で予防をしっかりすれば、いつも通りに遊べるし、遊べなくても特段の損失は生じないという生ぬるい考えを持っていた。流行の速度が異常に速く、航空便も次々キャンセルされる事態になるとは予想できなかった。それが原因で、お金をはじめとするさまざまな損出を受けた。また、親と相談したとは言っても、アメリカへ行くのが正しいと判断したこともただの思い込みにすぎなかった。私個人でさえ新型コロナウィルスに対してこのような過ちを犯し損害を被ったので、ましてや各国政府は計り知れないほど多くの試行錯誤を重ねて解決法を見出すのであろう。いずれにせよ、新型コロナウィルスに対する絶対的に正しい対策は存在し得ないため、私たちはメディアに誤導されず、団結して目の前の困難をしのぐしかないと思う。

Some in Capital Region Chinese community seeking guns as protection as coronavirus backlash sparks fear

Backlash over coronavirus sparks fear

Pete DeMola | March 17, 2020

CAPITAL REGION — Some members of the Chinese community are seeking to arm themselves as the coronavirus pandemic continues to spread throughout the Capital Region, citing a loss of faith in government and hate-fueled rhetoric.

A man who identified himself only as "Michael" paced back and forth at Upstate Guns and Ammo on State Street in Schenectady on Tuesday.

"The government is supposed to protect us, but I feel like I need to protect my family," he said, clutching a scrap of paper with the phases "Remington" and "Mossburg" scrawled on it, referring to firearms manufacturers.

Also written: "12 gauge", "20 gauge" and "buckshot slug."

Michael, a naturalized U.S. citizen, said he emigrated from China and works at a restaurant in Albany.

"I don't want a gun, but I'm afraid for my family," he said.

中国系の自衛団体に関する報道

3月

- 3月9日
  専門家会議が呼びかけ
  「3条件重なり避けて」
- 3月24日
  東京五輪・パラリンピック
  1年程度延期に
- 3月29日
  新型コロナウイルスによる肺炎で
  志村けんさん死去

2019年度入学式では、マスク姿の学生はほとんど見られなかった

新型コロナウイルス

学位記授与式・卒業式を縮小 オリ合宿など中止も相次ぐ

NEWS▶2020 03.04

東大は3月4日、2019年度学位記授与式・卒業式を、規模を大幅に縮小した上で実施することを発表した。新型コロナウイルス感染拡大予防のため、学位記授与式・卒業式に出席できる学生は各研究科・学部の代表者のみに制限され、修了生・卒業生の家族には当日の来校を控えるよう呼び掛けている。式典の模様はインターネット上で配信される予定。東大は9日時点で、今後の感染拡大の状況次第では、実施方法などが再び変更となる可能性があるとしている。学位記授与式は23日、卒業式は24日に本郷キャンパス大講堂（安田講堂）で実施される。

学内では、新型コロナウイルスの感染拡大対策の動きが相次ぎ、不要不急の外出を控えさせるため、実施予定だった多くのイベントは中止・延期になった。例年多くの新入生がクラスの親睦を深めるために参加する「オリ合宿」は、2月29日に教養学部オリエンテーション委員会から中止が発表された。本部学生支援課は5日、31日までの御殿下記念館などの閉鎖、学生支援センターや硬式野球場などの利用自粛の要請を通知し、課外活動の自粛を呼び掛けた。東京大学消費生活協同組合（生協）では、3月中旬に予定されていた新入生歓迎会が中止された。

学内施設の開館時刻や営業時間も変更されている。駒場図書館は、通常午前8時半の開館を午前11時に変更した他、臨時休館を行う図書館もある。本郷キャンパス中央食堂1階の平日の営業開始時刻は、当面の間午前8時から午前10時に変更された。なお、食堂ではサラダバーなどが休止となっている。

東大の学生宿舎・ロッジなどでは、建物入り口に手指消毒剤を設置するなどして対応。他には、健康管理に関する留意事項についての宿舎内での掲示、全居室者への注意喚起文書の配布やメール送信などで感染予防対策を講じている。

新型コロナウイルス感染拡大防止のため

東大、入学式の 両国国技館開催を取りやめ

NEWS▶2020 03.10

東大は3月10日、２０２０年度の学部入学式および大学院入学式について、当初予定していた両国国技館での開催を取りやめたと発表した。今後は式自体の中止の可能性を含めて、式のあり方について検討するとしている。

東大は例年、創立記念日に当たる4月12日に日本武道館で入学式、大学院入学式を開催している。20年度は東京２０２０オリンピック・パラリンピック競技大会に伴う日

2019年度入学式で式辞を述べる五神総長

本武道館の改修のため、4月12日に両国国技館での開催を予定していた。

東大のウェブサイト上では、学部、大学院入学者向けに郵送される「入学式案内」「大学院入学式案内」の記載から変更になったことを告知している。

両国国技館で2020年度入学式を開催予定だった大学の間では、新型コロナウイルスへの対応が分かれている。法政大学は3月6日に開催中止を発表しているが、明治大学は3月10日時点で実施の可否を検討中としている。

NEWS▶2020 03.12

オリ委員、サークルなどが新歓活動を行う

「テント列」の中止を発表

教養学部オリエンテーション委員会は3月12日、新入生の諸手続き日にサークルなどが新歓活動を行う「テント列」の中止を発表した。新型コロナウイルス（COVID―19）感染拡大防止のため。

◇

テント列は、諸手続きに合わせて各サークルがテントを出し、活動内容の説明や新歓イベントへの勧誘を行うイベント。本年も3月26日に理科生向け、27日に文科生向けに実施される予定だった。

オリ委員会は各サークルの担当者向けの告知の中で「（団体構成員と新入生が多く接触する）テント列の特性から、縮小等の措置をとったり感染対策を行って安全に実施したりすることが極めて難しい」と説明。諸手続き当日の駒場キャンパスにおける新歓活動は全面的に禁止となった。本来は3月17日をめどに実施可否を告知するとしていたが、ビラ印刷や物品レンタルのキャンセルへの対応を考慮し、前倒しとなった。

3月30、31日に実施予定だったサークルオリエンテーションについては、これまで3月17日までに実施可否を判断するとしていたが、感染拡大の状況が不透明であることから判断を20日ごろまでに遅らせるとしている。

入学式が開催される予定だった両国国技館

新型コロナ影響各所で
入学式中止に

NEWS▶2020 03.18

東大は3月18日、2020年度の学部入学式と大学院入学式を中止すると発表した。新型コロナウイルス感染拡大を受けての決定。同日には五神真総長が教職員・学生向けのメッセージを発表し、COVID―19（新型コロナウイルス感染症）への東大の対策の方針を示した。

五神総長が対策を発表

東大は例年、創立記念日に当たる4月12日に日本武道館で入学式を開催。20年度は、東京2020オリンピック・パラリンピック競技大会に伴う日本武道館の改修のため、4月12日に両国国技館で開催される予定だった。

しかし3月10日、東大は当初予定していた両国国技館での開催を取りやめ、中止も含めて式の在り方を検討すると発表。18日の中止決定に至った。入学式で伝える予定だった、総長の式辞や来賓の祝辞などは、東大のウェブサイトで動画配信する予定だという。

18日には五神総長が、新学期に向けたCOVID―19への対策を発表した。慶應義塾大学や早稲田大学などが新学期の授業開始延期を発表する中、4月からの授業は当初予定していた学事暦通りに実施することを表明し、授業のオンライン化を奨励した（表）。

五神総長は対策について「東京大学に集うすべてのみなさんの健康を最優先させるために、本学の専門家とともに慎重に検討した上で決定したもの」と説明。授業様式の変更や入学式の中止を苦渋の判断としつつ、キャンパスでの集団感染防止を優先させたとした。

教職員・学生には、新型コロナウイルス感染拡大の早期収束に向けて注意深い行動を要請。「東京大学のあらゆるリソースを最大限に生かし、再び、安心して研究し、学ぶ日常が戻るよう、対応に全力を尽くします」と決意を表明した。

東大のウェブサイトでは現在「新型コロナウイルス感染症に関する対応について」という特設ページで、東大関係者向けの情報を随時公開。保健センターのウェブサイトでも、文部科学省や厚生労働省

五神総長が打ち出したCOVID-19対策

1. 卒業式・学位記授与式は簡素化して行う
2. 4月からの新学期授業は学事暦通り行う
3. 対面での講義は最小限とし、オンライン化を奨励し推進する。
4. 新学期の開始時に、教員および学生に対してのオンライン授業のガイダンスと試行を行う
5. 本年の入学式典は行わず、式辞、祝辞などをオンライン配信する
6. 構内への学外者の立ち入りを制限する
6. 公衆衛生的な処置を継続する

東大のウェブサイトを基に東大新聞社が作成

会見出席者はマスクを着用し、記者席との間にスペースが設けられた

などが発信する情報を共有している。

学生の課外活動にも影響が。教養学部オリエンテーション委員会（オリ委員会）は12日、例年諸手続（入学手続きの総称）の日に実施される「テント列」の中止を発表した。テント列は各サークルがテントを出し、活動内容の説明や新歓イベントへの勧誘を行うもの。本年は26日に理科生向けに、27日に文科生向けに実施予定だった。

オリ委員会は各サークルに「（団体構成員と新入生が多く接触するという）テント列の特性から、縮小等の措置をとったり感染対策を行って安全に実施したりすることが極めて難しい」と説明。諸手続き当日の駒場キャンパスにおける新歓活動を全面的に禁止した。本来は17日をめどに実施可否を告知予定だったものの、ビラ印刷や物品レンタルのキャンセルへの対応を考慮して前倒しとなったという。

30、31日に実施予定のサークルオリエンテーションについては、当初17日までに実施可否を判断するとしていたが、感染拡大の状況が不透明なことから判断を20日ごろまでに遅らせるとしている。19日正午時点で、実施可否は発表されていない。

感染阻止へ薬剤候補同定

井上純一郎教授、山本瑞生助教（共に医科学研究所）らは3月18日、新型コロナウイルス感染初期のヒト細胞へのウイルス侵入過程を阻止し、効率的に感染を阻害する可能性のある薬剤を明らかにしたと発表した。

新型コロナウイルス感染阻害に有効な可能性があると判明したのは、急性膵炎などの治療に用いられるナファモスタット。日本発の薬剤で、開発元の日医工がフサンという商品名で発売する他、特許が切れた現在では後発医薬品（ジェネリック医薬品）の販売も進んでいる。

発表によるとナファモスタットは、COVID—19の原因ウイルス「SARS—CoV—2」の感染の第1段階である、ウイルス外膜と感染する細胞の細胞膜との融合を阻止することで、ウイルス侵入過程を効果的に阻む可能性がある。

COVID—19の治療薬は国内外で研究が進められており、3月初旬にはドイツの研究者がナファモスタットの類似薬剤、カモスタットの有効性を発表した。しかしカモスタットを使用する場合、現在一般に用いられているよりも多くの量を患者に投与する必要があった。

東大によれば、ナファモスタットはカモスタットの10分の1以下の低濃度でウイルス侵入過程を阻止できる。ナファモスタットは国内で特に多く使用されており、十分な数の臨床データの下で安全性が確認されているため、速やかに臨床試験に移行できるという。

同日会見に臨んだ五神総長は「井上教授らの成果は論文未発表であるが、社会的影響を考慮して会見を行った」と説明。東大として新型コロナウイルスの封じ込めに全力で取り組む姿勢を表明した。今後は国立国際医療研究センターなどの研究機関や病院などと連携を取りながら、今月から来月初旬までに臨床応用へ対応していくことを目指すとした。

NEWS▶2020 03.18

授業は学事暦通りに

五神総長、新学期に向けた新型コロナウイルス感染症対策を発表

東大は3月18日、五神真総長のメッセージとして新学期に向けた新型コロナウイルス感染症（COVID－19）の対策を発表した。慶應義塾大学や早稲田大学などが新学期の授業開始延期を発表する中、4月からの授業は当初予定されていた学事暦通りに行うことを表明するとともに、授業のオンライン化を奨励する方針を示した。発表された対策は以下の通り。

1. 卒業式・学位記授与式は簡素化して行う
2. 4月からの新学期授業は学事暦通り行う
3. 対面での講義は最小限とし、オンライン化を奨励し推進する
4. 新学期の開始時に、教員および学生に対してのオンライン授業のガイダンスと試行を行う
5. 本年の入学式典は行わず、式辞、祝辞などをオンライン配信する
6. 構内への学外者の立ち入りを制限する
7. 公衆衛生的な措置を継続する

五神総長は以上の対策を「東京大学に集うすべてのみなさんの健康を最優先させるために、本学の専門家とともに慎重に検討した上で決定したもの」と説明。授業様式の変更や入学式の中止を苦渋の判断としながら、キャンパスでの集団感染の防止を優先させたという。同時に教職員・学生に対し、一日も早い新型コロナウイルス感染拡大の収束に向けて、日頃の注意深い行動を要請。「東京大学のあらゆるリソースを最大限に生かし、再び、安心して研究し、学ぶ日常が戻るよう、対応に全力を尽くします」と決意を表明した。

NEWS▶2020 03.19

新入生に事前準備を要請

教養・総合文化、オンライン授業の大規模な導入へ

太田邦史総合文化研究科・教養学部長は3月19日、新型コロナウイルス感染拡大を受けて総合文化研究科・教養学部の新入生とその家族に声明を発表し「東京大学創設以来初めて、教養学部・総合文化研究科におけるオンライン授業の大規模な導入を行うことにいたしました」と表明した。状況に応じて、4月の新学期開始当初から導入される可能性が十分にあるとしている。

声明で太田研究科長は「私たちの基本的姿勢は、どのような状況になっても、皆さんにできる限りこれまでと同様の教育を届けたいというもの」と説明。教育効果の点では対面型授業が最も優れているとしながらも、対面型授業が数カ月にわたってできなくなる可能性を考慮し、いつでもオンライン授業に切り替えられる準備をすることで事態の推移を直前まで見極められるとした。

太田研究科長は一方で「正直に申しますと、今回オンライン授業を導入するにあたって、教養学部・総合文化研究科では十分な時間を取って準備ができているわけではありません」と現状を告白。現在は事前のリスク分析や教員向けのチュートリアルを実施しているというが、実施して初めて気が付く問題やアクシデントが多発することが予想されるとし、学生にも協力を求めた。

オンライン授業の実施に際し、学生にはカメラとマイクを搭載したパソコンまたはタブレット端末の用意と、自宅のインターネット環境の整備を要請。下宿先に引っ越したばかりで用意ができない学生には学内の端末を使用させる可能性もあると説明した。加えて「情報基盤センター学習管理システム ITC-LMS」の利用法の熟読と、事前アクセスを求めている。

今後は感染拡大の状況に応じてステージを設定し、オンライン授業の可否について総合文化研究科・教養学部のウェブサイトや駒場キャン

パス正門前の掲示を通して通知するという。

NEWS▶2020 03.25

太田邦史総合文化研究科・教養学部長

課外・新歓活動の禁止を表明

太田邦史総合文化研究科・教養学部長は3月25日、東大本部・理事の指示により上級生と新入生の間で行われる課外活動の勧誘などを一律に禁止することを発表した。

太田学部長の発表によると、禁止されるのは以下の活動。

1．上クラスと下クラスの対面による顔合わせ（諸手続時）
2．サークル活動全般（対面での勧誘、土曜・日曜の活動を含む）
3．対面でのクラスオリエンテーション

以上の活動は、室内・室外に限らず全面的に禁止される。加えて、教養学部における4月からの授業の方法についてもあらかじめ定められたステージに基づいて変更するとしている。

太田学部長は声明の中で「新入生歓迎のために準備されてきた皆さんには、本当に申し訳なく思います。しかしながら、皆さんに感染が広がることを防ぐことを第一として考え、今回の決断をいたしました」と学生に理解を求めた。

［2020年3月26日 追記］

太田学部長は26日、東京大学新聞社の取材に対して、禁止の対象として念頭に置かれているのは対面での活動であり、オンラインでの活動については新歓も含めてこの限りではないとした。今回の教養学部の措置は、基本的に教養学部・駒場Ｉキャンパスにおける活動に限定されるものであり、東大全体の団体活動自体について制限をかけることはしていないという。

NEWS▶2020 03.27

教養学部

前期課程生にオンライン授業用の端末を貸出

教養学部は、3月27日、オンライン授業のために中古端末を学生に貸し出すことを発表した。オンライン授業の大規模な導入を発表していた教養学部・総合文化研究科。開始に先立ち、学生にはカメラとマイクを搭載したパソコンやタブレット端末の用意と、自宅のインターネット環境の整備を要請していた。

3月27日現在、対象は前期教養課程所属の学生のみで申し込みは3月29日まで。貸出数に余裕がある場合は、追加で申し込みを受け入れることを検討するという。申し込みが上限に達した場合は回答者の学年および回答内容を考慮した上で抽選を行う。初年次教育を主目的とする端末のため、新1年生の申し込みを優先することを考えているという。

ここに至るまでの長い間、皆さんの学業と研究活動を支えてこられたご家族やご友人の方々のご支援に対して、

学位記授与式・卒業式はインターネットでライブ配信された。写真は24日、卒業式で告示を述べる五神総長（東大のウェブサイトより転載）

19年度学位記授与式・卒業式

規模縮小、異例のライブ配信

NEWS▶2020 03.23・24

　2019年度の学位記授与式・卒業式がそれぞれ3月23日、24日に本郷キャンパス大講堂（安田講堂）で開催された。本年度は新型コロナウイルス感染拡大防止のため、学生は各研究科・学部の代表者のみの出席とするなど規模を大幅に縮小。当日は安田講堂前などで、代表者以外の修了生・卒業生や保護者と思われる人の姿も見られた。両式典は東大のウェブサイトや配信サービス「LINE　LIVE」を通じてライブ配信された。

　卒業式の告示で五神真総長は、地球と人類の未来をより良くするために知の探究を積み重ねる人材を、知のプロフェッショナルと紹介。「皆さんが本日手にされた学位記は、まさにそうした『知のプロフェッショナル』の資格を証明する」とした。これまでの努力に誇りを持つとともに謙虚さや誠実さを忘れず、社会の期待に応えて、未来への挑戦を続けてほしいと激励した。

　終盤には、卒業しても東大との関係が終わるわけではないと強調。東大は卒業生と共に、インクルーシブ・グロース（誰も取り残さない包摂性の中で追求する成長）に向けた社会変革を駆動する力になることを目指すと締めくくった。

　卒業生からの答辞を述べたのは三吉慧（あきら）さん（法・4年）と鄭翌（ていよく）さん（医・4年）。三吉さんは大学で初めて触れた、批判的に考えるという営みの困難さと、それに必要な覚悟に言及した。その上で、知を継承する者として、大学というぜいたくな時間を謳歌した者として、批判的に考え続ける使命があるとした。

　鄭さんは医療通訳の現場で、医療現場の国際化やそれに伴う衝突の増加を実感。東大では深い教養と自由な発想力を得たとし、変化する国際社会に優しさと平等さがあふれることを祈って、各卒業生に託された使命を果たすと決意を表明した。

　本年度は３０３０人の学部生が卒業。修士課程の３３２０人、博士課程の１２２３人、専門職学位過程３４４人の計４８８７人が各課程を修了している。

春の雪（2020年3月29日撮影）

新型コロナ　影響広がり先行き不透明

前期教養課程など1、2週目休講

NEWS▶2020 03.27

太田邦史総合文化研究科・教養学部長は3月27日午後、新型コロナウイルスの感染拡大を受けて、2020年度Sセメスター1、2週目をオンライン移行のための準備期間、課題学習期間、もしくは休講にすると発表した。前期教養課程では3週目以降オンライン授業が開始される予定だ。22日には本部が、学内で初めて新型コロナウイルス感染者が出たことを発表。課外活動の中止も発表されるなど、新入生をはじめとした学生への影響が広がっている。と説明。諸手続き当日の駒場キャンパスにおける新歓活動は全面的に禁止となった。本来は3月17日をめどに実施可否を告知するとしていたが、ビラ印刷や物品レンタルのキャンセルへの対応を考慮し、前倒しとなった。

　3月30、31日に実施予定だったサークルオリエンテーションについては、これまで3月17日までに実施可否を判断するとしていたが、感染拡大の状況が不透明であることから判断を20日ごろまでに遅らせるとしている。

　東大は22日に教職員1人の新型コロナウイルス感染を発表。感染者の存在が確認された20日には対策本部を立ち上げたことも併せて公表した。加えて26日午後には東大の構成員として2人目、学生では初となる新型コロナウイルス感染者の存在が判明した。東大は東京都のロックダウン（都市封鎖）の可能性を検討した上で、自宅勤務、自宅学習の推奨や3月に海外から帰宅した教職員や学生の自宅待機要請などといった対策を教職員に向けて発表している模様。

　26日には本部学生支援課も、課外活動と課外活動施設の利用を当面の間中止すると通達を出した。併せて不要不急の外出を控えるよう要請している。

　本部の発表に先駆けて太田研究科・学部長は25日、上級生と新入生の間で行われる課外活動の勧誘などを、本部・理事の指示で一律に禁止すると発表した。対面でのクラスオリエンテーションやサークル活動などは、室内・室外に限らず全面的に禁止された。オンラインでの活動が制限されるわけではないという。

　東京大学新聞社の取材に対し太田研究科・学部長は26日午前、禁止措置の背景には東大における教職員の新型コロナウイルス感染や、東京都における感染者の急増があると回答。25日に小池百合子東京都知事が「感染爆発の重大局面」として、週末に当たる28、29日の東京都民の外出自粛を求める会見を開いたことなど事態の緊急性を考慮し、教養学部や東大本部としてクラスター（小規模な集団感染やそれによる感染者の集団）形成を防ぐための措置を採る必要があると説明した。

　学内の図書館・室では臨時閉館、開館時間の短縮、サービスの縮小といった対策が取られている。本郷キャンパスの総合図書館では28、29日を臨時閉館とし、30日からは午前9時から午後5時までの短縮開館などの措置を採るとした。

（表）感染状況に応じたステージと総合文化研究科・教養学部の対応

ステージ	ステージの目安	授業	サークル・課外活動
レッド	緊急事態宣言に基づく知事の外出自粛要請・学校施設使用停止要請があった場合	ほぼ全ての学生の登校を禁止	全て禁止
オレンジ	教養学部前期課程・後期課程・大学院の学生や教職員に複数の感染者が出現し、出校停止状態になった場合	対面授業は極力避け、学生実習や体育実技なども原則オンラインで実施（後期課程・大学院の実習・実験など一部の授業を除く）	キャンパス内ではやむを得ない場合を除いて禁止
イエロー	現在と同程度の発症者数が継続している場合	当初２回は感染防御に配慮しつつ、対面型授業または課題演習を中心とし、適宜オンライン授業に移行。その場合、一部の授業を除き、学生実習や体育実技なども原則オンライン	キャンパス内では、多人数が集まる集会などはできる限り自粛
グリーン	感染症拡大がほぼ収束した場合	従来の対面型授業を中心とする（オンライン授業も併用する可能性がある）	通常通り

太田研究科・学部長の声明を基に東京大学新聞社が作成

19日時点でオンライン化を表明

太田研究科・学部長は19日にも、総合文化研究科・教養学部の新入生とその家族、在学生に声明を発表。「東京大学創設以来初めて、教養学部・総合文化研究科におけるオンライン授業の大規模な導入を行うことにいたしました」としていた。

声明の中で太田研究科・学部長は「私たちの基本的姿勢は、どのような状況になっても、皆さんにできる限りこれまでと同様の教育を届けたいというもの」と説明。対面型授業は教育効果が最も優れているものの数カ月実施できない可能性があるとし、オンライン授業に切り替えられる準備をすることで事態の推移を直前まで見極められるとした。

一方で「正直に申しますと、今回オンライン授業を導入するにあたって、教養学部・総合文化研究科では十分な時間を取って準備ができているわけではありません」と告白。実施後に気が付く問題やアクシデントの多発が予想されるとし、学生に協力を求めた。

オンライン授業の実施に際し、学生にはカメラとマイクを搭載したパソコンまたはタブレット端末の用意と、自宅のインターネット環境の整備を要請。引っ越したばかりなどの理由で用意ができない学生には、感染拡大状況を踏まえつつ、学内の端末を使用させる可能性もあると説明した。

前期課程は全てオンライン授業に

今後は感染拡大の状況に応じて、授業・課外活動の実施可能な範囲を定めた4段階のステージ（表）を設定し、オンライン授業の可否について総合文化研究科・教養学部のウェブサイトなどで通知するという。

3月27日午後には四つのステージのうち2番目に制限が厳しい「ステージ・オレンジ」に移行。これを受けて総合文化研究科・教養学部は、4月6日に始まるSセメスターの1、2週目の授業の休講を発表した。

3週目以降は前期教養課程の授業は全てオンライン化し、後期課程や総合文化研究科の授業に関してもできるだけ早いオンライン化を目指すとしている。ただし受講者の少ない一部の実習科目などについては各学科・専攻・系の判断でキャンパス内で実施する場合もあるとした。東京大学新聞社が3番目に制限が厳しい「ステージ・イエロー」の段階で教養学部に取材した際には、3週目以降の入構制限については未定で、補講などの措置についても対応を検討するとしていた。

オンライン授業の導入については

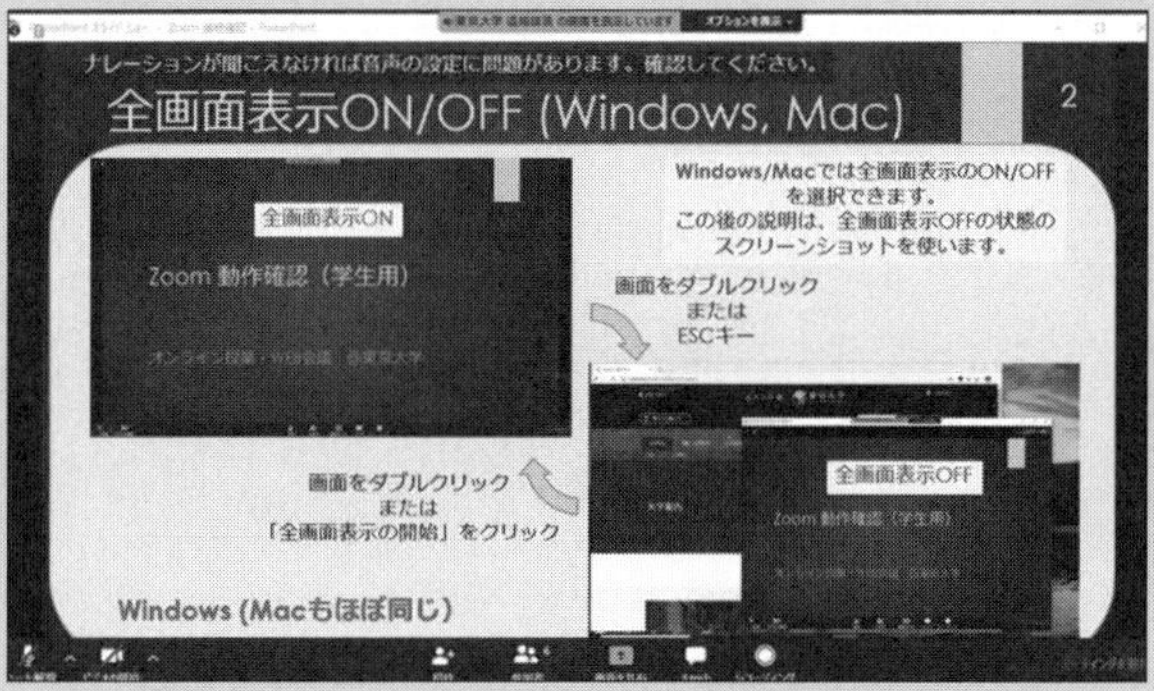

特設サイトでは、オンライン授業受講に関する解説を受けられる（写真は東大のオンライン授業特設サイトより転載）

各研究科・学部で対応が異なっている。人文社会系研究科・文学部は25日付で、Sセメスターの授業開始を4月17日に延期し、4月3日から16日までの2週間をオンライン授業の導入などを含む課題対応期間と位置付けるとした。一方法学政治学研究科・法学部は26日にSセメスターの授業の実施方針を発表。学事暦は変更せず、履修生全員を対象とする対面型授業に代えて、オンライン授業の実施や課題の提示などの代替措置を採るという。

新型コロナ 不要不急の外出自粛を要請
全部局対面型授業取り止め

NEWS▶2020 03.31

松木則夫理事・副学長（教育、学生支援、ダイバーシティ担当）は3月31日、4月以降の授業は当面の間、インターネットを活用した形式（オンライン授業など）のみで開講すると発表した。各部局の対応が異なる中、本部が一律で対面型授業に制限を設けた形だ。

◇

決定の経緯について松木理事・副学長は、25日に小池百合子東京都知事が発した外出自粛要請などを受けたものと説明した。学生に対しては、自宅や実家などで授業を視聴し、外出はなるべく控えるよう要請。開講する授業の情報については、学務システムUTASの掲示板と学部・研究科などのウェブサイトの両方を確認するよう呼び掛けた。

松木理事・副学長の発表以前、4月からの授業への対応は部局によって異なっていた。総合文化研究科・教養学部は27日に、4月6日から始まるSセメスターの1、2週目の授業を休講とし、20日から全ての授業をオンラインで開始すると発表していた。

法学政治学研究科・法学部は26日にSセメスターの授業の実施方針を発表。学事暦は変更せず、履修生全員を対象とする対面型授業に代えて、オンライン授業の実施などの代替措置を採るとした。代替措置の中には「履修学生を少人数のグループに分けて、グループごとに実施する対面型指導」も含まれており、対面型の授業を実施する可能性を残していた。

31日のオンライン化の決定を受け、2日には五神真総長が18日以来の全学向けの総長メッセージを発表した。春休み中に海外渡航した教員、学生が相当数に上るという実態が把握されたことから、キャンパスでの研究教育活動が感染拡大の場となることを懸念。教職員と学生が協力して困難に立ち向かうことを改めて呼び掛けるとともに、学生の健康と安全を第一に考えた上で学業の機会を十分に保障することを約束した。

併せて、五神総長は学生全員の接続環境が整わない中でも、各部局でオンライン授業などに向けた試行が必要と説明。「接続環境等の状況の差異によって、不公平が生じないよう、事後的な対応も含め、大学として十分な対策を講じますので、安心していただきたいと思

います」とした。

オンライン授業に向けた東大の準備も進んでいる。東大は11日にオンライン授業に向けた特設サイトを開設。オンライン授業で使用予定のウェブ会議システム「Ｚｏｏｍ」や学務システムなどの使用法を解説するとともに、オンライン授業実施などに関する情報を更新している。

31日には第93期五月祭常任委員会が、5月に開催予定だった第93回五月祭の予定通りの開催を断念したと発表。今後は東大と協議を行い、代替措置について検討していくという。

著作物の電子配布円滑化に向け要請

東大は3月31日、国内の旧帝国大学に当たる他の6大学および国立情報学研究所と合同で、文化庁と授業目的公衆送信補償金等管理協会（ＳＡＲＴＲＡＳ）に「授業目的公衆送信補償金制度」早期施行の要請を行った。同制度は著作物を教材として用いる際の許諾を簡潔にするもので、オンライン授業の円滑化に向けた鍵となる。

新型コロナウイルス感染拡大に伴うオンライン授業の機会増を受けて、ＳＡＲＴＲＡＳは3月5日付で、ＩＣＴ（情報通信技術）を活用した著作物の円滑な利用に可能な限り協力すると表明していた。しかし東大などはこれをあくまで緊急措置であるとして、授業目的公衆送信補償金制度利用を可能とするよう要請した。

従来、教材として用いる著作物を印刷物としてコピーしたりインターネット上で使用したりする際には、著作権者への個別の許諾が必要で、著作権処理を円滑に行えないなどの問題があった。同制度では、学校法人などが指定管理団体に補償金を支払い、団体から資金分配することで、個別の許諾が必要でなくなる。18年5月に改正された著作権法で定められ、3年以内に施行されることが決まっていたが、具体的な日程は未定だった。なお19年2月には、ＳＡＲＴＲＡＳが指定管理団体として指定されていた。

Report

あまりに唐突な留学中止

米国からの緊急帰国体験記

新型コロナウイルスの世界的な流行は、東大の学生の海外渡航にも深刻な影響を及ぼしている。春休みの旅行や留学と、海外への渡航の予定の変更を強いられた東大生は多いはず。以下に記されたのは、アメリカへの留学から緊急帰国した編集部員の体験記である。

帰国直前のボストンは3月10日に緊急事態宣言が出され非日常と化していた

東大の全学交換留学で米国ボストンのノースイースタン大学に留学していた私が緊急帰国することになったのは3月末のこと。もともと4月末まで滞在予定だった留学。7カ月前に渡米した際は想像もしなかった幕切れだった。

米国東海岸では長らく新型コロナウイルスは対岸の火事だった。2月に入っても「中国で騒がれている」程度の認識で、まさか米国で今ほどの広がりを見せることになるとは誰も想像していなかっただろう。留学先の大学が他校よりも早く春休みに入る2月末、ある授業の教授が唐突に「オンライン授業に移行する備えをしておこう」と言い出した時も、クラスメートは皆まさかそんなことになるとは考えておらず、「さすがに先生が過剰反応してるだけでしょ」という感じで話していたものだった。

その後、2月28日ごろに大学本部から教授に対しては「オンライン授業の準備をするように」という主旨のメールが送られたようだったが、その時はほとんどの教員と学生はまさか本当にやることになるとは思っていなかったと思う。

しかし1週間の春休みが明けた3月の第2週、状況は急転直下で一変した。西海岸の大学が次々オンラインに授業を移行する中、月曜、火曜は「もしかして授業がオンラインになるかもね」という認識を全ての学生が持っていたが、授業終わりに教授と「まさかこれが対面で会う最後にはなりませんよね」と笑い合うくらいの気持ちの余裕はあった。その会話が本当に対面での最後の会話になってしまったのだからとんでもない話だ。

春休み明け授業開始から3日目の水曜、他大より一歩遅れて授業の全面オンライン移行がアナウンスされ、何と翌日から授業がオンラインになるということで、大学全体が大混乱だった。しかしこの時点ではノースイースタン大はハーバード大のように寮を閉鎖しなかったため、キャンパス外のアパートに住んでいた私も流石に帰る必要が出てくるとは思ってもいなかった。

東大からようやく帰国に関するガイダンスが出たのはこの週の金曜である。外務省が危険度レベル2（不要不急の渡航は止めてください）に指定した地域の学生には帰国要請を行う、それ以外の場合も帰国は可能、という内容のもので、まだ米国ではワシントン州のみがレベル1だった当時はマサチューセッツ州がレベル2になるとはあまり想像がつかない事態だった。実際にはこの1週間強後には米国全土がレベル2に指定されるわけだが……。

土曜に公的機関の指導により大学が寮の全面閉鎖された時も、自分自身は寮暮らしでなかったため、まさか日本へ帰るなどとは夢にも思わなかった。現地の友人は皆急遽地元に帰ることになったため、慌てて別れを交わすことになってしまったが、自分自身は部屋に引きこもってでもオンラインで授業を受け続けるものだと思っていた。

状況が変わったのは次の月曜、留学先の大学の留学生担当部署からキャンパス外住まいの学生に対しても帰国を強く推奨する通知が出され、本気で帰国を検討することになった。何よりも州政府が矢継ぎ早にコロナ対策の政策を打ち出し、レストランが全閉鎖、スーパーマーケットからは食品がなくなるなど、とても安心して残れる状況ではなくなってしまったのだ（食品の棚は幸い数日後には元に戻った）。結局火曜には一週間後の便で帰国することを決めた。

授業がオンラインになるだけだと思っていた日から1週間で帰国まで決意することになるとは、本当に信じられない事態進行のペースの速さだった。帰国した現在はオンラインで一応授業の履修を続けてはいるが、時差のためリアルタイムで授業に参加できず、だいぶ学習能率は落ちてしまっている（中には昼夜逆転生活で乗り切ると言っていた日本人留学生もいたが、私にはできなかった）。

3月24日に帰国した時点では入国の際に検温すらされなかった（あるいは気づかなかっただけなのか？）ことを思うと、米国と日本の危機感の温度差は明白だ。米国の事態進行のとんでもない速さに比べると日本はだいぶ落ち着いているように見えるが、今後どうなるかは分からない。何より米国にいた当時、身近に感染者がいなかったのもあり大学側の動きは過剰反応だと思っていたが、気がつけば米国の感染者数が中国を抜き世界1位であることを考えると、よもや「あれでも遅かったのか」という恐ろしさがある。

最後の最後に自分の想像力の足りなさを痛感させられる苦い経験となった留学生活だった。（文・3年）

すっからかんになってしまったスーパーの食品の棚

韓国への留学延期

新型コロナウイルスによる大学生への影響

新型コロナウイルスの世界的な流行は、東大の学生の海外渡航にも深刻な影響を及ぼしている。春休みの旅行や留学と、海外への渡航の予定の変更を強いられた東大生は多いはず。以下に記されたのは、韓国・ソウル大学への留学を急きょ延期した編集部員の体験記である。

「今行ってもすぐに帰ってきてもらうことになるかもしれないから渡航の延期を検討してほしい」という連絡を受けたのは3月6日。海外旅行保険の解約手続きをしたと聞いたため、今学期留学できないだろうということは想像できた。すでに2回も出発日を変更していた。

キャンパスアジアプログラムでのソウル大学留学が決まった昨年11月から、今年3月の開講予定日に向けて寄宿舎の申請・健康診断・VISA申請などの準備を進めていた。寄宿舎の場合割り当てられる部屋が決まってから郵送による書類提出の期限までが短く、VISAに関しては領事館の受付時間が短かったため、他の予定をキャンセルしながら進めるほかなかったぐらいだ。2月中旬に寄宿舎の申請をしたとき、ダイヤモンド・プリンセス号の件で困惑していた日本と比べても、韓国での確診者数はそれほど多くはなかったため問題なく渡航できると思っていた。

計画を変更せざるを得なくなったのは、2月20日にあるメールが来てからだ。韓国語の授業のクラス分けテストを、当初予定されていた対面形式から電話形式へと変更するという。そのためテスト予定日だった2月26日に現地にいる必要がなくなり、開講日前日の3月3日へと出発日を変更した。その後2日に1回ほどの頻度で予定変更のメールが届き、結局先述の韓国語の授業の取り消しと開講日の延期を知った。それに伴い出発をさらに遅らせ3月8日とすることに。

そして、いよいよ出発かと思い荷物の最終確認をしていた3月6日、渡航を延期するようにと東大側から連絡を受けた。すでに外務省から出ていた危険度がレベル2（不要不急の渡航はやめてください）より下がらなければ数日中に東大から正式に渡航中止を求める告知が出るだろうというのだ。仮に東大からの留学が認められたとしても、ソウル大学が寄宿舎を封鎖した場合（日本に帰国しても2週間の隔離が決まっていたため）居場所がなくなるという問題もあったため、数日様子をみたほうがいいとも言われた。

その日の夜だった。韓国政府が日本政府への「対抗措置」として、すでに日本に対して発給していたVISAを9日から無効化すると発表したのだ。苦労して取得したVISAがただのシールと化し、唖然とするしかなかった。

3月16日に正式な渡航中止のメールが届いた。今回の留学に関しては次のセメスター分に振り替えてもらえるという。数日後留学届けを取り下げ、そして4月1日に後期課程用の学生証を受け取り、何事もなかったかのように3年生のSセメスターが始まった。

準備した荷物のほとんどが今もスーツケースの中にある。

（養・3年）

4月

- 4月 7日
  7都道府県に緊急事態宣言
  「人の接触、8割削減を」
- 4月11日
  国内の感染者
  1日の人数として最多の700人超
- 4月16日
  緊急事態宣言、全国に拡大
  13都道府県は
  「特別警戒都道府県」に

NEWS▶2020 04.03

東大、活動制限の指針を公表

入構の制限強まる

東京大学新型コロナウイルス対策タスクフォースの福田裕穂座長は4月3日、東大のウェブサイトで「新型コロナウイルス感染拡大防止のための東京大学の活動制限指針」の存在を明らかにした。4日からは感染拡大のリスクを軽減する観点から、構内の入構制限について規制が強められ、原則守衛のいる門のみ開門となり、入構には身分証の提示が必要となった。

福田座長によると、この活動制限指針は新型コロナウイルス感染の拡大に大学として統一的に対応するために諸外国の指針を参考にしながら作成されたもの。今回の発表では「研究活動、授業、学生の課外活動、学内会議、門の閉鎖」の項目について基準が示された。3月30日からの1週間は6段階のうち3番目に制限の厳しいレベル1の活動制限で対応していたが、4日からは「門の閉鎖」に関してレベル2に引き上げた形となる。

東大では休日のキャンパスの開門の制限や課外活動の中止要請などの対策を講じるとともに、教職員向けのオンライン授業講習会実施やインターネット環境の整備などを通じて安全な教育環境を整えるよう努めてきた。加えて、交代制の在宅勤務やオンライン会議への移行も順調に進んでいるという。

福田座長はレベルを引き上げる可能性に言及しつつ「世界の未曽有の危機の中、世界と連帯しながら、東京大学は今後もみなさまの安全を第一に、教育・研究活動を続けていきます」とし、学生、教職員に協力を呼び掛けた。

NEWS▶2020 04.03

オンライン授業開始

相次ぐトラブル　対策は？

4月3日から、薬学部や経済学部など、一部の学部や研究科でウェブ会議システム「Ｚｏｏｍ」を利用したオンライン授業が始まっている。全学でのオンライン授業の導入は初の試み。大学側も急な対応を強いられたことで、開始当初はトラブルが複数件発生した。

3日、6日、7日などには学務システム「ＵＴＡＳ」にアクセスが集中し、システムの利用が困難な状態に。ＵＴＡＳ内のシラバスに掲示されるオンライン授業のＵＲＬを求めて学生のアクセスが殺到し、想定以上の負荷がかかったためだ。ＵＴＡＳへのアクセスが困難となったことで、キャンパスの自動証明書発行機が正常に動作せず、成績証明に苦労した学生もいたという。

現在は学生が受講予定の授業のＵＲＬを取得したことや、学習管理

(図) Zoom を用いたオンライン講義を安全に進めるために
(情報基盤センター発表の資料から抜粋)

Zoom のセキュリティ上の問題→Zoom 側のアップデートで多くが対応されているため、ソフトウェアを最新版にアップデートする

部外者の侵入→ミーティングにパスワードを設定。
ミーティングに参加するための情報を外部に漏らさないように管理する
※標準設定だとミーティングの URL にパスワードが埋め込まれているため、学生・教員共に SNS など公開の場所で URL を書かないことを徹底

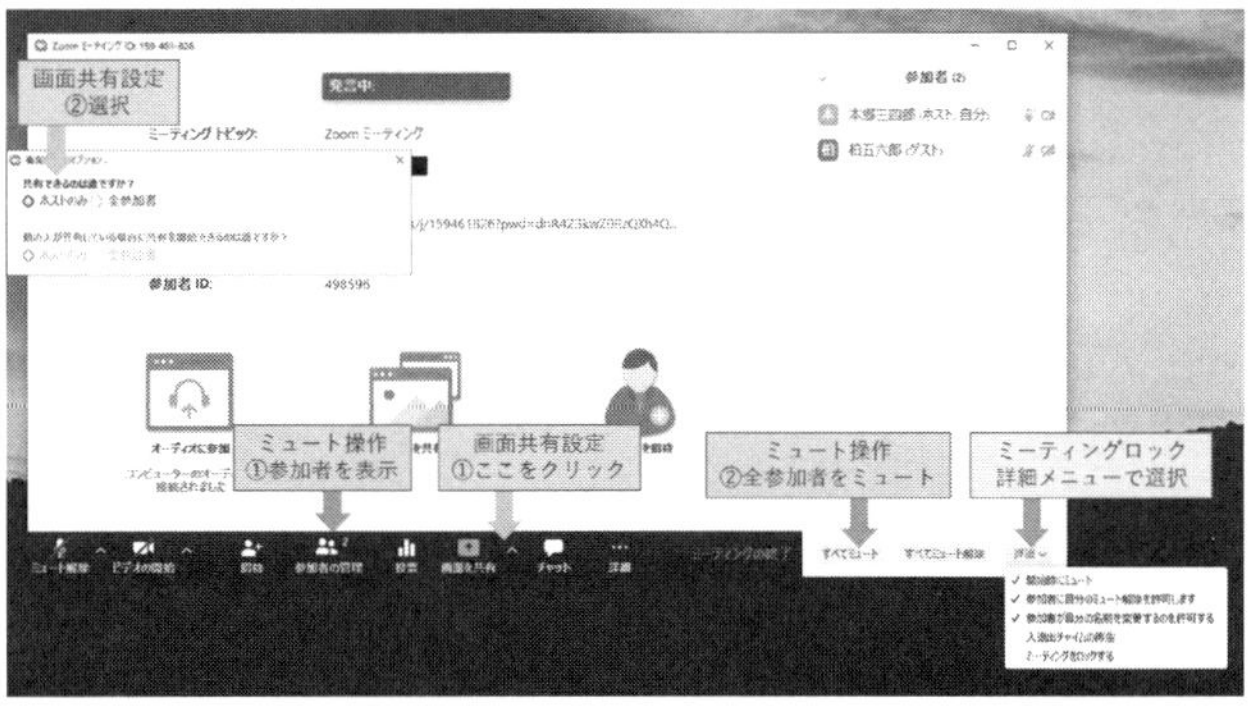

ミーティング中の操作
ミュート操作…………全参加者をミュートし、解除できないようにする
画面共有設定…………参加者が画面を共有できないようにする
ミーティングロック……新たにミーティングに参加できないようにする。学生、部外者問わずロックしてしまうため注意が必要

スクリーンショットは情報基盤センター発表の資料より転載

システム「ITC―LMS」上にもリンクを記載するなどの措置により、7日のピーク時ほど接続困難にはなっていない。経済学部はUTASへのアクセスが困難となった6日、所属学生に、オンライン授業のURLの一覧を送付する対応を取った。

経済学部のある授業は、授業の進行が妨害される「荒らし」の被害に。複数人の部外者が授業に乱入して奇声を上げながら授業スライドが映っている画面に落書きするなどし、授業の継続が困難となった。一度オンライン授業を解散し、再度学生を集めて授業を再開した。Zoomのミーティングに悪意を持って入室し、ミーティングの進行を妨害する行為は「Zoombombing」として、米国などで問題となっている。情報基盤センターはZoomを安全に使用するため、ソフトウェアを最新版にアップデートすること、授業参加にパスワードが必要な設定にすることを推奨している(図)。

対面での授業が不可能なことが影響してか、不開講となった授業も多い。前期教養課程では、全学自由研究ゼミナール28科目、全学体験ゼミナール33科目、その他日本国憲法やジェンダー論など、さまざまな授業がSセメスターでは不開講となった。ジェンダー論を担当する瀬地山角教授(総合文化研究科)は東京大学新聞社の取材に対し「600人相手のラジオDJ」をやるよりはAセメスターに延期して対面授業として開講すると話した。

新型コロナ

規制強化で 学内の研究は原則中止に

NEWS▶2020 04.08

東大は4月8日「新型コロナウイルス感染拡大防止のための東京大学の活動制限指針」を、6段階中2番目に厳しいレベル3に引き上げた。長期間にわたる実験が進行中などの場合を除き、学内における実験が中止となるなど、研究活動の制限が強化された。(情報は10日午後5時現在)

指針は、東京大学新型コロナウイルス対策タスクフォースの福田裕穂座長が3日に明らかにしたもの。新型コロナウイルス感染の拡大に大学として統一的に対応するため、諸外国の指針を参考にしな

がら作成された。「研究活動、授業、学生の課外活動、学内会議、門の閉鎖」の項目について対応が公表されている。

福田座長は3日の声明で、東大では休日のキャンパスの開門の制限や課外活動の中止要請などの対策を講じる他、教職員向けのオンライン授業講習会実施やインターネット環境の整備などを通じて安全な教育環境を整えるよう努めてきたと説明。交代制の在宅勤務やオンライン会議への移行も順調に進んでいるとしていた。加えて、今後レベルを引き上げる可能性にも言及。「世界の未曽有の危機の中、世界と連帯しながら、東京大学は今後もみなさまの安全を第一に、教育・研究活動を続けていきます」とし、学生、教職員に協力を呼び掛けていた。

3日時点では4番目に厳しいレベル1の活動制限で対応していたが、新型コロナウイルス感染拡大を受けて、6日には全面的にレベル2に移行すると発表。レベル2への引き上げに伴い、本郷キャンパスの総合図書館は7日から臨時休館となった。さらに、6日に政府が緊急事態宣言を予告したことなどを受け、7日にはレベル3への移行を決定し、ウェブサイトなどを通じて全学に通知した。

全学での判断とは別に、総合文化研究科・教養学部は10日、新型コロナウイルス感染拡大に応じた独自の活動制限の基準となる「ステージ」を、13日から「レッドB」に引き上げると発表した。基準は3月19日に発表されており、ステージ・レッドBの場合はほぼ全ての学生の登校を禁止するとともに、教員も学内から授業を配信することが原則不可能になる。

同研究科・学部はオンライン授業の開始に先立ち、受講環境が整わない学生にパソコンやモバイル・Wi　Fiルーターを貸し出すと発表。モバイル・Wi　Fiルーターの貸し出し受付は13日で終了予定だが、4月下旬には追加募集が行われる予定だ。パソコンに関しては現在も同研究科・学部の公式ウェブサイトから申請を受け付けている。

オープンキャンパス・五月祭も通常開催断念

東大は4月8日、7月に予定していた2020年度「高校生のためのオープンキャンパス」の開催を取りやめ、代替措置としてオンライン配信などの実施を検討していることを発表した。21年度については、延期された東京2020オリンピック競技大会について考慮しながら日程を調整するという。同日には第93期五月祭常任委員会が、第93回五月祭を予定通り5月に開催することを断念し、20年度中の延期開催を目指すとTwitterで発表した。

新型コロナウイルス感染拡大防止のための東大の対応（抜粋）

研究	長期にわたる実験を実施中のものなど一部を除き中止
授業・学内会議	全てオンライン
課外活動	全面禁止
開門	守衛のいる門のみ開き、入構には身分証の提示と入構記録が必要
図書館	全館で休館

東大のウェブサイトなどを基に東京大学新聞社が作成

NEWS▶2020 04.10

新型コロナ影響で

留学プログラム中止に

東大は4月10日、新型コロナウイルス感染拡大の影響で、2020年の夏から秋にかけて実施予定だった留学プログラムを中止することを発表した。今回中止となったプログラムの参加予定者は、代替措置として再度の応募を経ずに春学期への留学期間の変更が認められることとなった。

該当プログラムは①グローバルキャンパス推進本部担当サマープログラム②Berkeley Summer Sessions③UC Davis Global Study Program④IARU Courses⑤USTC International Summer Camp 2020⑥Deutschkurse Learn German in Munich⑦全学交換留学⑧UC派遣プログラム⑨嶺南大学派遣プログラム　の九つ。

中止の発表は東大のウェブサイト上に、グローバルキャンパス推進本部の相原博昭本部長と矢口祐人本部国際化教育支援室長の連名で出された。発表によると、現在各国で取られているビザ発給の停止や入国禁止などの措置が解除される見込みが立っていないという。大学として、学生の留学を奨励していたが、現状では前提となる学生の安全が確保できないとした。

今年の秋から全学交換留学で1年間英国に留学予定だった法学部3年の学生は、大学の対応に不満を漏らす。「留学の中止自体は仕方ないと納得しているが、代替措置を使っても留学期間が半年のみになってしまうのは残念」。就活が終わった4年の秋学期への振り替えが可能か問い合わせたが17日時点でまだ連絡はないという。同様にフランスへ留学予定だった教養学部3年の学生は「この時期の通知だったから、ぎりぎり夏の就活も間に合う。判断を6月ごろまで引き延ばされなくてよかった」と判断の早さを評価した。

東大は21年春学期での派遣の可否については7月ごろに判断し、同様にウェブサイト上で通知するとしている。春学期の留学も中止となった場合は今回のような代替措置は取られない。しては現在も同研究科・学部の公式ウェブサイトから申請を受け付けている。

五神総長ら動画で新入生にメッセージ

東大生よ「ギアチェンジ」を

NEWS▶2020 04.12

（右上から時計回りに）五神総長、星野理学系研究科長、太田教養学部長、明石氏（東大のウェブサイトより転載）

東大は４月12日、新型コロナウイルス感染拡大防止のために中止となった入学式に代わり、五神真総長、国立京都国際会館理事長の明石康氏ら４人の式辞、祝辞を公式ウェブサイトで公開した。本年度は学部生３１１８人、大学院生４５１９人が春季入学を果たした。

◇

本年度の入学式は４月12日に両国国技館（墨田区）で実施予定だったが、新型コロナウイルスの感染拡大を受けて３月18日に中止が発表されていた。中止を受け、入学式で登壇予定だった五神総長、太田邦史教養学部長、星野真弘理学系研究科長が式辞を、元国連事務次長の明石氏が祝辞をそれぞれ動画で述べた。

五神総長は学部入学者に向けて、細かく定められた指導要領に沿って用意された学習内容をこなすという大学入学以前の学び方からの「ギアチェンジ」の必要性を主張。東大が備える資源を自身に適した形で積極的に活用するよう求めた。加えて「私たちは、皆さん全員に、学びの機会を途切れることなく提供していく」とし、新型コロナウイルス感染拡大に際して学生と教職員がそれぞれ知恵を絞りながら困難に立ち向かうよう呼び掛けた。

明石氏は、現地の学生と積極的に討論した米国留学時や、ハンガリー事件に関する調査、カンボジアでの国連平和維持活動（ＰＫＯ）といった任務を遂行した国連在籍時などにおける自身の経験を振り返りながら、現在の日本の大学が内向的になっていることを指摘。日本から発表される高レベルの論文数が減少していることなどに触れ「東京大学から、もっともっと世界を目指す人物が輩出され、その誰もが色々な国々に知己や友人をつくり、一緒になって世界の未来を創っていく日がやってくることを祈ってやみません」と述べた。

太田学部長、星野研究科長もそれぞれ「本学での学びを通じ、多様な他者を尊重し、それぞれが志を抱いて人類社会の幸福のためにその持てる力を発揮し、活躍して頂きたい」（太田学部長）、「しっかりとした専門知識とその叡智を学び、未来社会に貢献して頂きたい」（星野研究科長）とエールを送った。

生協は18日から全店休業

東京大学消費生活協同組合（東大生協）は４月16日に、18日～５月６日は全店休業すると発表した。17日以前にも営業時間を短縮するなど、段階的に営業規模を縮小していた。

東大基金

新型コロナ緊急対策基金が寄付募集開始

NEWS▶2020 04.20

東大は4月20日、東京大学基金内のプロジェクトとして「新型コロナウイルス感染症緊急対策基金」の寄付募集を開始した。第1次の募集期間は同日～6月30日。

同基金は東大が実施する未来社会協創事業のために設置された「未来社会協創基金」の一環。第1次期間に集まった寄付金は治療薬やワクチンの開発など新型コロナウイルス感染症（ＣＯＶＩＤ—19）の医療対策のうち、即時性のあるものに活用される。使途の詳細は同基金運営委員会の提案の下、五神真総長が決定する。

21日には五神真総長が、ＣＯＶＩＤ—19関連では3回目となる総長メッセージを発表した。五神総長は、東大が迅速にＰＣＲ検査を実施できる検査機器の導入や、新型コロナウイルスに対応するＩＣＵ（集中治療室）の整備、中等症患者に対応する病棟の開設などの医療体制の充実を図ってきたと説明。加えて、早急に実行すべき取り組みとして学習環境の整備や、財政的基盤が脆弱な東大発のベンチャー企業に対する支援などを挙げた。

東大

授業料減免の支援を表明 家計が急変した学生が対象

NEWS▶2020 04.20

東大は4月23日、新型コロナウイルス感染症（ＣＯＶＩＤ—19）の影響で家計が急変した世帯の学生に対し、授業料減免の支援を実施することを発表した。家計急変後の所得見込みを基に審査を行い、対象学生を決定する。東大は家計が急変した学生のうち、教養学部・総合文化研究科・数理科学研究科の学生は教養学部等学生支援課奨学資金チームへ、その他の学生は教育・学生支援部奨学厚生課奨学チームへ連絡するように呼び掛けている。

◇

4月22日には東大生も参加する高等教育無償化プロジェクト（通称ＦＲＥＥ）が記者会見を開いた。同団体が9日からインターネット上で実施した調査には、１１９の大学、短期大学、専門学校の学生計５１４人が回答（21日午後10時現在）。約4割がＣＯＶＩＤ—19の影響で「家族の収入が減った」「なくなった」と答えた他、全体の7.8%が退学を検討しているとした。ＦＲＥＥは同日、大学や専門学校などの授業料を国の責任で一律半額免除とすることなどを求める緊急提言を発表した。

中央食堂

3月の利用者は前年比3割減

NEWS▶2020 04.23

東京大学消費生活協同組合（東大生協）は4月23日、東京大学新聞社の取材に、3月の中央食堂の利用者が前年同月比で29・0％減少したと答えた。昨年3月は57697人が利用したのに対し、今年3月は40858人にとどまったという。駒場食堂部1階「カフェテリア若葉」では、昨年3月の利用者が23734人だったのに対し、今年3月は15553人と、前年同月比で34・4％減少した。

食堂以外の事業にも、新型コロナウイルス感染拡大の影響が及んでいる。担当者は大きな影響があったものとして、19年度卒業生や20年度新入生への対応を挙げた。特に新入生については、クラスの「オリ合宿」が中止となったため、バスや旅館の予約キャンセルを無料で受け付けたという。

今回の取材で、4月10日から順次開始された駒場書籍部による教科書通信販売が、教養学部からの要望を受けた対応だったことも判明した。20日からは本郷書籍部でも通信販売が始まっている。ただし本の抜き取りや配送はやむを得ず教科書販売所で実施する必要があるため、出勤社員数を絞り、交代勤務をしながら業務を継続しているという。

東大生協は新型コロナウイルスの感染拡大を受け、東大本部とも調整しながら段階的に一部店舗の休業など営業規模縮小の措置を取っていたが、18日からは全店休業に入っている。8日には既に「新型コロナウイルス感染拡大防止のための東京大学の活動制限指針」がレベル3（研究活動の原則中止など）に引き上げられていた。引き上げと同時に全店休業としなかったのは、研究をはじめとする業務を維持しながら出勤・通学を制限していくことに一定の時間を要すると思われたためだとした。

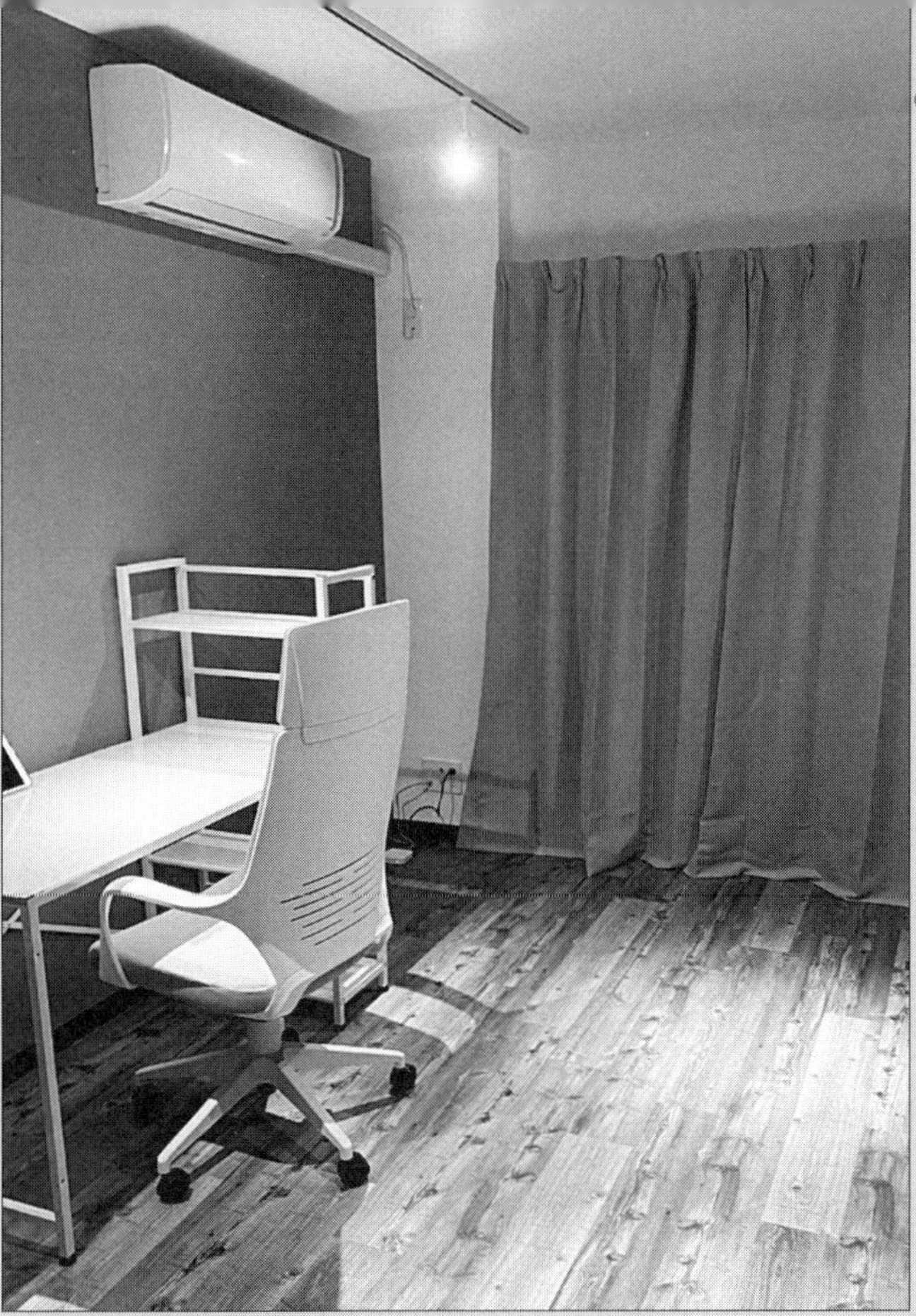

Aさんが3月下旬に入居した部屋は生活の準備が整っていないままだ（写真は本人提供）

始まらない「大学生活」

帰省する・しない 分かれる学生の対応

新型コロナウイルスの感染拡大に伴いオンライン授業が全面的に実施され、キャンパスに通学しない新学期が始まった。大学からも不要不急の外出を控えるよう求められ、キャンパスに日常が戻ってくる見通しは立っていない。本来なら実家を離れてキャンパスに通っていたはずの学生はどのような思いでこの混乱の中を過ごしているのか。東京に残らなかった学生、残った学生それぞれに話を聞いた。

（取材・中野快紀）

新型コロナウイルスは実家を離れて学ぶ学生の生活に大きな影響を与えている。小池百合子東京都知事は3月23日、首都大学東京（現東京都立大学）に入学予定の学生に対し、東京への転入を自粛するように要請した。しかし同大学は2日後の25日、予定通り引っ越しを行っても問題ないという見解を表明。都と大学、それぞれの発表に対し、引っ越しを直前に控えた学生には混乱が生じた。

問題は東大でも同様だ。九州出身で、1年間の浪人生活を経て理Ⅱに入学したばかりのAさんは、諸手続きなど新入生向けの行事に合わせ3月下旬に上京し、新居に入居した。長距離移動による感染リスクが指摘される中「（3月19日に教養学部から）オンライン授業の導入が発表されていて、対面型の授業がないかもしれないのにわざわざ諸手続きに来させるという対応は疑問に思いました」。

結局、諸手続き以降に実施予定だった新入生向けの学部ガイダンスやサークルオリエンテーションなどの行事が中止になったため、28日に帰省。買い占めが始まったり、万が一ロックダウンが起きた場合に実家に帰れなくなったりすることを懸念した、家族と相談した上での決断だった。4月24日現在も実家で授業を受けている。4月から生活予定だった新居はほとんど生活の準備ができていない。「東京での生活がいつ始まるのか分からないので仕方ないことですが、実家にいる間の新居の家賃が本当にもったいないです」

授業を受けるに当たっては、1日の生活のほとんどを自宅の中で過ごすことにより、授業以外の時間とのメリハリが付けにくくなることを心配している。「一度出席しなくなったときにオンとオフの切り替えができなくなって、そのまま授業についていけなくなりそうなのが怖いですね」。

一方で、3月中にオンライン授業の導入を決定した東大の対応については、授業開始を5月以降に遅らせた他の一部の大学に比べると早かったと評価している。

◇

現在東大ではオンライン授業と並行して、ウェブ会議システム「Ｚｏｏｍ」などを使用したサークルの新歓活動が積極的に行われている。しかし「オンラインで顔を出すことに抵抗感があった」というAさんはサークルの新歓イベントには参加せず、しばらくサークルに入る予定もないという。「今はＴｗｉｔｔｅｒなどのＳＮＳで他の東大生と接点を持つことが多いです。ただ、浅いつながりになることも多いだけに、時間が経つにつれて人付き合いがおっくうになるかもしれません」

クラスメートらとオンラインでコミュニケーションを取る中でも、主に首都圏出身の一部の学生の間で入学以前からのコミュニティーが存在することに戸惑う場面も多いという。大学生活は始まったばかりだが、入学前から存在するコミュニティーに属している学生や、オンラインでの活動に積極的に参加している学生に置いていかれそうだと不安を漏らす。

収入激減で今後が不安

北関東の出身で文学部4年のBさんは、現在も東京で生活している。帰省によって感染拡大が懸念されるという報道を目にしたことから、3月20日ごろに東京にとどまることを決めた。親戚からは、北関東で暮らす祖父母が高齢でウイルスをうつすと重症化するリスクが高いことから、帰省しないようにとも言われたという。

都内のアルバイト先は緊急事態宣言の発令に伴って休業したため、収入が激減した。「親からの仕送りの額を増やしてもらいましたが、この状況が何カ月も続いたらさすがに厳しいですね」

新型コロナウイルスの影響は金銭面にとどまらない。学内の図書館が全て閉館しているため、卒業論文執筆に向けた研究が十分にできていない。「入社予定の企業の入社条件が『卒業すること』なので、万が一卒論を完成させられなかったときのことを考えるとぞっとします」

◇

東大は16日、前期分の授業料の引き落とし日を、当初予定していた5月27日から2カ月後の7月27日に延期することを発表した。新型コロナウイルス感染拡大防止のための学内活動制限に伴う措置であるとしている。金額は日付変更前から変わっておらず、Bさんは「(図書館などの学内施設を十分に利用できない)この状況が続くなら、授業料の減額も視野に入れてもらいたい」と話した。

第1章

東大を語る

外国出身の教員、文学者、映画監督、弁護士など、さまざまな分野で活躍するトップランナーたちへのインタビュー特集。彼らの語る経験から導きだされた思考は、大学生活やその先の進路について考えるきっかけになるだろう。

inter:view
インタビュー❶

米ハーバード大学を卒業、米国で法律家として活躍した後、東大に渡り日本に関する法社会学を専門とする研究者となったダニエル・フット教授（法学政治学研究科）。日本に興味を持つようになった理由とは何か、東大が抱える国際性や多様性の問題はどのように対処されるべきか。数少ない外国出身の教授の目に映った東大像を描き出す。（取材・翻訳　円光門、撮影　高橋祐貴）

真の多様性とは

日米両国の視点を持った教授にインタビュー

実務を積み東大へ

—現在は法システムと日本社会の関係について研究している先生ですが、ハーバード大学では東アジア学を専攻していました。いつから東アジアや日本に興味を持ったのですか

私の父は米海軍日本語学校を修了後、第2次世界大戦中に日本語の通訳をしていました。日本語学校では、後に著名な日本文学者となったドナルド・キーンと同じクラスにいたそうです。小さい時から日本についてのニュースを父や、戦後記者として日本にとどまった父の親友から聞かされていました。そういう意味で日本に親近感を感じていました。

—学部卒業後は、なぜハーバード・ロー・スクールに進学したのですか

『ジャパン・アズ・ナンバーワン』という本で後に有名になるエズラ・ヴォーゲルが私の学部時代の指導教官でした。彼は本当に熱心な教員で、初め私は大学院に進学し、ヴォーゲルのように日本社会の専門家になろうと考えていました。彼ならきっと私の計画を支持してくれたと思います。ところが私が4年生の時ヴォーゲルは研究で日本に行ってしまったので、代わりに卒業論文の指導を担当していたポスドク（博士研究員）に自分の計画を話してみました。ポスドクは日本学の研究職としての将来にとても悲観的で「博士号を取ったとしても、適切なポストにつけないだろう」と言ったのです。

さあ今後の人生をどうしようか、と悩みましたね。日本とのつながりは保ちたいと思っていました。ロー・スクールを卒業して、日本に関する業務を取り扱う法律事務所で働くことができるのならば、と考えたのです。

—ロー・スクール卒業後はいろいろな場で実務経験を積んでいます

地方裁判所と最高裁判所でロー・クラーク（法務書記）を勤めました。ロー・スクール在学中に、日本法の専門家になるという、研究者への別の道があり得ることに気づきました。ロー・クラークの経歴はその後教授職を得るために有利に働くのです。日本法についてより勉強、研究する必要を感じ、フルブライト奨学金研究生として東大に留学しました。実務経験を得る必要性も感じたので、日産自動車法規部やニューヨークの法律事務所で働き、その後ワシントン大学で職を得ることができました。後日東大に客員研究員として2度招かれ、2000年に専任教授として就任しました。

—今年文部科学省が発表した大学無償化政策の要件に、実務経験のある教員による授業が一定数を占めていることが記されています。近年の高等教育における、実用性を重視す

ダニエル・フット教授
〈法学政治学研究科〉
81年米ハーバード・ロー・スクール卒業。法務博士。ワシントン大学教授などを経て、00年より現職。主な著書に『裁判と社会――司法の「常識」再考』（NTT出版）など。

法学政治学研究科

ダニエル・フット教授

る風潮をどう評価しますか

法学の教員としては、複雑な心境です。日本の法科大学院では実務家教員と研究者教員という区別があって、後者のほとんどは実務経験を持たず、法実務と乖離しているのが現状です。対して米国のロー・スクールでは、研究者教員でも9割方は実務経験があります。理論の専門家であっても、実際の現場で法律や政策がどのように決定されるのか知るべきだと思いますし、そういう意味で私は実務経験の価値を強く信じています。

しかし同時に、古典や文学、哲学や倫理の知識といった人文学の幅広い学識を持つことも重要です。他分野の知識を持ち合わせることで、事象を多角的に捉えて問題の核心を見極め、社会の人道的な側面に敏感であり続けることができるのです。

ハーバード大学では、私のクラスメートに世界的なチェリストであるヨーヨー・マがいました。大学入学前からすでに世界中で公演をしていた彼は、音楽院に入る必要はなかったわけですね。いろいろな思想に触

れて視野を広げたかったからハーバードに来たのだと、彼は言っていました。現在に至るまで、彼は新しいことに挑戦し続け、さまざまな活動を行っています。最近の例として、彼は今年の4月に米国とメキシコの国境沿いでコンサートを開くことで、両国の境界線に壁を建てようとするトランプ米大統領を批判するメッセージを発信したと聞いています。こうした素晴らしい活動を世界中で展開できるのは、ハーバードで培った幅広い視野のたまものでしょう。

つまり私は、実務教育は確かに重要だと考える一方で、実践的教育が重視されすぎてしまうことで人文学や教養教育が軽視され、総合的でバランスの取れた人材が育たないのではないかと恐れているのです。

常に問い続けよ

——外国出身の教員という立場から見て、現在東大はどのような課題に直面していると思いますか

東大は国際性、学際性、多様性の三つにより一層取り組む必要があると考えます。三つとも、ここ十年で随分と改善されましたが、まだ課題は山積みです。まず国際性に関しては、外国で暮らし学ぶ経験は、それまで当たり前だと思っていた自国の側面について新たな発見をするきっかけになります。なので、近年東大が学生を積極的に海外に送り出そうとしていることは大変喜ばしいことです。ただ現状では、留学から帰ってきた学生たちがその経験を他の学生と共有できるような場が少ないと思います。留学説明会などで発表の場はありますが、聞き手はあくまで留学に興味がある人たちだけ。学生が自身の経験を発信する機会がより多くなるべきです。

次に学際性ですが、東大では前期教養課程で学生がいろいろな学問分野に触れる機会があります。ですが、研究に関しては未だ分野間の垣根は高いと感じます。法学部の中でさえ、民法や労働法などを専門とする教員の集まりはあっても、多様な分野出身の法学や政治学の学者が集う機会は少ないです。最近は法学部と経済学部が共同で事業を行うなど学際性を意識した取り組みが見られますが、教員や学生の手による学際的な研究や学習の場がより増えてほしいと思います。

——多様性に関しては、性別や国籍の多様性を増やす努力は、東大内でもなされていると思いますが

私が心配しているのは、教育プロセスそれ自体における多様性の意義に目が向けられていないことです。例えば、東大を含む日本の法科大学院は多様性を確保するため、社会人や法学部以外の卒業生を受け入れることが求められていますが、そのような形式的な「多様性」で満足してしまっているのです。多様な学生の集団があることは、同じ問題を異なる観点から考察することを可能にさせ、学習環境を高めます。法学の授業であれば、ある法律や判例が女性やマイノリティー、さらには事業革新といったものに対してどのような影響を持つのか、おのおのが持つアイデンティティーや経験を基に問題を考え、他の学生と共有する。こうして初めて学生の多様性が、学びの

プロセスの中で意味を持つのです。そのためにはもちろん、一方向的な講義だけではなく、生徒と教員が、また生徒同士が対話できるような授業が必要です。

——東大法学部は大教室での一方向的な授業が多いことが学生の間でも問題になっています。しかし、判例を基に教員が学生に質問を投げ掛けて考えさせる対話型授業は、判例が司法の判断基準の中心となる米国などで意味があるのであって、判例より体系的な法典に基づいて判断する日本には適さない教育法だと考える人もいますが

　その考え方には断固として反対です。米国の法学教育で行われる対話型授業は、ソクラティック・メソッドと呼ばれていますが、そもそも哲学者のソクラテスは判例のことなど話していたわけではないのです。あれは思考を深めるための方法であって、どんな題材を扱うかは本質的な問題ではありません。教員が学生と問答を繰り返すことで、学生はその問題の全ての側面や影響を考えてこなかったことに気付かされるのです。事象の隠された側面について学生が自分自身で考えられるよう導くことによって、知性の自立と主体的に探究する力を養うことが、対話型授業の本質だと思います。

——次世代の若者に望むことは

　私が以前教壇に立っていたワシントン大学にはQuestion the Answerというスローガンがあります。Answer the Question（問いに答えろ）ではなくQuestion the Answer（答えを問え）なのです。与えられたことをそのまま受け取るのではなく、常に問い続けろという意味です。

　私が米国の最高裁判所で働いていた頃に、サーグッド・マーシャルという判事がいました。彼はアフリカ系アメリカ人で初めて最高裁の判事になった人で、公民権運動のリーダーでもありました。マーシャル判事は口頭弁論でそれほど多くの質問をしませんでしたが、彼が時々したのは「しかしそれでいいんですか?」（But is it right?）という質問でした。弁護士が法令上、憲法上の権利について極めて法的な解釈を主張すると、マーシャル判事は低くてうなるような声で「しかしそれでいいんですか。本当にそれでいいんですか、代理人よ?」と聞くのです。つまり彼が言わんとしていたのは、その議論が解釈論として成り立つのかではなく、道徳的に正しいのか考えるべきだということでした。「それは適切なのですか? 公平なのですか? あなたはこの法律の限定的な解釈を提示していますが、我々が考えるべきはその解釈が現実問題として社会にもたらす影響なのでは?」と。

　私はそんな彼の姿勢に大変感銘を受けました。「現状はこういうものだから仕方がない」で終わらせるのではなく、現状の背後にあるものを見極めて「しかしそれでいいんですか?」と問い続ける。このような姿勢を私は皆さんに身に付けてほしいと思いますね。

小紙は10月1日発行号で通算4000号を迎えた。メディアをめぐる状況が大きく様変わりしつつある昨今、改めてメディア、さらには大学新聞である小紙の土台ともいえる大学について考え直すべきではないだろうか。長年大学で教えてきた経験を持ち、さまざまなメディアで発信を続けている内田樹さんに、今日のメディアの動向や大学をめぐる情勢について聞いた。

（取材・大西健太郎、撮影・中井健太）

10年耐える良質な言説を

内田樹に聞くメディアの未来像

深まる社会の分断

――マスメディアの凋落（ちょうらく）を主張されていますが、その原因は何でしょうか

どんなビジネスモデルも勢いのいいときは面白い。テレビや雑誌もそうだった。草創期は次々と新しいことが試みられて、目が離せなかった。でも、一度落ち目になると過去の成功体験にしがみついて、イノベーションを起こせなくなってしまう。目先の数字にこだわって、短期的、数値的に結果を出せるものしか作れなくなる。

だからテレビや雑誌も最近は面白いコンテンツが全くない。民放テレビ局はあと10年持たないと思う。

――インターネット、特にＳＮＳが浸透する中で、人々が自分の見たいものしか見なくなっています

非常に危険な兆候だと思う。ネットでの論争を見ていると、すでに事実関係の認識から違っている。世論形成の土台を主に新聞が担っていた時代は、その主義主張に関わらず、メディアによって重要な出来事を報道しないということはなかった。評価は違っても、国民全体で事実関係についての了解は共有されており、新聞や雑誌は対話を通じての世論形成のためのプラットフォームとしての役割を果たしていた。

しかし全国紙と民放の劣化によって、今の日本では国民的な対話の環境が壊れ始めている。立場が異なる人たちは、ネット上のクラスターを形成して、自分が見たい世界を見ている。そして、定型的なメッセージを定型的な語法で飽きもせずに発信し続けるメディアの方に人が集まっている。新しい切り口や噛み砕きにくい情報を提供するメディアは受信者に人気がない。以前対談したあるＹｏｕＴｕｂｅｒが言っていたけれど、攻撃的で単純なことを言うと再生回数が上がり、問題を深掘りして、複雑な話を始めるとたちまち再生回数が下がるそうだ。知的負荷を課すメディアを人々は忌避している。

――メディアの凋落は構造的な問題に思えますが、希望はないのでしょうか

希望はやはり人間が「飽きる動物」であるということ。定型的なことをずっと繰り返していると、ある時点で人々は飽きてくる。「飽きる」という現象はそこで主張されていることへの賛否とは関係なく起きる。そのとき人は「はじめて聞く話」、知的負荷のかかる話を聞きたくなる。今はそれを待つしかない。

鍵は「放し飼い」？

――今後、メディアはどのような役割を担っていくと思いますか

内田 樹（うちだ・たつる）さん

75年文学部卒。82年東京都立大学（当時）大学院人文科学研究科博士課程中退。修士（文学）。神戸女学院大学名誉教授、神戸精華大学客員教授、昭和大学理事、武道家、私塾「凱風館」主宰。

内《うち》田《だ》 樹《たつる》さん

時代を問わず、メディアの最も重要な役割は「国民的な対話の環境を立ち上げる」こと。それに尽くされる。そのためにはメディアに登場して発言する人たちが「情理を尽くして語る」というマナーを守ることが必要。

相手を一刀両断にするような攻撃的な言葉遣いは短期的には受けるかもしれないけれど、5年、10年の風雪を耐え抜くことはできない。長期的に見れば、質の良い言説だけを残し、質の悪い言説を淘汰(とうた)する「場の審判力」が働くと僕は信じている。対立者にも届くように情理を尽くして語られた言葉だけがその歴史の淘汰圧に耐えられる。今この場で受けること、相手を辱めたり、論破することにばかりこだわった言説は生き延びられない。メディアで発言する人たちが長期的には「まともな言葉」だけが生き残るという「場の審判力」を信じていないことが、今のメディアがここまで劣化している最大の理由だと思う。

——大学行政についても積極的に発信されています。東大でも、減少を続ける国からの補助金を補うために産学官連携が進んでいますが、どうお考えでしょうか

産学官連携は必ず失敗します。企業は投資した金額の確実な回収を求めるし、官僚は投じた予算が有形の成果をもたらさないと責任を問われる。でも、学者というのは「放し飼い」にされていないとイノベーションを起こせない。ニトログリセリンもペ

ニシリンもポストイットも違うことを研究しているうちに出て来た偶然の産物。「何が出て来るかわからないけど、なんとなく面白そう」という領域に歴史的大発見は眠ってるものなんだよ。事前に示された達成目標に対して、費用対効果を計算してお金を出すのが産学官連携なら、そこではいかなるイノベーションもブレークスルーも起きないと思う。

自由あふれた時代を取り戻せ

――これから学生はどうしていくべきでしょうか

率直に言うと、日本の大学はもう先がないと思う。どんどん貧乏になって、どんどん管理が強化されて、どんどん自由が失われている。だから、日本の大学にはもう未来はない。だから、本当に研究したい人は海外に出ていると思う。でも、海外に出るには、親がお金持ちか、本人がすでにグローバルに評価される程度の研究成果を上げているか、どちらかが必要で、「ふつうの大学生」には無理だと思う。

――ではどうすれば良いのでしょうか

大学の学術的生産力の低下に危機感を抱いている人たちは大学人の中にも多い。そういう人たちが大学とは別の場所に、個人で高等教育の場を設けようと私塾を作る動きが出てきている。それは今の大学と正反対の、現場に裁量権が与えられて、研究者は好きなことを研究して良いという場になるはずだ。さすがに自然科学の場合は個人で研究機関を立ち上げられるのはよほどの富豪に限られるけれど、人文系なら、私塾から世界的な研究者が出てくる可能性はある。近代日本で最も成功した教育機関というと松下村塾だけれど、2間の部屋に若い教師が1人という私塾から近代日本の指導者が輩出した。教育の成果は規模や予算とは関わりがない。21世紀の松下村塾が出てこないと、日本の知的劣化は止まらないだろう。人間の能力を一番上げるのは自由ってことなんだと思う。

――最後になりますが、さまざまなメディアで発信を続けている内田樹の原動力は

愛国心かな(笑)。君たちがもし1950年代に生まれていたとしたらどんなに楽しい学生生活を送っていただろうと思うと、本当に気の毒に思う。だから、もう一度60年代のような、貧しくても、みんなが元気で、社会に自由が横溢(おういつ)していた、ワイルドでアナーキーな時代が帰ってきたらいいなって思っている。君たちがこれから生きていく時代は、人口がだいたい年間90万ペースで減って、高齢者ばかりが増える前代未聞の社会になる。君たちが、なんとか少しでも楽ができるような仕組みを生きている間に準備しておかないとと思って、一生懸命頑張っています。

――ありがとうございます

今お礼を言われるほどの成果も上がってないんだけどね(笑)。

interview
インタビュー③

雑誌やウェブサイトに多くの連載を持ち、ラジオやテレビにも出演するなど、多方面で活躍する文筆家・漫画家の能町みね子さんは東大の卒業生。独自の視点から社会を鋭い目で見つめる能町さんに、駒場祭を含む学生時代の思い出や現在の仕事、東大生に対する印象などについて聞いた。
（取材・大西健太郎、撮影・小田泰成）

人と違う視点を見つける
人気著作家が語る学生時代と仕事論

文筆家・漫画家
能《のう》町《まち》みね子《こ》さん

成り行き任せの半生

――どのような経緯で、東大受験を志したのですか

こう言うと反感を買ってしまうかもしれませんが、単純に高校の先生に行けるんじゃないのって言われたからですね。東大に行けるって言われたら、ちょっと行ってみたいよなって。

――後期課程に進学後は、教養学部で地理学を専攻します

たまたま進学振分け（当時）の点数が高かったのと、小さい頃から地図が好きだったので、教養学部後期課程の広域科学科人文地理分科（当時）を選びました。ただ入ってみたら経済系の科目が多くて。自分がやりたかったことと違っていて授業がつまらなかったんです。せめて卒論は自分が本当に好きなことをやろうと思い、ほとんど教授に頼らず、授業内容と全く関係ないことに取り組みました。卒論が一番の思い出です。

——授業外ではどのような活動をしていましたか

卒論でも扱うくらい地図が好きだったので、地図を見ていて気になった場所を友達同士で散歩しに行っていましたね。サークルは音楽系に所属していたので、駒場祭ではコピーバンドをやりました。最初はドラムだったのですが、ボーカルもやりたくなって。当時から持ちネタだったＣＨＡＲＡの曲を歌いました。楽しかったですけど、今思えば人に見せられるものではなかったですね（笑）。

——大学卒業後、出版社に就職します

大学院への進学も考えましたが、昔から長い本を読むのがすごく苦手だったので、論文も読めないだろうということで諦めて就職することにしました。

かといって会社勤めにも興味がなかったので、周りは１００社とか受けている中で、私は3社だけ受けたんですよ。そうしたらなぜか出版社に1社受かっちゃったので、しょうがないかということで入社しました。結局11カ月で退職しちゃったんですけど。その後フリーターを1年やって、デザイン系の専門学校に夜間で入りました。途中から日中はＯＬとして働き始めました。

——ＯＬをしながら、ブログを始めます。きっかけは何でしょうか

２０００年代前半当時はブログの内容をまとめて出版するのがブームだったんです。それで、こう言うのはなんですが「こんなので本になるんだったら自分もできる」と思ったんです。そこで本を出して稼ぎたかった、というのがブログを始めた正直な理由です。結果としてはブログ開設から1年たたずに本を出版できました。

——その後どのようにして現在のように活躍の場を広げたのですか

仲良くしていた漫画家の久保ミツロウさんにある時「オールナイトニッポンのオーディションを受けよう」と言われて。半分冗談だと思ったんですけど、受けたらラジオに出られることになっちゃったんです。そこからテレビにも出るようになりました。最初はあまりテレビなどに顔を出す気はなかったのですが、本当に成り行き任せですね。

今の東大生にびっくり

——能町さんの文章の魅力である独自の着眼点・ものの見方はどのようにして磨かれたのでしょうか

特に努力して磨こうとしたわけではないですけど、ニュースとかを見るたびに「当たり前のことを言わないようにしよう」というのはずっと思っていますね。例えば残酷な事件があったとき、被害者への同情や犯人に対する憎しみとかは一通りありますけど、そういう当たり前の感想しか持てないんですよね。そうではなく、意見が分かれそうな話題について、あまり人が言っていないことをなるべく探そうと思っています。

——現在のお仕事のやりがいや苦労を教えてください

文章を考えるのが嫌になることは頻繁にあるんですよ（笑）。文章を書

能町 みね子（のうまち・みねこ）さん
〈文筆家・漫画家〉
2001年教養学部卒。文筆家・漫画家。近年はテレビやラジオでも活躍。好角家としても知られる。
『お家賃ですけど』（文春文庫）や『ほじくりストリートビュー』（交通新聞社）など著作多数。

くことに飽きて、どこかに行きたい、暇になりたいと思う。ただどこか行った先で何がしたいかというと、いい景色でも眺めて日記でも書きたいなんて思ってしまう。要は書くことが好きなんでしょうね。やりがいと言えるかは分かりませんが。

――市井の人々を類型化することを得意とされていますが、東大生を分析するとどうなるでしょうか

私が卒業してからすでに20年以上たってますが、当時はダサかったですね。単純に見た目の問題もあるんですけど、やっぱりあか抜けない感じがありましたね。

あと当時は今よりも東大に対する権威的なイメージが強くて「東大生です」と言うのがはばかられる風潮がありました。でも最近の東大生は「UT」なんて言ってるんですね。そもそも昔はそんな言い方すらなかったんですけど、びっくりしました。普通に誇ってるんだ、みたいな。

――最後に、在学生に向けて一言お願いします

もっと大学の外で遊ぶことは大事かもしれませんね。私自身はちゃんと大学に行って授業を受けていた方なのですが、もう少し大学の外にも目を向けて視野を広げておきたかったと思います。当時は調布に住んでいたのですが、もっと都心に住んで楽しんでおけば良かったなと思いますね。

ブログを基にしたデビュー作を加筆修正した『オカマだけどOLやってます。完全版』文春文庫、税込み770円

inter:view
インタビュー❹

選抜原理に多様性を

上野千鶴子名誉教授が語る、性差別解消へ東大がなすべき変革

「大学に入る時点ですでに隠れた性差別が始まっています。社会に出れば、もっとあからさまな性差別が横行しています。東京大学もまた、残念ながらその例のひとつです」。そう喝破し、東大に未だ残存するジェンダーの問題をえぐり出した本年度の学部入学式の祝辞は、学内外で大きな議論を呼んだ。来たる2020年、東大が取るべき行動とは。祝辞を述べた上野千鶴子名誉教授に話を聞いた。　（取材・山口岳大、撮影・原田怜於）

入試改革とクオータ制で女性比率向上へ

――東大のジェンダーを巡る問題の根底には、学生や教員のいびつな男女比率があります。しかし、男女比の是正が必要とされる根拠が、学内で共有されていません

男女平等の達成に合意がないなんて、開いた口がふさがりません。

第一に、偏った比率は日本の女性差別を反映しており、それ自体が不公正だからです。統計的に見ると、日本全体の女性の大学進学率は著しく伸びており、経済協力開発機構（ＯＥＣＤ）諸国においても18歳以上の高等教育進学率は女性が優位です。そうした状況が東大生の男女比に当てはまらないということは、統計的に見てそこに間接差別があることを意味しています。

第二に、女性が増えると異質な視点が生まれ、あらゆる学問分野が活性化します。人文社会科学や生命科学は確実に変わります。工学系の女性研究者も、アジェンダ設定と方法が変わると言っていました。

――女子学生増加に向けた施策も効果が見られません

クオータ制よりも選抜方法を変更すれば効果が生まれるでしょう。思い切って定員の3割をＡＯ入試で選抜すれば良い。選抜方法を変えると結果として女子比率が上がることは、他大学の例が示しています。もしくは、過渡的に定員の3割を女子枠にしても良いでしょう。女子枠を設けることで入学してくる女子の成績が下がるとは思えません。

執行部は、一般入試の合格者がＡＯ入試で入学した学生をバカにするのではないかと懸念しているようですね。実際、90年代後半に工学部で女子枠の創設が提案された際、真っ先に反対したのは工学部女子でした。入学から死ぬまで、東大男子に「キミ、女子枠で入ったんだって」と言われるからと。

単一の競争原理で勝ち組になった学生は、その原理を変化させたくないと思うのでしょう。こういう同質性の高い集団を選抜し続ければ東大の活力が下がる一方。彼らに迎合して施策をためらう必要はありません。多元的な選抜原理があることは良いことです。

米国の場合、私学ですら、人種、性別、出身地のバランスに相当配慮して選抜している。日本国内でも、生き残りのかかる地方大は積極的で、例えば島根大では、ＡＯ入試や推薦入試など、一般入試以外が定員の約4分の1を占め、将来的には4割を目指すそうです。

――教員の採用はどのように変える

上野 千鶴子（うえの・ちづこ）名誉教授
77年京都大学大学院文学研究科社会学専攻博士課程修了。博士（社会学）。95年から11年まで人文社会系研究科教授。11年から認定NPO法人ウィメンズアクションネットワーク（WAN）理事長。

上野 千鶴子《うえのちづこ》

名誉教授

べきでしょうか

こちらもクオータ制が一案ですが、それだけでなく選考過程を変えれば効果が生まれるでしょう。人事の透明性と公開性を高めれば女性が増えることは、経験的に知られています。

現状、東大の人事のほとんどは密室人事。ホモソーシャルな集団で師弟関係による縮小再生産が行われているのでしょう。公募なら、海外で学位を取った女性が多数応募してくるため、学位のない東大出身者の競争力はおのずと落ち、より多くの他大学出身者が採用されるでしょう。アイビーリーグ（米国東部の名門大学グループ）では、自校出身者を教員に採用しないという慣行によって研究者の流動性が高まり、多様な人材が取り込まれるようになっています。

その過程で、期間限定でクオータ制を採用すべきだと思います。導入により研究水準が低下するという批判には根拠がありません。むしろ、一度東大の理工系で女性限定の公募をした際、こんな人がどこにいたのかというくらい優秀な人が応募してきたと聞きました。男性と競合せずにすむ分、応募の際に遠慮や萎縮の必要がなくなるのでしょう。

女性教員が、クオータ制で採用されたことを理由に男性から嫌がらせを受ける場合もあるそうですが、男性のつまらないプライドにいちいちひるんでいては非常に近視眼的。人事で評価するのは、それまでの業績よりもその先の伸びしろ。採用された後に、准教授、教授と一つ一つ昇進基準を満たし、長い目で業績を判断してもらえば良いでしょう。事実

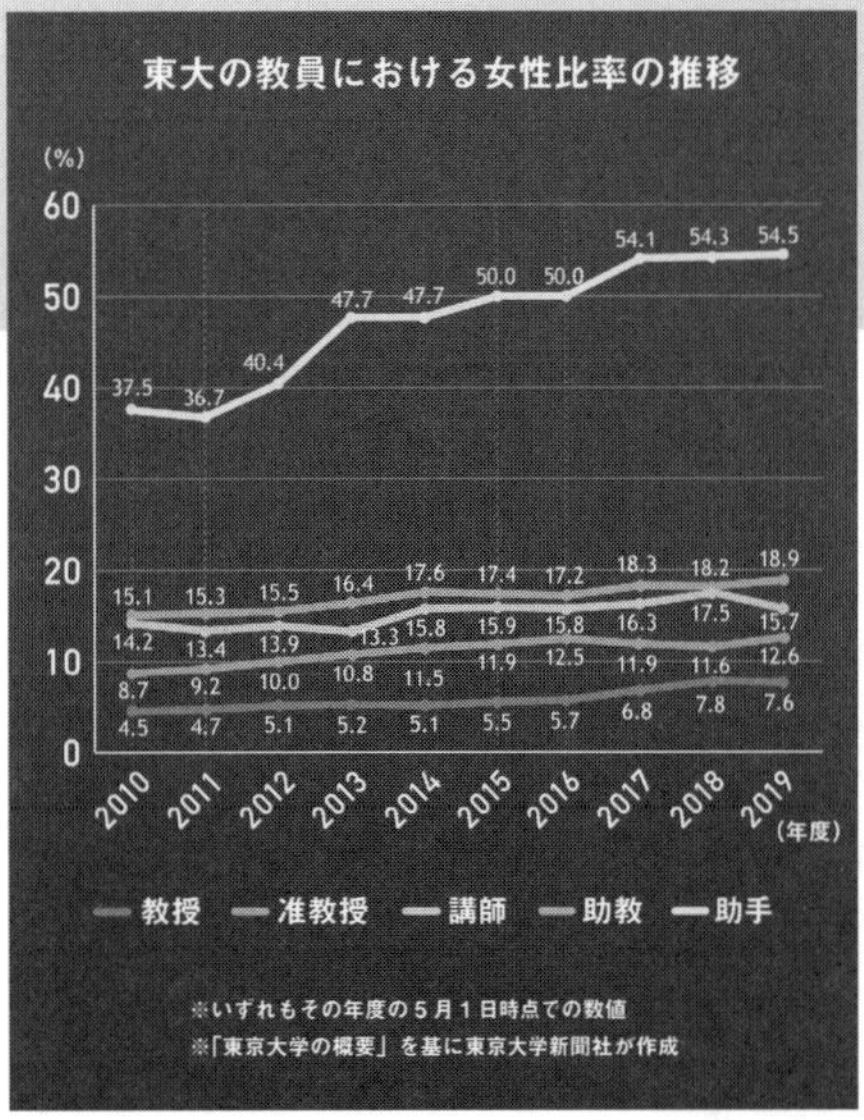

いずれの年度でも、職階が上がるにつれ、女性比率が下がっていることが分かる

同一ポストにある女性研究者は、同じ条件の男性研究者より業績が多いというデータもあります。

既得権益からの脱却に向けて

──学生の間で意識を高めるには何が必要でしょう

データを見れば、バイアスははっきりしていますが、学生は事実を知りません。半径3mの狭い空間で過ごしていては、問題意識が生じないのも当然でしょう。

東大女子を排除したサークルに在学中所属した男子卒業生に会いました。自分のサークルに疑問を持たなかったかと聞いたら、4年間エンジョイして楽しいことだらけだったと言っていました。東大女子もまた、その希少価値ゆえにモテやすかったり、男女の枠があるときに男子より有利だったりします。男子が長年上げ底を経験してきたのだから、女子だってたまには希少価値を味わってても良いでしょう。ですが周囲に女性が少ないのはどこかで意欲を冷却されてきた女子たちがいるからだという想像力を欠いてはなりません。

こうした既得権益を享受している学生は、それが不正だと認識しない限り意識を変えないでしょう。今春、男女共同参画室長の松木則夫理事・副学長が東大女子を排除するテニスサークルに関する声明を出しましたが、その後何か変化がありましたか。私的な団体が何をしようと自由ですが、大学は公共空間である以上、大学のテニスコートの利用や部室の使用など、社会的に容認できない差別を行っている集団への便益の提供をやめるべきでしょう。

──被害に遭っても告発しづらい空気があります

被害者が声を上げにくい雰囲気があるだけでなく、傍観者もその場で沈黙すれば、ジェンダーの再生産に加担することになります。沈黙を破る責任は、その場に居合わせた全ての人が負っています。工学部の男性教員が院生の集まりで「女は子どもを産むとバカになる」と発言した際、男子院生が「先生、それはないでしょう」とその場で言ったと聞きました。そのような発言で雰囲気は変わります。ジェンダーはその時その場で再生産される抑圧的な構造です。一緒に笑えば、共犯者になります。親しい間柄でも、その時その場で言うことが大切です。

こうした場で波風を立てたくないという心理が働くのは、東大が同調性のすこぶる高い人材を選抜してきた結果でしょう。長年、東大を含む国立大は、問いに対して唯一の正解を出す指示に忠実な人材を選抜し、入試では学力という一元尺度における公平性だけを重視してきました。現在の日本の高等教育では、残念ながら、祝辞で述べた「メタ知識（新たな知を生み出す知）」を身に付けた人材を育成することは難しいでしょう。

大きな社会的関心を集める日本のジェンダーの問題。本紙でも上野千鶴子名誉教授の社会学的な議論などを紹介してきたが、別の観点から捉えるとどのような問題が見えるのか。今回は、「男性優位の今の政治では女性の声は反映されない」と論じる前田健太郎准教授（法学政治学研究科）に、政治から見た日本のジェンダーの課題と、ジェンダー教育の意義について話を聞いた。

（取材・執筆　Meindert Boersma、杉田英輝、撮影・翻訳　杉田英輝）

ジェンダーは女性だけでなく男性の問題だ

政治と教育から考える日本のジェンダーの課題

法学政治学研究科
前《まえ》田《だ》健《けん》太《た》郎《ろう》准教授

政治と社会の分断が生むジェンダー不平等

——日本におけるジェンダー不平等の問題の核心はどこにあるのでしょう。

端的にいえば、社会運動と国政という二つの次元が結び付いていないことに課題があるというのが私の考えです。両者の断絶は、日本の政治組織の構造と深い関係があります。政党にせよ、行政組織にせよ、そこには年功序列型の構造があり、家庭を女性の配偶者に任せることのできるような男性が有利になります。その結果、男性は女性よりも高い地位に就きやすく、意思決定を行うレベルのポストには女性はほとんど残りません。すなわち、政治権力は男性の手に集中しているのが現状なのです。これに対して、多くの女性が自らの声を政治に届けようと草の根で活動していますが、基本的には国政とは切り離されてしまっています。そして両者が断絶しているが故に、政策は男性の要望が優先されるよう設計され、女性の要望は無視されやすくなるのです。そもそも、日本では政策に影響を及ぼすほどの規模のフェミニズム運動が発展しなかったため、女性の要望に関連した話題は政策の争点（アジェンダ）になりにくかったといえるでしょう。

　こうした女性の意見が政策に反映されない状況は随所に見受けられます。まず出産に関する事柄は、ほとんど政策的な話題に上りません。例えば、日本の女性の多くはいわゆる自然分娩で出産し、「お腹を痛める」のが普通です。無痛分娩で出産する場合、海外には保険が適用できる国もあるのですが、日本では保険が適用されないため、多額の費用を自分で負担しなければなりませんし、そもそも無痛分娩を行うことのできる医療施設も少ないのが現状です。そのため、日本では多くの女性にとって出産が大きな痛みを伴う経験であるのに対し、男性にはそれが自然に見えてしまい、女性の身体的な負担が実感されません。もし政治の場で男性のみの視点で議論が進められてしまうと、私たちはこれが政策によって対処されるべき問題であると認識することができなくなってしまうのです。あるいは、選択的夫婦別姓制度の問題が挙げられます。多くの女性は結婚する際、夫と同じ戸籍に入るために、自分の姓を変えなければなりません。彼女たちの多くは、姓を変える、すなわち自らのアイデンティティを変えることが要求され、悩むことになります。特に、名前の認知度が重視される職業に就いている人々にとって、自分の名前を変えなければならないのは大きな損失です。一つの簡単な解決策としては夫婦別姓を選択することを認めることが考えられますが、それも長い間、政策に反映されていません。これらの例を通じて、なぜ事態が改善されないのかを考えることができるでしょう。第一に、政治そのものが、フェミニズム運動の舞台となる市民社会の声に耳を傾けていないのです。さらに第二に、政治家と官僚たちの圧倒的多数が男性であり、女性に関わる政策が政府のアジェンダから抜け落ちてしまうことがあります。

　日本では、基本的に官僚が政策を立案し、それを政治家が承認することで実行に移されます。そのため世論は、政治家が政策を発表した後でしか効力を発揮することはできません。通常、世論は政治家の提案に反対する時には有効ですが、世論が自らの要望を政策に反映するよう訴えても、政策決定権を有する層にその主張を牽引する人がいない状態ではうまく働かないのです。そのため、例えばもし安倍首相が憲法改正を試みた場合、世論はその提案を阻止するのにとても効果的ですが、世論が女性のさらなる権利伸長を求めてもそれに関心を持つ政治的リーダーがいないので、政策決定権を有する層の間で議論になることはないでしょう。つまり、世論はある問題がその政策方針に明記されるまで、事態を動かすチャンスを得られないのです。

しかし、世論には間接的に自らの主張を政策に反映させる効果があります。例えば、安倍首相は憲法第九条を改正することを目指していますが、有権者の支持は広がっていません。ジェンダーの視点から見れば、これは女性の多くが憲法改正に反対していることによるものです。この憲法をめぐるジェンダー・ギャップについては、境家史郎『憲法と世論』（筑摩書房、2017年）などでも指摘されていることですが、一般的に女性は男性に比べて憲法改正に消極的な傾向があるのです。その理由は、男性の方が女性に比べて安全保障政策に関心があることと関係があると思われます。恐らく安倍首相は、自分の安全保障政策を整備し、それを推進するためには女性の賛同を得る必要があると思ったのでしょう。結果的に、安倍首相は2000年代の第1次内閣の時はフェミニズムに反対の立場だったのに対し、2012年に再び首相の座に就くと、アベノミクスの一環として「女性活躍」を打ち出しました。また、女性活躍推進のもう一つの目的は、米国の世論を味方につけることだとも言われています。日本は第2次世界大戦中の従軍慰安婦を巡る歴史認識問題で、韓国といわゆる「歴史戦」を展開してきました。そしてこの対立に際しては、米国がどちらの側に着くかが重要な影響を及ぼします。今現在、米国は韓国を支持する立場を取っています。そのため、安倍首相は女性の活躍を推進することで、イメージを好転させようとしてきたとされています。つまり、女性が自らの権利を求めたことではなく、安倍首相の政策目的に女性が反対していることが、女性活躍推進という選択をもたらしました。女性の権利は、安倍首相を支持することではなく、むしろその政策に反対することによって、認められるのです。

――女性の権利や立場を向上させることを目的とした日本の政策や法律はどの程度有効なのでしょうか。

あまり有効とは言えません。なぜなら現行の政策や法律は、例えば企業は女性の管理職を増やし、その地位向上に努めるべきだという風に目標を設定しているに過ぎず、その目標を達成するための具体的な方策について十分に考慮していないからです。先に述べた企業における女性の地位向上について考えれば、それは企業という組織が自らの経営戦略全体を変えなければならない、ということを意味します。したがって、企業は女性に「女の仕事」を、男性に「男の仕事」を割り当てるのをやめ、性別に関わりなく誰に対しても仕事における機会を均等に与えなければなりません。しかし今現在、それらの政策は管理職層の人材の確保のみに焦点を当てているため、うまく機能していないのです。

日本は先進国の中でも全く男性が家事労働をしない国の一つです。そのため女性が家で多くの負担を抱えています。この状況の下では、どれだけ真剣に女性の社会進出を推進しても、女性は家事と育児を担うことを強いられ、会社でも懸命に働かなくてはなりません。その結果、女性は疲弊してしまいます。今欠けているのは、男性に家事をするよう促す政策なのです。安倍首相の女性活躍

推進政策は女性のための政策として設計されていますが、ジェンダーは男性の問題でもあります。今現在、男性は職場では仕事をしていますが、家では家事を女性に任せています。この男性側の働き方が変わらない限り、事態は変化しないでしょう。企業がどれだけ女性活躍推進を掲げても、女性はたくさんの家事を抱えるため、さらなる負担となるような仕事をすることをためらい、与えられた機会を生かすことができなくなります。一方で、男性はせっかく機会を与えても女性が手を挙げないように見えるため、女性の意欲の問題だと錯覚してしまいます。しかしこれは女性の問題なのではなく、男性と女性がどのように支え合うかという問題なのです。だからこそ、いかにして男性が家事や育児を担うようにするかが、今後数年のうちに日本が直面する課題となるでしょう。それは単に保育政策を拡大させるだけでなく、男性の育児休業を広めることでもあります。女性の多くが育児休業を取るのと同様に、男性にも育児休業の取得を義務付けなければならないでしょう。したがって、男性はこの問題にもっと力を入れて取り組まなければなりません。

もう一つの問題は教育政策です。日本人は大学に入るまでジェンダーについてきちんと話をする機会がありません。ジェンダーによる役割分担は、人が社会と関わり合い行動様式や規範を身に付ける中で形成されるものです。そのため、生徒たちに早くからこの問題について意識させることが求められます。例を挙げれば、日本には国際的に見ても巨大な性産業がありますが、性教育は十分に行われていません。そのため、若い男性たちが、必要な知識のないまま性産業の世界に触れ、女性を性的に対象化するというメカニズムが存在しているように思います。私たちはこうした事実について語ることを恐れてきましたが、もっと語らなければなりません。人が子どもの時期にどのように社会の中で行動様式や規範を習得するかは、長い目で見るとその人や社会のジェンダー観の水準に影響を及ぼす以上、教育は変わらなければならないでしょう。

それに加えて、法的な側面では、性暴力を受けた場合など女性が声を上げるのがとても困難な構造が存在しますので、これらについても改善されなければなりません。ここで挙げた例は限定されたものに過ぎませんが、女性はこうした問題を身近に感じていると思います。

私は、より多くの人々がこの議論に参加できるようになれば良いと願っています。そこで一つ、最近私が困惑したことを挙げておきます。昨年、私が出した『女性のいない民主主義』という岩波新書は、ジェンダーをテーマとする本としては予想外に良く売れたのですが、フェミニズムについて男性が書いたものが売れるというのは、他の国では珍しい現象なのです。私は東大の男性教員だから、信用できると思った人もいたのでしょう。ですが、実は私の本に書かれていることの多くは、すでに女性研究者が言い続けてきたことでした。女性たちがフェミニズムについて論じている時には、その声に耳を傾けなかった男性も多かったのです。つまり、私の本の売れ行きが

前田 健太郎（まえだ・けんたろう）准教授
〈法学政治学研究科〉
11年法学政治学研究科博士課程修了。博士（法学）。首都大学東京大学院社会科学研究科准教授を経て14年より現職。

良いのは、おそらく日本のジェンダーの不平等を反映しています。幸い、最近では本が良く売れている女性研究者も増えてきていますので、これは変化の兆しと言えるでしょう。女性の著者が増えていけば、女性たちはようやく自分たちの気持ちに響く本を読めるようになるのです。これが、私が日本の将来について前向きに考える理由です。

男性も問題を自覚せよ

——政治や社会の中のジェンダーの問題はどのように高等教育の場に反映されているのでしょう

女性は教育の場で大変な思いをしていますが、卒業して会社に就職すると、往々にしてもっと辛い目に遭うことになります。この大学と会社の違いも一因となって、多くの女性が仕事をするようになるとフェミニストとしての意識に目覚めるように思います。私が自分の授業でジェンダーに関連した話をすると、この段階では、男子学生が興味を持たないのはもちろん、女子学生であっても、私の言葉に関心を示す人はあまり多くありません。しかし、卒業した後になると、面白い現象が起きます。多くの女性たちが、フェミニストになるのです。そして、自分たちが職場で不公平な待遇を強いられるような構造の存在を意識するようになるのです。女性たちは、自分たちが日本社会で大きな不利益を被っているとは学生時代には気づきにくかったのかもしれません。卒業後にこそ、彼女たちの前にはより大きな困難が立ちはだかるのです。

（東大など一部の難関）大学では、女性は男性に数の面では圧倒されてはいますが、学業面では明確な性差別には直面していないと思います。例えば、女子学生は性別を理由に悪い成績が付くということはありません。しかし、企業に就職するための面接になると、女性は突如、中年や年配の男性の面接官から、性的に不適切な質問を投げ掛けられることもあります。さらに、実際に就職すると、女性は自らが女性であるが故に、あまり重要でない仕事が割り当てられたりすることもあれば、先の見えないキャリアパスに迷い込んでしまう経験に直面することもあるでしょう。たとえ男性のように働きキャリアを積み重ねたとしても、結婚して子どもを産めば「マミートラック」と呼ばれるコースに乗せられ、昇進は遅れることになってしまいます。勤務時間を短縮せざるを得なくなり、昇進のスピードも遅くなり、それでも仕事をし続ける。男性には、こうしたペナルティはありません。私は、これが日本の職場で起きている現実だと思います。

——どうすれば問題を解決できるのでしょうか

特に東大では、男性がこの問題を彼ら自身の問題だと自覚しなければなりません。まず、男性はジェンダーを女性だけの問題として考える傾向にあることが、この問題を理解することを難しくしています。これが女性の問題であることは事実ですが、男性の問題でもあるのです。そして、男性は自分たちが社会の中で一定の行動様式や規範を身に付ける中で男性的な役割に染まってしまっていることに滅多に気付きません。彼らは自分たちをただの普通の「人間」だと思っていますが、それは違います。社会の中で「男性」へと構築されているのです。これは私自身もそうですが、男性は時々、自分のものの見方を見直さなければなりません。例えば、皆さんが将来について考える時、幸せな家庭を築き、妻や子どもに囲まれているものだと思っているかもしれませんが、もう一度考え直してみてください。皆さんはその幸せな家庭で、家事をしていますか。それともただ仕事に行き、奥さんがあなたの帰りを家で待つのでしょうか。それは、奥さんがあなたより早く帰らなければならないということでしょうか。こうした問題について考えてみた時、私は、多くの男性に在学中にジェンダーについて考える機会がないことが問題だと思っています。そこで例えば、仮にカリキュラムを改革するのであれば、全科類・学部でジェンダー関係の科目を必修科目として提供してはどうでしょうか。また、教員の男女比が極端に男性に偏っているのも問題です。私たちにはジェンダーの多様性と平等がより担保された学部の土台が必要で、そしてより多様な種類の講義をすることが求められます。それが私の願いです。

――問題解決のために何か具体的に学生にできることはあるのでしょうか

男子学生の皆さんがすぐに何かすることは難しいかもしれません。一つあるとすれば、女子学生との日常的な交流の仕方を変えることでしょう。大学の内外で、男性は往々にして女性に対して上から目線で接します。まずはそれをやめ、そして女性の声に耳を傾けることが、男性学生できる最初の一歩です。女子学生の皆さんには、ぜひ積極的に意見を言うようにしてもらいたいと思っています。もし教室の内外でより多くの女性の声が上がれば、本学での学生生活はより豊かになるでしょう。

今年は東京オリンピック・パラリンピックが開催される。平和の祭典として近代オリンピックが始まったように、世界平和は人類共通の願いだ。その実現にはどのような行動が求められるのか。人権弁護士として国際機関で難民問題や平和維持活動に携わった佐藤安信教授（総合文化研究科）に話を聞いた。（取材・友清雄太、撮影・杉田英輝）

分断乗り越え世界平和を

国際的な人権問題に携わる教授に聞く

総合文化研究科
佐藤《さとう》 安信《やすのぶ》教授

■法整備で途上国を支援

――弁護士を目指したきっかけを教えてください

当時通っていた都立高校で起きた放火冤罪事件がきっかけです。起訴された定時制の青年が、裁判で「自分は無実で、自白を強要された」と訴えたのです。国選弁護人の活躍で無罪となり、私は人権弁護士を目指しました。弁護士になり、彼の国家賠償訴訟の代理人として勝訴しました。

――国際人権、難民問題、平和維持など海外に目を向けた活動をしています。そのきっかけは何ですか

司法試験合格後のバックパックでの世界一人旅の影響が大きいですね。フィリピンを訪れた際、日本の政府開発援助（ODA）が背景にある人権問題を目撃し、人権問題とは先進国の利益などさまざまな要素が絡み合った構造的な問題だと気付きました。ボランティアとして参加したタイの難民キャンプでは、国際社会の支援が逆に新たな難民を生み出す実態を目の当たりにしました。こうした体験がきっかけになったと思います。当時、日本人で海外の人権問題の専門家は少なかったので、世界に目を向けた弁護士になろうと強く思いました。

――帰国後、東京の弁護士事務所に勤務したのち、ハーバード大学のロースクールに進学しました。この目的は何でしたか

　難民、人権問題に関心を持っていた時に、国連の人権担当官を務めていた久保田洋さんに出会い、彼のように国連で人権問題を扱いたいと思うようになりました。その際、久保田さんに、当時ハーバード大のロースクールで教壇に立っていたフィリップ・オルストン教授を紹介されたんですね。表現の自由や結社の自由の研究が盛んだった当時、オルストン教授は「食への権利」という途上国の社会権に目を向けていた数少ない国際人権の専門家でした。この先生の下で学ぶこと、そして卒業後に国連で働くことが目的でした。

――ハーバード大卒業後、国連カンボジア暫定統治機構（UNTAC）などの国際機関で活動します

　ＵＮＴＡＣの法務・人権担当官として、プノンペンで１９９２年から93年にかけてカンボジア内戦の終結に携わりました。当時のカンボジアはクメール・ルージュが近代法を廃止し、弁護士や裁判官も殺されるなど無法地帯で、終わりの見えない泥沼の内戦状況でした。人権担当官の仕事は現在進行形の虐殺の現場検証と報告が現実で、地雷原を歩いたこともあります。

　1年間の任務を終え任地から撤収しようとした時、現地のベトナム系住民から「帰らないで」と懇願されたのですが、結局見捨ててしまって……。その後日本政府にお願いし、ＵＮＴＡＣの人権部門だけ現地に残すことはできました。ＵＮＴＡＣの一員として現場で活動したけれど、状況をただ見守ることが多く、実際何ができたのだろうと無力感を味わいました。

――失意の中日本に帰国します

　食べることができないと人権や平和を実現できないと思い、日本の経済力を使って何とかできないかと考えました。国際的な援助や投資のノウハウを学ぶため、国際金融が専門の法律事務所に入ってロンドンやニューヨークなどでプロジェクトに関わりました。

　しかし、再び人権問題に携わりたいと考え、欧州復興開発銀行（ＥＢＲＤ）の法務部に勤務しました。ＥＢＲＤは、ソ連、東欧の市場経済移行による人権、民主化のために民間融資する開発銀行です。そこで市場経済に不可欠な法制度の整備が必要だったのです。カンボジアで果たせなかった法整備支援のため、大蔵省の支援で、法律事務所から2年間出向することにしました。

――日本人が国際機関で働くのはハードルが高いと思いますか

　高いと思いますね。文化的なギャップが大きな原因です。例えば、日本人は基本的に相手が話している間は口を挟みません。しかし、国連などではみんな平気で話に割り込ん

佐藤 安信（さとう・やすのぶ）教授
〈総合文化研究科〉
「人間の安全保障」プログラム担当。89年米ハーバード大学ロースクールでLL. M、00年英ロンドン大学大学院でPh. D.（法学）取得。91 ～ 92年オーストラリアでUNHCR法務官、92 ～ 93年カンボジアでＵＮＴＡＣ人権担当官、95 ～ 97年ロンドンでEBRD弁護士を務める。04年より現職。

だり、正面から反論したりと自分が場を取るんだという雰囲気があります。日本人が美徳とする謙虚さでは場をつかめないし、逆に相手に誤解を与えてしまいかねません。だから国際機関で活躍するには、正面から上司や同僚とぶつかり合って周囲に認めてもらうという強い気概が求められます。

平和の祭典で連帯感を示せ

——米国を中心に自国第一主義、反グローバリズムの風潮が広がっています。なぜこのような風潮が世界各地で広がるのでしょうか。また、この風潮にどう向き合えばいいのでしょう

グローバル化が急激に進む中でいろいろな矛盾が噴出し、人々の意識が他者を攻撃して自己を正当化するという方向に流れています。人類史の流れでみれば、現在は既存の体制が崩れて新体制に向かう端境期ではないでしょうか。30年代の再来という人もいますね。ですから、第3次大戦を起こすことなく新しい時代を迎えることが必要になります。ポイントは、自分のエゴや利益を捨てて他者のために戦えるという連帯感を持つこと。それには人類共通の敵や課題を明確にするとうまくいくと思います。私は環境と難民問題が鍵になると考えています。

——なぜそう考えるのですか

環境と難民問題は人々の多様性への理解を深めるためのいい教科書です。日本はとりわけ、環境や人権を抑圧して経済成長を目指す途上国型のモデルから、個性を認め合える成熟した新たなモデルへの転換が必要です。連帯しつつも多様性を尊重していける社会を日本は推進していく。この思想的発展が平和につながると思うんですね。政治家やリーダーの責任追及に始終せず、自ら、社会の先導者として一歩踏み出すこと。

——今回の東京オリンピック・パラリンピックで期待することはありますか

先ほどの、多様性を促進するという意味では本当に期待しています。また、国を代表できなかった人たちを「グローバルシティズン」として包摂することも重要です。前回のリオデジャネイロオリンピックで初めて結成された「難民チーム」が、東京でも結成されるということで、発信力に期待しています。

オリンピックはどうしてもナショナリズムが高揚しやすい場所です。その中で、環境問題などの地球規模の課題に対し、多様性を尊重しつつ「ＯＮＥ　ＴＥＡＭ」で団結して取り組んだという意志を示す。分断主義を乗り越えていくんだというメッセージを打ち出すことが日本が果たすべき役割だと思います。

——最後に、東大生にメッセージをお願いします

自分の個性を大事にしてほしいです。ステレオタイプなエリート像をぶち壊してほしい。そのため自分の生き方を先まで既定せず、もっと自由に冒険することを大事にしてください。

inter:view
インタビュー⑦

岩手の復興と共に走る

「ふるさとに貢献したい」三陸鉄道社長の思い

2011年3月11日、東日本大震災は多くの命や人々の日常を奪った。当時岩手県職員として震災の最前線で働き、現在は三陸鉄道の社長を務める中村一郎さん。岩手県の復興に尽力する中村さんの胸中に迫る。（取材・安保友里加、撮影・渡邊大祐）

——東大卒業後、岩手県にUターン就職された動機は

長男なので、いずれは故郷の岩手県に戻る必要があると考えていました。一旦首都圏で働く選択肢もあった中で、一番の決め手は「ふるさとに貢献したい」という強い思いです。

——岩手県在職中に東日本大震災に見舞われます

震災発生時は沿岸広域振興局長として、単身赴任先の釜石市にいました。内陸寄りの釜石地区合同庁舎から海岸方向へ進み、15時に予定されていたセミナー会場に向かっているところでしたね。会場に参加者は多く集まっていましたが、私の判断でセミナーは中止とし、車で急いで庁舎に戻りました。盛岡に住む家族とは1週間近く連絡が取れず不安が増す中、目の前の惨状に対して取り組むしかなかった日々を覚えています。避難所設置や応急仮設住宅の建設に向けた用地や業者の確保、ご遺体の対応などの復旧関連業務にあたり、市町村と一体となって、迅速な対応に努めました。

地震・津波による岩手県での死者・行方不明者は、約５８００人に上ります。所管区域内で親しくしていた、当時の大槌町長や大槌町幹部の多くも津波で犠牲となったことは非常に残念で悔しい気持ちでした。

——14年から、岩手県の復興全体を所管する復興局長として県内の復興に貢献されました

在任中、被災された方々が避難所や仮設住宅といった悪条件の下でも、お互いに助け合いながら過ごしている光景を多く見たことが印象深いです。復旧や復興のために主体的に何らかの活動に関わっている方のほうが、そうでない方々より復興について前向きな受け止めをされる傾向にあるように感じました。震災からの復興だけに限りませんが、地域に関わる取り組みを進める場合に、いかに多くの方が参画し自分のこととして考えてもらうかが大事なのかを痛感しました。

——三陸鉄道の全線復旧にも立ち会いました

14年4月、復興局長として三陸鉄道の全線復旧記念列車に乗車しました。沿線に多くの方々が出て、記念列車に向かって大漁旗や小旗を振って喜んでくれた光景は忘れられません。

——16年には三陸鉄道の社長に就任されます

県庁に勤めていた12年には政策地域部長として、鉄道の復旧支援をしていました。地元市町村の要望を尊重しつつ、鉄道の復旧かＢＲＴ（バス高速輸送システム）での復旧かを決めることの難しさを知っていたん

中村 一郎（なかむら・いちろう）さん
〈三陸鉄道株式会社代表取締役社長〉
79年法学部卒、同年岩手県に入庁。14年には復興局長に就任。16年に岩手県を退職、同年より現職。

三陸鉄道株式会社代表取締役社長

中《なか》村《むら》一《いち》郎《ろう》さん

です。だからこそ、リアス線の開通に向けて全社を挙げて取り組む責任を感じていました。

BRTは鉄道に比べて短期間での復旧が可能です。一方、鉄道は定時性や乗車定員などの面で優れ、鉄道ファンの乗車も期待できます。鉄道での復旧を望んでくださった市町村、住民の声が三陸鉄道の復旧、復興を支えてくださいました。

――リアス線開通のわずか半年後、19年10月の台風第19号により、三陸鉄道は途中区間運休を迫られました

台風被害は、斜面が崩れたり、土砂が線路に流れ込んだりと77カ所、復旧費用は20億円に及びました。全線復旧は3月20日の見通しで、台風直後の運行区間は全体の3割でしたが、現在は7割に到達しています。迅速な復旧の裏には震災の教訓が生かされました。

発災直後には、被災箇所の調査と並行して復旧工事を行う工事事業者の確保に動きました。災害後、工事事業者の不足は避けられないと学んでいたからです。高校生の通学や高齢者の通院に需要の高い区間や、運転再開できそうな区間の復旧を優先的に行いました。不通区間は代替バスを走らせていますが、利用者にはご不便をかけています。

膨大な復旧費用の確保も課題でした。自社だけでは賄えないため、国や県などに要望活動を行いながら復旧費支援をお願いしました。国、県、市町村で全額負担のめどが付き本当に感謝しています。

車窓から震災伝える

――東日本大震災から今年で9年が経過しますが、岩手県の復興状況は

災害公営住宅や防潮堤、道路などのハード面での復旧・復興事業は終盤を迎えています。一方で、災害公営住宅に入居している被災者は、ご近所とのつながりが少なくなり仮設住宅入居時よりも孤立化を深めているという報告もあるのが実情です。被災者一人一人に寄り添ったソフト面での対応は、引き続き必要となっています。

震災を経験し、住民の命の確保が行政の最も重要で根幹を成す業務であることを身をもって理解しました。同時に、被害を最小限に食い止めるための備えや事前の取り組みの重要性にも改めて気付かされました。近年は全国的に大雨被害が発生し、首都圏直下型地震や東南海地震などの危険性も指摘されていますが、一般住民の危機意識がまだ希薄なことが心配です。

――「震災学習列車」について教えてください

三陸鉄道では「震災学習列車」（現在は団体予約向け）の運行を12年6月より始めました。三陸の被災の状況や復旧・復興の道筋などを、社員が説明を加えながら、パネルや車窓から学んでもらうものです。震災を経験した社員による自らの体験を踏まえた解説で理解が深まると好評です。

「震災学習列車」ができたきっかけは「不謹慎ではないか」と被災地を訪問することを遠慮している観光客がいると聞いたことです。三陸鉄道は、震災直後より日本全国から多数の激励や支援を受けたので、復興のいまを発信して社会に貢献できたらと思っています。

甚大な被害で多くの命や人々の生活を奪った震災の記憶を伝承することの難しさには日々直面しています。

作家・早乙女勝元氏は大きな災害について「知っているなら伝えよう、知らないなら学ぼう」と呼び掛けています。これまでの災害を「自分のこと」として学び「自分の命は自分で守る」ことを実践してほしいですね。

三陸の海を背に走る三陸鉄道リアス線（写真は三陸鉄道提供）

――三陸鉄道の今後の目標は

「地域の皆さんの足」を守るのはもちろんのこと、地域経済の活性化に貢献できるよう頑張っていきたいです。三陸鉄道がきっかけで、全国から三陸に訪れる方が増えることを目指して努めていきます。

――これから社会へ出る東大生に一言お願いします

多様化する活躍の場の一つがふるさとであると思います。東大で学び、ふるさとを客観視できました。若者がローカルにも目を向けてくれたらうれしいですね。

教養学部の表象文化論コースで映画論を学び、東大在学中に制作した自主映画が映画祭で入選したことを機に映画監督の道に進んだ豊島圭介監督。東大駒場Ｉキャンパス900番教室での「伝説の討論会」を描いた最新作『三島由紀夫vs東大全共闘 50年目の真実』に込めた思いや、東大時代の思い出を聞いた。　（取材・一柳里樹、撮影・原田怜於）

青年たちの熱さ、今へ

東大卒映画監督・豊島圭介さんに聞く

豊島《とよしま》 圭介《けいすけ》監督

――なぜこの討論会を映画の題材にしようと考えたのでしょうか

プロデューサーの刀根（鉄太）さんから「われわれは全共闘世代のことは詳しくないけど、母校のことでもあるし、きちんと向かい合って、自分たちで結論付ける作業をしてもいいんじゃないか」と誘われたのが大きかったですね。一夜漬けで何か分かるようなものではない、ハードルの高い仕事だとは思いましたが、自分の引き出しで簡単には太刀打ちできないところが逆に魅力で。非常に面白い題材だなと思って、やってみることにしました。

――実際の討論会の映像に、討論会参加者などへのインタビューが挟まれる形で映画は進んでいきます

映画に取り掛かったとき、既に討論会の映像が90分あってラッキーだな、と思いました（笑）。本来、90分の映像を撮るのは大変なことなので。でも同時に、それと拮抗するような今の映像を撮らないといけないプレッシャーも感じました。50年前の討論会をお客さんに見せるに当たって、この討論が今に対していったいどんな意味を持つのか、その答えを探すためにインタビューをしていくんだろうな、と考えていて。50年前の話をどうしたら現在にフィードバックできるか、ということをテーマに設定して話を聞き始めました。

当事者の人たちに取材するときは、こっちも監督なので「撮れた！」と思う何かをもぎ取る必要があります。そのためには、こっちも芝居をしなければならない。例えば、何か仕掛けて、相手が怒った姿を撮りたい、とかですね。でも、ただ単に怒らせるだけでは下衆なやり方なので、どうしたら良いか知恵を絞りました。刺し違えてでも何かを撮ってこなければという意識はありましたね。

——討論会に関わった人々の印象は

三島由紀夫と交通事故のように出会ったことで人生を規定されてしまった人たちに僕はインタビューしてるんだな、と思いました。三島は、誰に対しても本気で向かい合っている感じが半端ではなくて。いったい三島という1人の人間の中に何面の顔があるんだろう、多面体のような不思議な人だなと感じました。

——ポスターなどでは、討論会の「熱量を体感してほしい」と強調しています

初見で1時間48分見ても分からないことがたぶんいっぱいあります。でも、それを分かろうとして追い掛けていっても、結局分からなくて思考が止まってしまうともったいない。だから、細かい理屈や思想を理解しようとするのではなくて、やったら熱を持った青年たちがワイワイやって、50年後の今も熱を失わずに生きている。そんな面白い、熱い人たちを目撃するんだという気持ちで映画を見てくれたらいいなと思っていますね。

映画漬けの4年間

——東大を目指したきっかけは

蓮實（はすみ）重彦先生（元総長）

豊島 圭介（とよしま・けいすけ）監督
95年教養学部卒。東大在学中の94年、自主映画『悲しいだけ』でぴあフィルムフェスティバル94入選。03年『怪談新耳袋』シリーズで監督デビュー。代表作に映画『裁判長！ここは懲役４年でどうすか』ドラマ『徳山大五郎を誰が殺したか？』など。

「夢のような世界」楽しんで

豊島監督の東大時代

に憧れ、蓮實ゼミに入りたいという思いで東大を目指しました。高校時代、映画監督・小津安二郎に関する本を手にしたら、それが蓮實先生の講演録だったんですね。「東京には、批評みたいな言葉で映画を語る人たちがいるんだ」と憧れました。

ただ成績はあまり良くなかったので、上京して御茶ノ水の駿台予備学校で浪人生活を送りました。その1年間は、1本も映画を見ないと決めたんですよ。でも、死ぬほど勉強したら頭が飽和状態になって勉強が手に付かなくなって、9月くらいに洋画のピンク映画を1本だけ見て（笑）。そこからはだましだまし、2月までサバイバルして何とか合格できました。

——東大ではどんな生活を送りましたか

とにかく蓮實先生の授業に出ることが楽しくて、年間300本、浴びるように映画を見ていた4年間でしたね。授業では世界中の面白い映画の話を漫談のように聞かせてくれて、しかも東京は多くの映画を見られる世界でも指折りの環境だったので、夢のような時期でした。

——サークル活動などは

ラクロス部男子に所属していました。高校時代はボート部に入っていて、マイナースポーツだからインターハイに行けたんですよ。大学でもマイナースポーツでレギュラーになろうと思って、早稲田大学に入ったらカバディをやるつもりでした。でも東大はカバディ部がなかったので、そしたらラクロスかなと（笑）。

日本のラクロスの黎明期だったので、ジャパン合宿にも参加できました。やっぱりマイナースポーツは良いな、と思いましたね。他大学との合宿もたくさんあって面白かったです。ただ、自主映画を制作しようと決めたので、ラクロス部は2年で辞めることにしました。

——自主映画を制作するきっかけは

蓮實ゼミの学生はみんな、ひたすら映画を見て、蓮實先生の長い文体をまねして文章を書いていたんですよ。でも、いっこうに映画のことが分かるようにならなくて。自分で映画を作れば映画に近付けるんじゃないかと思って制作を始めました。

ゼミ仲間との映画作りはすごく刺激的でしたね。フィルムに何が映っているかだけが大事、というのが蓮實先生の授業スタイルだったので、シナリオの話は一切しないんですよ。でも、いざ自分で作ろうとなるとシナリオ作りで七転八倒して。「シナリオ超大事じゃん！　蓮實重彦にだまされちゃいけない」って思いましたね（笑）。蓮實先生はそんなこと分かった上で授業をしていたわけですけど。

大学での出会い大切に

――制作した『悲しいだけ』はぴあフィルムフェスティバル94で入選を果たし、映画制作の道に進み始めます

それまでは映画監督を目指そうなんて思ってもいない一映画ファンでしたが、入選がきっかけで「もしかしたらこれからも映画を作っていけるかもしれない」と意識するようになりました。留学に行きたいとも思っていたので、外国の映画学校を探して。不合格続きの2年間は下北沢でファミコンとかを売りながら生き抜いて、ロサンゼルスの映画学校アメリカン・フィルム・インスティテュートに進みました。

留学から帰ってきた時には29歳になっていました。その後はシナリオを書いてプロになって、30代前半で初めて短編で監督を務めるチャンスをもらったんです。監督になる前に助監督を長く経験する人も多い中で、あまり苦労せず監督になることができました。でもその分、監督になってからは苦労もありましたね。とあるベテラン俳優にすごくいじめられたこともありました（笑）。僕がミスをしたせいだったのですが、当時はまだ若かったので、どうしたらいいか分かりませんでした。

――新入生にメッセージを

東大には夢のような世界が待っています。面白い人が多いので、大いに仲間を作って楽しんでください。

今回の映画作りも、表象文化論コースやラクロス部の同期に後押ししてもらいました。そもそも東大を出ていなければ、今回の映画を作るチャンスはなかったかもしれません。どこで役に立つか分からないので、ぜひ大学で出会う仲間を大事にしてほしいですね。

inter:view
インタビュー⑨

東大生に人気が高い職業の一つ、弁護士。在学中から資格予備校に通うなど、難関の司法試験、司法試験予備試験の対策をする人も多いだろう。そこで現在、現場で弱者に寄り添いながら弁護士として活動している望月宣武さんに、弁護士のやりがいや心構え、東大生へのアドバイスを聞いた。（取材・中井健太、撮影・渡邊大祐）

弁護士
望月《もちづき》 宣武《ひろむ》さん

やりたいことに今挑め
弱者に寄り添う弁護士にインタビュー

依頼主の笑顔求めて

——どのような大学時代を過ごしていましたか

運動会ヨット部に所属しており、週末は部活に費やしていました。平日は授業に出ることもなく、自分が立ち上げた、障害者の人権擁護運動を行うＮＰＯでの活動をしていました。大学で眠たい講義を聞いているよりは、現場でフィールドワークをしている方が性に合ったのです。

——ＮＰＯを立ち上げるきっかけは何だったのでしょうか

入学直後に入った「ぼらんたす」という障害者を介助するサークルで、障害者の人権運動を行っていた人に出会い、障害者運動に興味を持ったのがきっかけです。当時は障害を持っていると取れない資格が多く、法改正によって規制の撤廃を目的とするＮＰＯだったのですが、弁護士や政治家、ジャーナリストなどさまざまな立場の人が参加していました。特定の問題意識に基づき、理想に向かって、政治家・官僚を説得して法律を変える、というダイナミズムに関われることが面白かったです。

――なぜ弁護士を目指したのでしょうか

ＮＰＯで活動する上で、学生は豊富な時間を膨大な文献調査などに充てられるため、時間を「専門性」と呼ぶことができますが、大学を卒業した後は何か一つ専門分野がないと活躍していくことができません。そんな中、法律を武器にしようと考え、弁護士の道を選びました。

――どのような勉強をして司法試験に臨みましたか

学部時代は一切勉強をしなかったのですが、4年生の時に記念受験をしました。大学を卒業した直後は、社会人としてさまざまなＮＰＯを手伝う、フリーターのような生活を送っていましたね。大学を出て1年がたった時、法科大学院制度ができたので北海道大学の法科大学院で勉強し、司法試験に受かりました。司法試験の勉強法という点では、法科大学院で言われた通りに受動的に勉強していたので、何か特別変わったことをしたわけではないです。

――弁護士として活動する中で特に印象に残ったこと、うれしかったことは何ですか

家族を亡くした人、特に子どもを亡くした親からの依頼は、どのような結果になってもハッピーエンドにはなりません。そんな中でも遺族にとって最良の解決を模索しながら裁判をしていかなければならないのはとても苦しいです。

逆にうれしいのは、暗い顔で相談に来てくれた人が少しでも笑顔になって帰っていった時ですね。基本的に私の事務所に来るのはトラブルに巻き込まれて、精神的に参ってしまっている人です。そんな人たちが、これからどういう行動を起こしていくか、という計画を練る中で少しでも前向きな気持ちになってくれることがあります。どん底の状態にある人を少しでもゼロ、プラスの状態に持っていけるのがやりがいです。

現場での経験を糧に

――ＡＩ技術によって代替されやすい職業として、弁護士が挙げられることが多いですが、どのようにお考えですか

弁護士の仕事、特に契約書の確認や、交通事故などの比較的定型的な裁判は確かに自動化しやすいと思います。ただ、法律知識を使って裁判を行うのをＡＩ技術が自動化したとしても、精神的にどん底の人と向き合い、サポートするのはＡＩ技術には困難だと思います。自分は特にカウンセリング的要素に主軸を置いて仕事をしているので、ＡＩ技術を脅威だとは捉えていません。むしろ、ＡＩ技術で代替できるところは早く代替し、代替不可能なところに自分のリソースを集中的に使いたいと考えています。

――さまざまな人から批判を浴びることも多い職業ですが、誹謗（ひぼう）中傷をどのように捉えていますか

弁護士は恨まれる仕事です。怖かったらこの仕事はやっていけませ

望月 宣武（もちづき・ひろむ）さん

〈弁護士〉

03年法学部卒。06年北海道大学法科大学院修了。現在は日本羅針盤（ニッポンコンパス）法律事務所の代表を務める。

ん。自衛は心掛けていますが、殺意を持って攻撃されたら助かりません。そういうことが起こり得る仕事です。社会的なインパクトが大きい案件に関わればそれだけ反発する人も生まれます。膨大な誹謗中傷も浴びますが、気にしても仕方がありませんからね。

——東大生にメッセージをお願いします

当時も今も、東大生はとても賢いです。自分は大天才だったわけでもすさまじい努力をしたわけでもなく、そこそこの器用さとそこそこの努力の掛け合わせで東大に入りました。なので、周りの優秀な東大生に気後れし、東大内での競争を勝ち抜いていく気が起きませんでした。そんな中、東大生と競争する必要のない場所が、NPO活動をしていた現場でした。

弁護士になるのも、最速の同級生に比べれば5年遅かったですが、現場でのドラマに満ちた遠回りは決して無駄ではありませんでした。東大生は、最短で結果を出すことが評価される場面での競争には強いですが、社会に出れば多様な価値観があります。自分がやりたいことをやって楽しんでいたら勝ち。人と競争することは人生の幸せと直接つながりません。

東大生はなんだかんだ地頭がいいので、適当にやっても結果を出せるものです。とりあえず興味のあることに飛び込み、現場を見てください。真面目な東大生は始めた以上はやめられない、と安易に物事を始めることに抵抗感を持つかも知れませんが、とりあえず始めましょう。学生のうちは、嫌になったらすぐにやめればいいんです。学生の特権は「無責任」ですから。

第2章 東大は動く

２０１９年度東京大学学部入学式における上野千鶴子名誉教授の祝辞は、学内のジェンダー問題や大学で学ぶ心がまえを説いて、多く反響を呼んだ。その後実施した『東京大学新聞』のアンケート調査でも関心が高く、約５０００人から回答が寄せられた。

「まず、踏み出そう」

学部・大学院で平成最後の入学式

記念撮影をする新入生たち（撮影・中井健太）

ジェンダー

２０１９年度の学部入学式で上野千鶴子名誉教授が述べた祝辞。東大におけるジェンダーの問題について述べたその内容は東大の内外で大きな反響を呼んだ。東京大学新聞社では広く東大内外を対象としたアンケートや、東大関係者への祝辞を実施。上野祝辞や東大におけるジェンダー問題への受け止めの実態に迫った。

７６２１人が門出迎える

3125人が入学した2019年度学部入学式が12日午前、日本武道館（千代田区）で挙行された。五神真総長と太田邦史教養学部長が式辞を述べ、上野千鶴子名誉教授（認定NPO法人ウィメンズアクションネットワーク理事長）が祝辞を述べた。同日午後に、4496人が入学した大学院の入学式も行われた。

学部入学式の式辞で五神総長は、人類全体を巻き込んだ「激動の時代」にあって、異なる価値観や知識を持つ人々が協働し、多様なスケールの時間の流れが共存する大学にこそ、社会変革を駆動する責任があると述べた。その上で東大発のベンチャー企業「ユーグレナ」を、東大が社会変革を駆動した例として挙げた。新入生には「まず、踏み出すこと」を勧め、教員や図書館、国際感覚を養う授業や制度の活用を「明日から踏み出せる一歩」として紹介した。

太田教養学部長は、弱者に寄り添い、人類社会の幸福に貢献できる人間になることこそが教養を学ぶ目的だと語った。

上野名誉教授は祝辞の中で、学生・教員の女性比率の低さや東大女子の参加を認めないサークルを挙げ、東大も社会と同じく「あからさまな性差別」が横行していると批判。一方、東大は女性学を創始した自身をはじめさまざまな教員に開かれた、変化と多様性に寛容な大学でもあるとし、多様性から新しい価値が生まれると述べた。最後に、新たな知を生み出す知である「メタ知識」を獲得することが、大学で学ぶことの価値だとした。

入学生総代の永谷優磨さん（理Ⅲ・1年）は新元号「令和」に関連し「私たち自身が梅の花として花開く」と述べ「勉学に限らずさまざまな経験を積み、学んだことを社会に還元していく」と宣誓した。

各科類の入学者は文Ⅰ４２１人、文Ⅱ３７１人、文Ⅲ４９５人、理Ⅰ１１７８人、理Ⅱ５５９人、理Ⅲ１０１人の計３１２５人。女子学生は５６７人と全体の18・1％になり、昨年の19・5％から下降した。留学生は44人だった。

同日午後の大学院入学式では修士課程２９２７人、専門職学位課程３３１人、博士課程１２３８人の新入生の門出を祝った。うち留学生は６３８人だった。

東大・女性の82%が評価

上野祝辞アンケート

男性は53%にとどまる

4月12日の学部入学式に登壇した上野千鶴子名誉教授は、祝辞で学内のジェンダー問題や大学で学ぶ心構えを説き、学内外で反響を呼んだ。東京大学新聞社はこの祝辞について東大内外の全ての人々を対象にアンケート調査を行い、東大生（院生含む）603人を含む4921人から回答を得た。東大生以外では87・5%が祝辞を評価した一方、評価した東大生は61・7%にとどまり、祝辞への反応の差が浮き彫りになった。東大生の中でも、性別や学年で回答に相違が見られた。（構成・山口岳大）

東大生

新入生、上級生に比べ評価

調査では、祝辞について①全文を聞いた、あるいは読んだか②内容をどの程度理解できたか③どの程度評価するか④学部入学式にふさわしい内容だったと思うか――の四つの質問を設け、①以外の三つに関しては回答の理由を聞いた。さらに、祝辞で取り上げられた東大の四つのジェンダー問題について、祝辞以前にどの程度認識していたかも聞いた。

回答した東大生のうち、男性は67・5%、女性は29・9%。祝辞を「たいへん評価する」「評価する」と回答した割合は東大生全体では61・7%だった。性別では、女性で82・2%だったのに対し男性は53・1%にとどまり、女性の方が高く評価していることが示された。祝辞が学部入学式にふさわしかったかについても、女性の方が肯定的な傾向があった。

取り上げられた四つのジェンダー問題については、いずれも「よく認識していた」の割合は女性の方が高かった。特に研究職・管理職の男女比率の偏りは「よく認識していた」「ある程度認識していた」を合わせた割合が、女性の方が9・5ポイント高く、問題の認識に差があることが示唆された。

新入生は103人が回答。回答者中、女性は26・2%で、新入生全体の女性比率18・1%を上回った。祝辞を「たいへん評価する」「評価する」と回答した新入生は74・8%で、新入生を除く東大生の59・3%を15ポイント以上上回った（図1）。ただ、新入生でも、「たいへん評価する」「評価する」と回答した割合は男性で72・4%、女性で81・5%と性別による意識差が見られた。学内の問題は、学生の男女比率の問題を除き、新入生の認知度が新入生以外に比べて低かった。祝辞は新入生が問題を知る契機になったといえる（図2）。

（図1）東大生の祝辞への評価

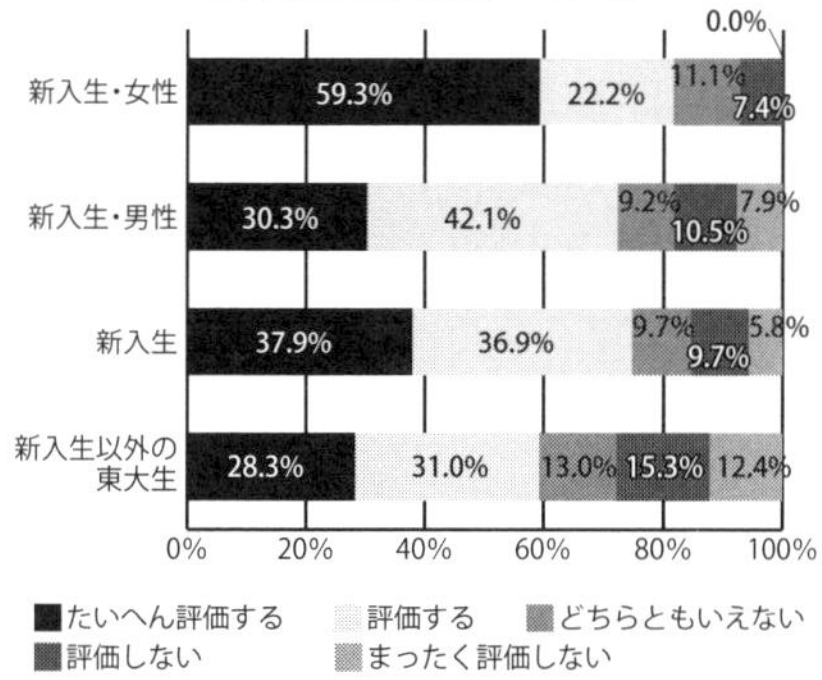

（図2）東大生の祝辞以前の問題認識

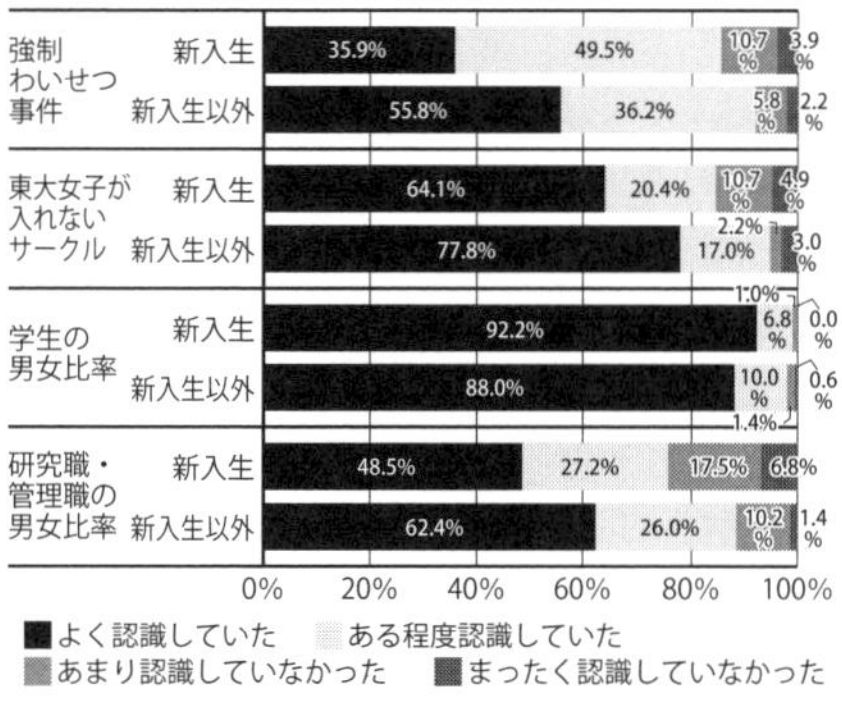

東大生以外

67%が「たいへん評価」

東大生以外からは4318件の回答を得た。うち67・3%が女性で、女性の関心の高さが示唆された。

「たいへん評価する」「評価する」と回答した割合は、東大生以外で87・5%に達し、東大生の61・7%を上回った（図3）。入学式にふさわしい内容だったかについても、「大変そう思う」「そう思う」が東大生で51・7%、東大生以外で82・8%だった。年齢別では、「たいへん評価する」「評価する」は10代で72・9%だったが、20代以降はどの世代も80%を超えた（回答者が3人以下の9歳未満、80代、90代を除く)。

祝辞で取り上げられた四つのジェンダー問題に関しては、うち三つで東大生に比べて認知度が10ポイント以上低かった。ただし、研究職・管理職における男女比率の偏りについては、認知度が東大生で86・2%、東大生以外で83・6%と、2・6ポイントの差にとどまった。

この調査は、東大生に限定せず全ての人を対象に4月18日〜5月10日にインターネット上で実施。Googleフォームで回答を受け付け、東京大学新聞の紙面・オンライン版、SNSなどで周知した。

年齢(10歳区切り)、性別、学生か否かを聞き、学生でないと答えた人には職業も聞いた。学生のうち、東大以外の学生には学校の種類を、東大生(院生含む)には学年と所属を尋ねた。いずれも回答者自身の申告にのみ基づき、実際と異なる可能性がある。

(図3)東大生と東大生以外の祝辞への反応

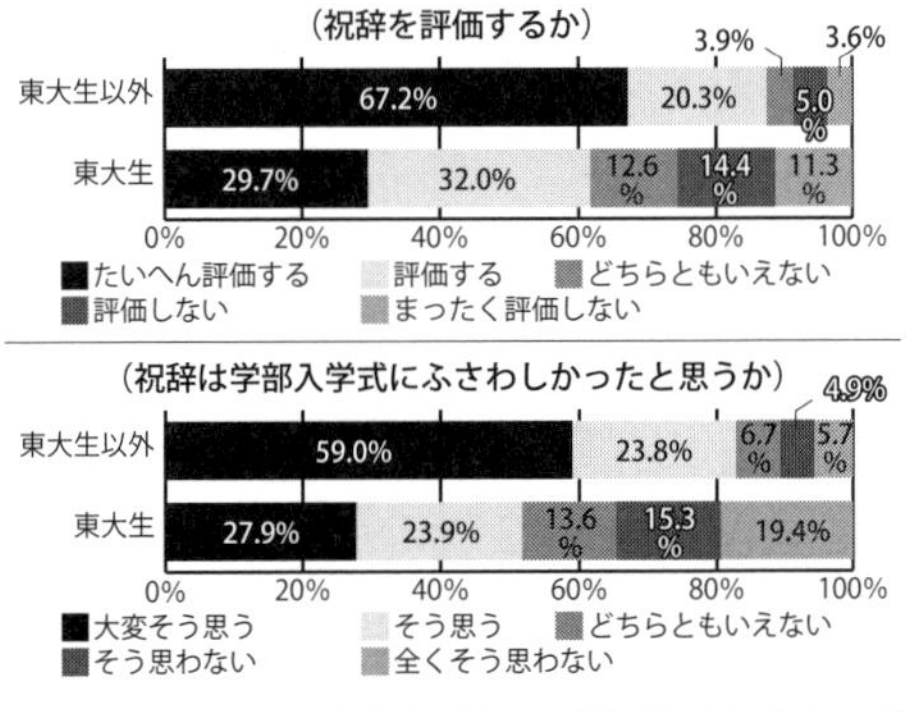

上野祝辞、私はこう見る

伝え方や根拠に疑問も

祝辞を評価した東大生の理由記述では、主に二つの側面に注目が集まった。第一に「がんばれば報われる」と思えること自体が環境のおかげだと上野名誉教授が述べた点だ。地方公立高校出身のAさん(法・4年、男性)は実際に「環境が進学に与える影響は非常に大きいと感じる」とし、東大生は社会を改善する責任を持つと強調した。

第二に、東大のジェンダーの問題を提起した点だ。Bさん(養・3年、女性)は、「上野先生が東大生の性差別の例として出したものは私が日頃から性差別として意識していたものだった」と述べ、保守的で性差別的な東大生が多く、東大入学を後悔していた中、東大が上野名誉教授に祝辞を依頼したことで東大に希望を持てたという。

こうした性差別の側面への言及が多数を占める中、祝辞が、フェミニズムにとどまらずメリトクラシー(人を業績で評価する考え方)批判へ移行していると捉えたのはCさん(人文社会系研究科・修士2年、男性)。学力や年収とは異なる多様な尺度が並存し「自分も他者も一面では強い人間でありまた他面では弱い人間であることを認め」られるような「大学的な知」へのエールとして祝辞を読んだ。

祝辞が及ぼした影響を評価する声もある。「今年東大に入学した1年生は女性差別について発言、議論しやすいのではないか」(法・3年、男性)など学内の議論促進を期待するものの他「世間の注目するこの場でこの問題に言及すること自体が世間における議論の活発化に繋がる」(理Ⅱ・1年、男性)

今回の調査では、祝辞を評価したか、学部入学式にふさわしいと思うかを回答した後、回答の理由を任意で記述できるようにしていた。この記述から、祝辞が個々人にどのように受け止められたのかをより詳細に探りたい。さらに、祝辞を依頼した東大執行部のコメントから、祝辞を今後にどう生かすかも考える。
（構成・取材　高橋祐貴、山口岳大）

東大生以外の声

私自身が男女雇用均等法施行直後に就職活動をし、企業で女性として働いてきて感じたことを的確に代弁してもらえたと深く共感した。（50代会社員、女性）

お祝いの席で言うべきかという批判はあるが、東大がジェンダー問題に真摯《しんし》に取り組むと外部にアピールする絶好の機会になった。（50代主婦、女性）

努力してつかんだだろう東大入学をどう思い、学びを今後にどうつなげるのか、４年間で考える内容になっていると思う。入学時に聞けて羨《うらや》ましい。（20代私立大生、女性）

女子差別に触れた意図は理解するが、冒頭の発言によって、東大入試自体に男女差別の不正があるかように誤解させるのは由々しきことだ。（50代東大教員、女性）

ただただ優位な立場の学生に向けられており、不利を乗り越えた生徒への眼差しが一切無いという点では残念。（50代高校教員、男性）

東大生の声

自分の努力で合格したと思い上がっている新入生に、環境が良かったという事実を納得できる形で突き付けてくれた。女子が少ない異常な環境であることを思い出させてくれた。（文Ⅱ・１年、女性）

社会的な影響が大きく議論を生んだ。新入生が女性差別について議論や発言しやすい土壌をつくった。（法・３年、男性）

提示された統計データや論理関係について分からない部分があった。表現が乱暴な部分があったせいで多くの反発・揶揄《やゆ》を生んでいるのだと思う。（法・４年、女性）

社会には多様な尺度があり、自分も他者もある面では強くある面では弱いことを認める、大学的な知へのエールだ。（人文社会系研究科・修士２年、男性）

東大男子を画一化したような表現のせいで聞いていて気持ちのよいものではなく、あまり心に響かなかった。（文Ⅲ・１年、男性）

など日本全体の男女平等の実現に貢献し得るとする回答もあった。

　他方、こうした面をたたえつつも一定の留保を付ける意見が目立った。Dさん（養・3年、女性）は、伝えたかったメッセージは入学式にふさわしかったとしながら、言葉選びやデータの解釈などの問題点が「強烈な印象を残すもの」だったことが反発を招いたと指摘。取り上げる話題が従来の通念に沿わないからこそ、ささいな点に注意を払うべきだったとした。

　祝辞に否定的な回答をした理由としては、こうした恣意的な根拠付けの他、入学式にふさわしくないという意見もあった。文Ⅱ・1年の男性は問題の重要性を認識しつつも「当日、自分自身男の新入生としてはかなり耳が痛」かったと明かした。男尊女卑の社会構造において新入生はあくまで「被害者」にすぎないという意見（工・4年、男性）、女性差別以外にも教育格差や経済格差などの要素が関係していることにも目を配るべきだったという意見（文Ⅰ・2年、女性）などもあった。

　こうした問題点が必ずしも重要ではないと考える回答者もいた。Eさん（理Ⅰ・2年、男性）は、東大生には「祝辞の内容を鵜呑みにしてそれを完全に信じてしまう」人はいないだろうとし、聞き手に影響を与え議論を促したこと自体を評価すべきだと指摘した。祝辞にもかかわらず祝福の要素を欠いたという批判についてFさん（文・3年、男子）は「やや力強い言葉まで用いてアジる（扇動する）こと」が、むしろ新入生が議論に耐え得ると認めていることの証左であり、新入生の祝福になっていると指摘した。

女性の違和感を代弁

　東大生以外の回答で目立ったのは、自分の違和感が言語化されたと感じる女性の声だった。「社会に出れば出るほど、女性が向上心を持って行動すればするほど、壁が高くやる気をなくして」いたというGさん（30代会社員、女性）はその経験を代弁してもらったような気持ちになったという。「今まで差別を受けていることに蓋をしてきたのだなあ、と実感し」「強がって生きてきたのだと気づきを得た」（40代地方公務員、女性）など、祝辞を機に過去の差別に気付いたという意見もあった。

　祝辞は新入生が対象だったが、

学外の人にも気付きを与えていたようだ。Hさん（30代公務員、女性）は「自分の力を自分が勝ち抜くためだけに使わないで」という主張が「中間管理職をしている自分にものすごく刺さり」今までの自分を省みて恥ずかしくなったという。東大卒のIさん（30代会社員、女性）も、「『努力が報われると思えること自体が恵まれている』という指摘が、自分自身の環境に対して言われているようではっとし」たと語っている。

祝辞が入学式という場で行われたことも評価されている。Jさん（40代エンジニア、女性）は、新入生には「男女問わずピンとこなかったかもしれない」としつつ、自身が入学式で同じ内容を聞けていれば「もっと将来の選択の前に考えることができたと思うし、さらに有意義に学生生活を過ごせたかもしれない」とした。「話を聞かなければいけない」「聞かされる」入学式だったからこそ、新入生全員の心に何かを残せたという考えもあった（40代主婦、女性）。

ジェンダー問題に対して東大が真剣に取り組むことが表明されたと見る意見もある。Kさん（40代主婦、女性）は、企業や学校で不祥事があった際、式典で再発防止を表明し成員に協力を求めるのは普通であり、上野名誉教授の主張も祝辞の体裁を取った「社会へのステートメント」だったと解釈した。

祝辞に批判的な意見には、根拠の恣意性や祝福の欠如への指摘に加え、男性や不利な環境にある学生への視点を欠いたというものがあった。Lさん（50代高校教員、男性）は、進学校で生徒に環境の優位を自覚するよう説いた際、恵まれた環境にない生徒がつらそうだったという自身の経験を紹介。祝辞も、「新入生には多様な人がいるけれども」という留保を付けた上で主張すべきだったと指摘した。

新入生に伝わったかを疑問視する声もある。Mさん（60代大学教員、男性）は、祝辞の内容は評価しつつも、入学したばかりで浮かれている新入生に伝わらなければ無意味だと指摘。むしろ「在校生に話した方が理解が得られる」（30代教員、女性）という意見も見られた。

東大教員からは、東大の現状が反映されていないという指摘も。東大入試に不正があるように誤解させるというもの（50代、女性）の他、女性を研究仲間として受け入れている多くの人を無視し、差別が残存している印象を与えるというもの（30代、女性）もあった。

東大は内容に「介入せず」

上野名誉教授の祝辞は、依頼した東大の執行部からはどのように捉えられているのか。男女共同参画室長で東大の男女不平等の改善に取り組む松木則夫理事・副学長は「そもそも祝辞は個人の著作物に当たるため、内容に東大が口を出すことはない」と語る。今回も上野名誉教授の求めで学生の男女比などの数値の確認のみを行い、他の部分には一切介入しなかった。当然、上野名誉教授に依頼を決めた時点で「ジェンダー問題に触れるだろう」とは意識していたが、実際に触れてほしいとは伝えていないという。

上野名誉教授が東大に対して批判的な内容を述べることは十分予想できたが「現状男女比が偏っているのは事実なため、個人的には批判を甘んじて受け入れるつもりでした。結果として、東大におけるダイバーシティ推進へ力強いエールをいただきました」。メディアの報道も意識していたが、これほどまでの反響があるとは思っていなかったという。祝辞が世間の耳目を集めたことで、東大が女子学生を増やすために行っている施策などにも注目が集まり、議論が進展することを期待している。

一方「当初から祝辞への反響を狙っていたわけではない」と語るのは、女性で唯一理事・副学長両方を務める白波瀬佐和子教授（人文社会系研究科）。祝辞を依頼するにあたって、学術的・社会的に多大な貢献がある人物であることが重要なポイントで、上野名誉教授についても日本におけるジェンダー、ケアの研究に大きな功績を残した社会学者である点が大切だと話す。「ジェンダー問題という

施策周知へ「祝辞効果」期待

松木《まつき》 則夫《のりお》
理事・副学長

東大生は「強者」の自覚を

白波瀬《しらはせ》 佐和子《さわこ》教授
（人文社会系研究科）

テーマがあって、人選が進んだという流れではないと私は理解しています」

その上で祝辞の重要なメッセージは後半にあるという。入学式に参加する新入生は多様で「自分が強者だ・特別だ」と思っている人ばかりではないだろう。ただ「階層論研究の専門家として『強者の立場にいること』への自覚は、東大生には持ってもらいたい」。

東大生の生活圏は意外と限定的。小中高大と進学するにつれ、周囲の同級生の保護者の職業が限定的になっていないか東大生に尋ねると、大半の学生は「確かにそうかもしれない」と納得するという。「東大生は自らが思う以上に恵まれた、誰もが簡単に手に入れられるわけではない環境に育ったことを忘れないでほしい。難関をくぐり抜けて高いポテンシャルを持って入学したからこそ、世の中の動きに敏感になり積極的に外の世界に飛び出してはどうか」。上野名誉教授からの祝辞の意味を謙虚に受け止め、自分と違う環境に置かれた人の立場を想像できる他者感覚を持つ学生になってほしいと願う。

上野名誉教授が祝辞の中で触れた東大のジェンダー問題については、松木理事・副学長も白波瀬教授も「対策の効果はまだ見えず道半ば」だとうなずく。特に女子学生の比率向上については「女子学生への住まい支援、女子学生による母校訪問、女子中高生向けのイベントなどさまざまな施策を打っているが一向に結果につながらない。むしろいいアイデアがあれば東大新聞の読者に教えてもらいたいくらいだ」と松木理事・副学長。今後は在学生の母校以外にも東大の宣伝ポスターを送付する、女性卒業生の動向をより広範に把握してロールモデルの発信に努めるなどの施策を打とうかと議論しているという。

五神真総長が役員層の女性比率30％を目指す「30％クラブ」に大学のトップとしていち早く加盟したのも、現状への危機感の表れだ。組織の上層部だけでなく、学生、研究者、職員等のダイバーシティの向上に向けて、改革の道のりはまだ長い。

東大入学式2019・上野祝辞アンケート分析①

回答傾向の分析から

4月12日の学部入学式で上野千鶴子名誉教授が述べた祝辞は、学内のジェンダー問題や大学で学ぶ心構えを説き、学内外で反響を呼んだ。東京大学新聞社は、この祝辞について東大内外の全ての人を対象にアンケート調査を行い、東大生（院生含む）603人を含む4921人から回答を得た。東大生以外では87・5％が祝辞を評価した一方、評価した東大生は61・7％にとどまり、祝辞への反応の差が浮き彫りになった。東大生の中でも、性別や学年、文系理系によって回答の傾向に相違が見られた。

（構成・山口岳大、内容は一部紙面版と重複）

調査では、祝辞について①全文を聞いた、あるいは読んだか②内容をどの程度理解できたか③どの程度評価するか④学部入学式にふさわしい内容だったと思うか―の四つの質問を設け、①以外の三つに関しては回答の理由を聞いた。さらに、祝辞で取り上げられた東大の四つのジェンダー問題について、祝辞以前にどの程度認識していたかも聞いた。

東大生の回答傾向

●女性の関心の高さ際立つ

回答した東大生のうち、男性は67・5％、女性は29・9％。祝辞を「たいへん評価する」「評価する」と回答した割合は東大生全体では61・7％だった。性別では、女性で82・2％だったのに対し男性は53・1％にとどまり、女性の方が高く評価していることが示された。祝辞の理解についても、「よく理解できた」「理解できた」を合わせた割合では男女で大きな差はなかったが、「よく理解できた」に限ると、女性が約20ポイント男性を上回り、女性の方が祝辞の内容をより深く理解できている傾向が見られた。祝辞が学部入学式にふさわしい内容だったと思うかについても、男女で約30ポイントの差があった。ただし、女性でも「どちらとも言えない」が13・9％、ふさわしいと「思わない」「全く思わない」が13・3％で、ふさわしいかについては慎重な意見が見られた。

◇

祝辞で上野名誉教授が取り上げた学内の問題については、いずれも「よく認識していた」の割合は女性の方が高かった。特に「研究職・管理職における男女比率の偏り」は、「よく認識していた」「ある程度認識していた」を合わせた割合が、男性では83・3％だった一方、女性では92・8％で、女性の方が9.5ポイント高く、問題の認識に差があることが示唆された。

◇

学部1、2年生に限定し、文科と理科に分けての分析も行った。回答者のうち、文科生は6割に達した。前期教養課程に在籍する全学生中の文科生は4割であることから、理科生に比べ文科生の祝辞への関心が高かったことがうかがえる。さらに性別ごとに文理を比較すると、男女いずれでも、文科生の方が理科生より祝辞を評価した割合が高かった。祝辞を「たいへん評価する」「評価する」とした割合は、文科生の男性で62・4％、女性で80・5％だったが、理科生の男性で52・2％、女性で50・0％にとどまった。祝辞のふさわしさを尋ねた質問でも、同様の傾向が見られた。ただし、理科生の女性は回答者が12人しかおらず、文科生・理科生の女性を単純に比較することはできない。

●新入生、上級生より高評価

新入生は103人が回答。回答者の女性比率は26・2％で、新入生全体の女性比率18・1％を上回った。祝辞を「たいへん評価する」「評価する」と回答した新入生の割合は74・8％で、新入生を除く東大生の59・3％を15ポイント以上上回った（図1）。ただし、男性で72・4％、女性で81・5％と性別による意識差は新入生にも見られた。この意識差は、祝辞をふさわしいとした新入生の女性が81・5％に上ったのに対し、男性で52・6％だったことにも表れている。学内の問題については、「学生の男女比率の偏り」を除いて、新入生の認知度が新入生以外に比べ低く、今回の祝辞が、新入生が東大のジェンダー問題を知る契機になったといえる（図2）。四つの問題に共通して、「よく認識していた」「ある程度認識していた」を合わせた場合の男女間の差は大きくないが、「よく認識していた」に限ると女性が男性を大きく上回り、新入生の男女間で問題の認識に差があることも明らかになった。

（図1）東大生の祝辞への評価

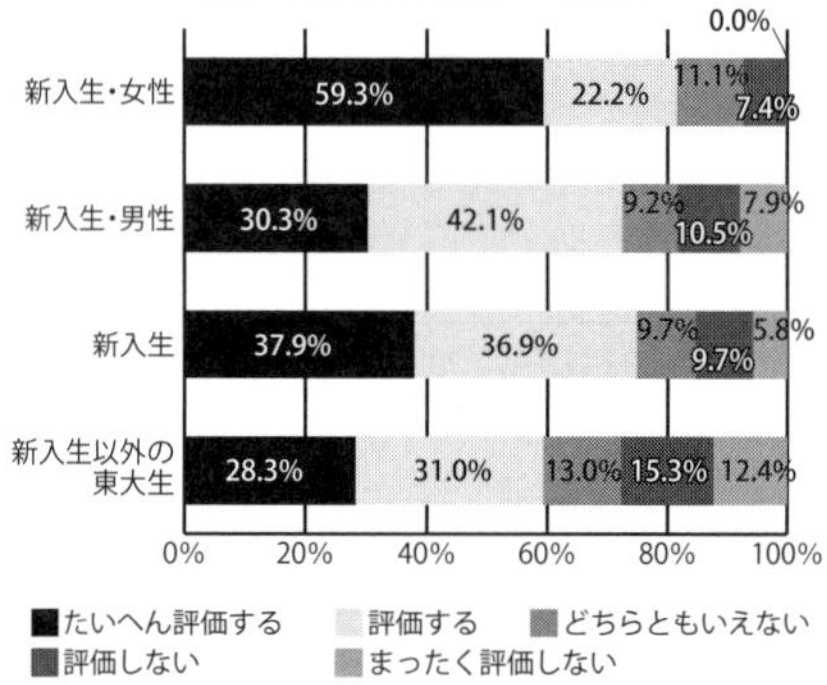

（図2）東大生の祝辞以前の問題認識

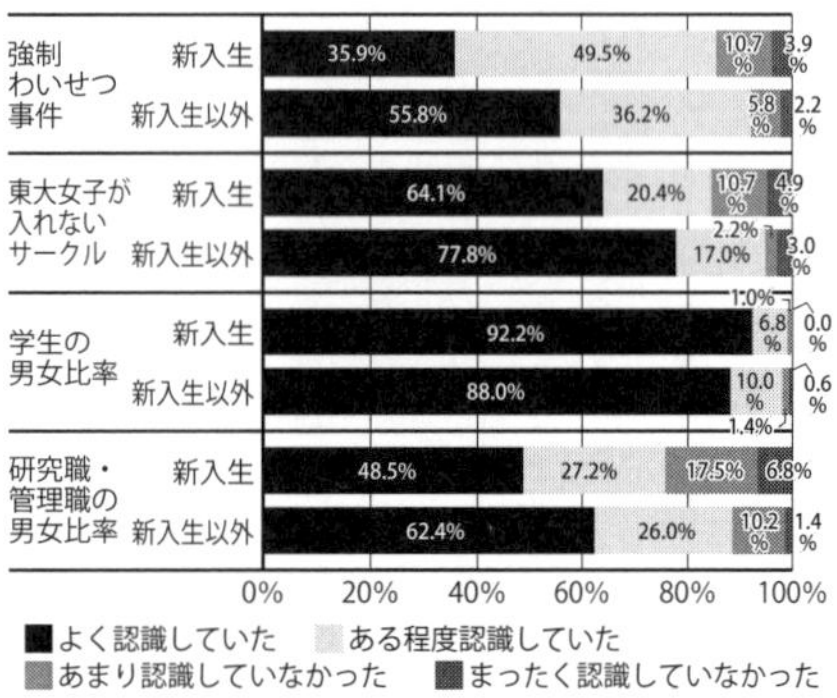

東大生以外の回答傾向

●男女いずれも東大生より高評価

今回は東大生以外にも同様の調査を行い、4318件の回答を得た。うち67・3％が女性であり、特に女性の関心が高かったことが示唆された。世代別では、40代が32・3％で最も多く、30代、50代がそれぞれ22・3％、21・7％と続いた。

◇

祝辞を理解できたかについては、96・6％が「よく理解できた」「理解できた」と回答しており、東大生の92・2％とともに9割を超えた。ただし、「よく理解できた」は東大生以外で73・0％に達し、東大生の50・8％を大きく上回った。

◇

祝辞を「たいへん評価する」「評価する」と回答した割合は、東大生以外で87・5％と、東大生の61・7％に比べ高かった（図3）。性別ごとに東大生と東大生以外を比較すると、女性では東大生82・2%、東大生以外95・0%、男性では東大生53・1%、東大生以外70・9%と、いずれの場合も東大生以外が上回った。

◇

祝辞が入学式にふさわしい内容だったかについても、「大変そう思う」「そう思う」の割合が東大生で51・7%、東大生以外で82・8%と異なった。男女別でも東大生以外の方が東大生よりも男性、女性でそれぞれ22・0ポイント、18・0ポイント高かった。

（図3）東大生と東大生以外の祝辞への反応

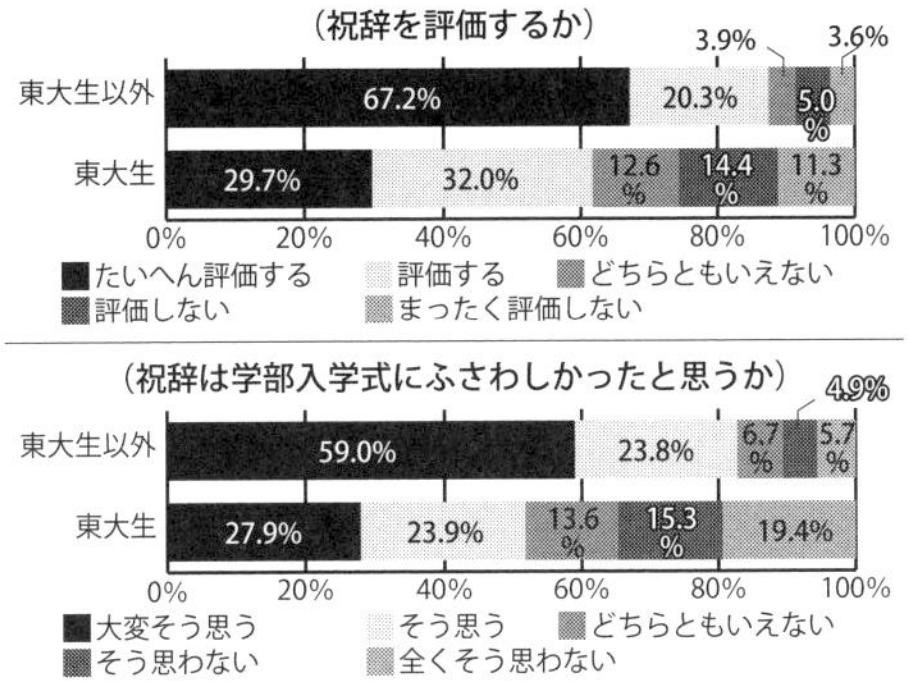

●20代、30代以降で評価高まる

年齢別（以下、回答者が3人以下の9歳未満、80代、90代を除く）に見ると、祝辞を「たいへん評価する」「評価する」と回答した割合は10代の72・9%を除き、20代以降になるとどの世代も80%を超えた。祝辞がふさわしい内容だったかについても、「大変そう思う」「そう思う」の割合は、10代で60・6%、20代で74・1%だった他は、いずれの世代も軒並み8割を超えていた。男女別で見ると、男性は10代、20代では評価する割合がそれぞれ55・6%、60・3%なのに対し、30代以降は7割を超える。女性の場合は、10代で86・2%、20代以降は90%以上と、世代に関係なく祝辞を評価している傾向があった。

◇

上野名誉教授が取り上げた東大のジェンダー問題に関しては、全体的に東大生に比べ認知度が低く、特に「東大女子が入れないサークル」の問題は44・1%が「あまり認識していなかった」「全く認識していなかった」と回答。一方、「研究職・管理職における男女比率の偏り」については、認知度が東大生で86・2%、東大生以外で83・6%と、2・6ポイントの差にとどまった。

◇

この調査では、東大生の保護者か否かも聞いた。祝辞が入学式にふさわしい内容だったかに「大変そう思う」「そう思う」と答えた割合は、新入生の保護者で78・9%、東大生の保護者以外で84・9%だった。新入生以外の東大生の保護者では81・7%であり、新入生以外の保護者の方がふさわしいと考える傾向がわずかに強いことも明らかになった。

結果の分析から

東大生については、男性に比べ女性の方が、全学生に占める回答者の割合が高く、祝辞を肯定的に捉える傾向が顕著だった。さらに、学内のジェンダー問題にもより強い関心を持っていることが示された。女性はこの問題においてマイノリティーの立場にあり、祝辞の問題提起をより切実に捉えていたことがうかがえる。

◇

新入生と学部2年生以上の学生で比較したところ、新入生の学内の問題への認識度が相対的に低かった。このことから、今回の祝辞は、新入生が東大内の問題を知る機会として大きな役割を担ったということができる。学生の男女比は容易に認識できるものの、東大の女性が入れないサークルは今回の祝辞によって初めて問題として認識された可能性がある他、2016年の集団強制わいせつ事件は今後風化する恐れもあった。さらに、研究職・管理職における男女比率の偏りは、他の問題と比べると学生には身近でなく、この問題については、新入生に限らず学生全体にとって新たな問題提起となったと考えられる。

◇

学部2年生以上の方が新入生に比べ祝辞への評価が低いことも明らかになった。ここで学部2年生以上が批判を向けたのは、祝辞の主張それ自体よりもむしろ、周辺的な事柄に対してだった。まず、主張を裏付ける根拠が必ずしも説得力を持っていなかった点が槍玉に挙げられることが多かった。祝辞冒頭で触れられた、理Ⅲにおける女子学生の合格率に対する男子学生の合格率1・03倍は統計的に意味を持たないのではないか。他の大学との合コンで東大の男子学生がもてるというのは必ずしも正しくないのではないか。祝辞の趣旨を認めつつも、こうした議論の弱さを指摘する声が多かった。さらに、内容の正否や意義とは別に、それが入学生が祝われるべき「祝辞」という枠組みで捉えられる限りでは評価できない、という意見も多数あった。

◇

東大生以外は、全体的に東大生よりも祝辞を肯定的に捉える傾向があった。東大生の女性も祝辞を評価しているが、東大生以外の女性はさらに高く評価しており、男性の場合も、3人に1人が祝辞を評価していない東大生の男性と比較すると、かなり高い評価を下している。この違いは、東大生以外の中で多数を占めた社会人の方が、社会での経験が豊富であり、問題がいかに深刻であるかを目の当たりにしてきたことに起因していると考えられる。これは、東大生を除いた集団の中で、10代、20代の若い世代よりそれ以上の世代の方が祝辞を評価している割合が高いことからも裏付けられる。

◇

このアンケートは、4月18日〜5月10日にかけ、東大生に限定せず全ての人を対象に実施した。Googleフォームで回答を受け付け、東京大学新聞の紙面及びオンライン、SNSで回答を呼び掛けた他、東大生向けにはLINEなどを通じて周知を図った。

◇

属性に関しては、全ての人に年齢（10歳区切り）、性別、学生か否かを聞き、学生でないと答えた人には職業も聞いた。学生と答えた人のうち、東大以外の学生には通学している学校の種類を、東大生（院生含む）には学年と所属を尋ねた。いずれも回答者自身の申告にのみ基づき、実際と異なる可能性がある。

東大入学式2019・上野祝辞アンケート分析②

回答理由の記述から

東京大学新聞社は、2019年度学部入学式で上野千鶴子名誉教授が述べた祝辞について、東大内外の全ての人を対象にアンケート調査を行い、東大生（院生含む）603人を含む4921人から回答を得た。この調査では、祝辞を評価したか、学部入学式にふさわしいと思うかを5段階で回答した後、回答の理由を任意で記述できるようにしていた。この記述から、祝辞を個々人がどのように受け止めたのかより詳細に探りたい。

（構成・山口岳大）

凡例

・基本的に原文を尊重し、表記統一は施していない。

・各意見の末尾には、所属・職業と性別、「祝辞を評価するか」「祝辞は学部入学式にふさわしいと思うか」への回答を付記している。

東大生の回答

●環境要因、ジェンダー問題の提起に支持集まる

祝辞を評価した東大生の理由記述では、主に二つの側面に注目が集まった。

第一に、「がんばれば報われる」と思えること自体が環境のおかげだと上野名誉教授が述べた点だ。

- 地方公立高校出身の学生として環境が進学に与える影響は非常に大きいと感じる
- また女子学生が男子学生よりも実家を離れることが難しい現状も存在する
- 何らかの理由で東京大学に入学できた私達は多少なりとも社会を良くしていく責任を負うべきだと思うから

（法・4年、男性、「たいへん評価する」「たいへんそう思う」）

- 将来リーダーとなっていくであろう東大新入生に、入学という個人の成功が自分の力だけではないということを自覚させ、弱者とされる人への配慮を促したものだったから。

（理Ⅲ・1年、男性、「評価する」「どちらとも言えない」）

第二に、東大のジェンダーの問題を提起した点だ。

- 東大女子や女性、またマイノリティが社会において置かれている状況を非常にうまく表していると思う。上野先生が東大生の性差別の例として出したものは私が日頃から性差別として意識していたものだった。また、そのような状況を改善するために東大生が何をすべきか強く打ち出していて、私個人は非常に共感でき励まされた。さらに、私は1年生の時に会った東大生が保守的で性差別的なことをいう人が多く、東大に入らなければよかったと心底思ったので、上野先生の、このようなスピーチを東大が入学式の祝辞に選んだという点で、東大に希望を持つことができた。

（養・3年、女性、「たいへん評価する」「たいへんそう思う」）

- 東大生は幸か不幸かホモソサエティーな空間であり、一般に社会をリードするようなポストに就く人が多い。しかし、そのような人々に（だけではないが）ジェンダー意識が欠けていることは多い。入学式という場ではあったが、彼ら彼女らに強制的に非常に大切だが、見えにくく、意識しづらいジェンダーの話をしたことには、大変意義があるのではないだろうか。

（教育学研究科・修士1年、男性、「評価する」「どちらとも言えない」）

こうした性差別の側面への言及が多数を占める中、祝辞が、フェミニズムにとどまらずメリトクラシー（人を業績で評価する考え方）批判へ移行していると捉えた意見もあった。

- 一見すると上野の祝辞は女性差別の問題を批判するフェミニズム的な紋切り型のものだと思われるかもしれないが、それだけではない。フェミニズムの問題からメリトクラシー批判へと移行しているように私には読める。東大生というある意味で学力しか取り柄のない私たちには、他の人たちと全く同じように苦手なこと、誰にも言えない悩み、そういうものが当然つきまとう。学力や就職偏差値、年収、そのような画一的な物差しのなかで競争をしている間は、その物差しに照らした優劣でしか他人のことをそしてまた自分のことも測ることができない。それはとても息苦しい生き方だ。大学では、社会に強制されるようなかたちで与えられた尺度ではなく、むしろ自分に相応しい尺度を見つけること、そしてその尺度というものが多様であることを認識したうえで、自分も他者も一面では強い人間でありまた他面では弱い人間であることを認める。上野の祝辞はそのような大学的な知へのエールだと私は読んだ。

（養・3年、女性、「たいへん評価する」「たいへんそう思う」）

祝辞の内容にとどまらず、祝辞が及ぼした影響に目を向ける意見もある。

・祝辞そのものの内容に加えて、社会的な影響の大きさ。議論を生んだこと。なにより、今年東大に入学した1年生は女性差別について発言、議論しやすいのではないかと思う。あるいはそれ以外の差別問題、社会問題についても。
（法・3年、男性、「たいへん評価する」「たいへんそう思う」）

・現状の男女平等が進みつつある世界で日本がそれに遅れていることは確かであり、世間の注目するこの場でこの問題に言及すること自体が世間における議論の活発化に繋がると考えられるため。
（理Ⅱ・1年、男性、「評価する」「そう思わない」）

●データや表現の恣意性に反発

他方、これらの面をたたえつつも一定の留保をつける意見が目立った。

・本来伝えたかったであろうメッセージはふさわしいと思うが、全編にわたり散見される言葉選びや不十分なデータから強引な解釈を導くなどの問題点が些細なものではなく強烈な印象を残すものであり、反発を招いたと考える。男女の性差を除くことは今日盛んに議論されている問題であり、祝辞においても挙げられたように東大でも女子学生が少ないなどの実感が得られる。しかしこの議題はこれまでの社会のあり方や固定観念に沿うものではないため、些細に注意を払った議論がなされなければ、過激化して本来の思想とはかけ離れた思想をもった一部のフェミニストのような印象を与えてしまう。特に新入生に問題を投げかける祝辞という場面であったことも考えあわせると、今回の祝辞は内容の選び方についてあまりに慎重さを欠いたものであったのではないかと思う。
（養・3年、女性、「どちらとも言えない」「どちらとも言えない」）

祝辞に否定的な回答をした理由としては、こうした恣意《しい》的な根拠づけに対するものの他、新入生を祝うはずの入学式にふさわしくないという意見もあった。

・知らなければならない重大な問題について新入生に説明したのは良いが、少々言葉選びが過激だと感じる点があったため。
・当日、自分自身男の新入生としてはかなり耳が痛く、別の機会にじっくり聞きたい、と思っていた。
（文Ⅱ・1年、男性、「評価する」「どちらとも言えない」）

その他、既存の東大内の問題を東大・東大男子学生への偏見という形で新入生に押し付けているのではないかという意見、教育格差や経済格差など女性差別以外の要素にも目を配るべきだったという意見が散見された。

・最終的な結論自体は良いと思うが、そこに至る推論が不適当。他大入試での女性差別、テニスサークルの東大女子差別、集団強姦事件、合コンでのモテ方など、新入生が今まで関与していた話ではない。これから是正していってほしいというのなら分かるが、東大・東大男子への偏見と一般化して新入生に押し付けるのは呪詛的でお門違い。（むしろその偏見は除かれるべきものではないのか）ましてやオーラルコミュニケーションであることを考えれば、新入生が身に覚えのない説教をされているように感じるのは当然。
・東大生が環境面で下駄を履いていることや、女性学の起こりについての話には至極納得したが、上記のセンセーショナルな部分によって霞んでしまったように思った。
（文Ⅱ・2年、男性、「どちらとも言えない」「どちらとも言えない」）

・東大生になったことは、もちろん自分の努力の証でもあるけれど、この大学に入学した時に受からなかった人とその環境を忘れてはいけないというメッセージは、正しいと思うから。でも、上野さんは女性差別に特に重点を絞ってしまいましたが、教育格差、貧富の差、社会資本の再生産など、他に様々なファクターがあることを強調するべきだったと思います。そのため、もちろん間違ったことは言っていないし、日本社会が立ち向かわないといけない重要な問題だとは思いますが、感情論として批判されたりなど、今回のリアクションが起きたのではないかと思います。

（文Ⅰ・2年、女性、「評価する」「どちらとも言えない」）

●問題点は本当に問題か

これらの問題点が必ずしも重要ではないと考えた回答者もいる。

・東大生ひと学年が一堂に会するのはおそらく入学式と卒業式くらいであろう。極めて貴重な機会である。

・祝辞において最も大事なことはなんであろう？

・確かに彼女の祝辞において、統計についての誤った解釈や男子学生に対する過度な一般化が含まれていたかもしれないが、それは対して重要ではない。なぜなら東大生には祝辞の内容を鵜呑みにしてそれを完全に信じてしまうような馬鹿はいないであろう（そう信じたい）からだ。

・私は祝辞において最も大事なことは、話を聞いた人の人生にどれだけ良い影響を与えるか？であるとおもう。内容よりも、結果的にどれだけ聞く側に影響を与えられたかが大事だと思う。

・結果として彼女の祝辞は多くの人の記憶に残り、多くの議論を呼び起こした。多くの東大生に性について考えさせ、意見発信させ、彼ら彼女らの知を深めさせた。これは明らかに彼ら彼女らの人生をより良いものに変えたであろう。たった十分ほどのスピーチでここまでの反響を呼んだのだから極めて評価に値する。

・東大生ひと学年が一堂に会するのはおそらく入学式と卒業式くらいであろう。そんな貴重な機会を最大限に有効活用したと言える。

・私は昨年の祝辞を全く覚えていないが一年後もこの祝辞は覚えている、そんな気がする。

（理Ⅰ・2年、男性、「たいへん評価する」「そう思う」）

・新入生をやや力強い言葉まで用いてアジることで学問の世界に、言説の世界に引きずり込ませることは、そうした世界に迎え入れられるだけの人として、目の前の人を評価してる（祝っている）ことになると思う（最後の「ようこそ、東京大学へ。」ってフレーズもそういう文脈から出た言葉として読める）ため。

（文・3年、男性、「たいへん評価する」「たいへんそう思う」）

◇

東大生が祝辞を評価するか否かは、雑ぱくに捉えるならば、祝辞の力強いメッセージと、その主張を裏付ける論理や表現がはらむ問題の、どちらの側面に重きを置いて評価するかによって分かれているといえるだろう。多くの東大生は祝辞の両面を把握しており、評価軸の設定の違いがそのまま回答の相違として表れているにすぎないのではないか。

とはいえ、紹介した記述が示す通り、祝辞を評価する側にもそうでない側にも、その理由にはバリエーションがある。自己の体験に重ねるもの、語られていないものに目を向けるもの、聞き手・読み手への影響まで含めて理解しようとするもの。ここに単純な分類を設けて説明するには、回答はあまりに多方面に及んでいる。

ここで、図らずも東大生は、祝辞で述べられた「正解のない問いに満ちた世界」の一端に立ったといえよう。祝辞を目にした、耳にした多くの東大生が、ただそれを額面通りに受け取るのではなく、自分にしか持ち得ない視点から、独自の解釈を紡ごうとした。このムーブメントが、上野名誉教授が語った「これまで誰も見たことのない知」を生み出す萌芽になっていることは確かなようだ。

東大生以外の回答

●女性の違和感を代弁

東大生以外の回答で目立ったのは、自分の違和感が言語化されたと感じる女性の声だった。

・大学でジェンダーを学ぶ機会があったが、こんなに心に腑に落ちる内容はとても共感が持てたため。家では女の子なんだから短大で良いよと言われて育ちました。(実際には4年大学に通いましたが)実際に社会人として働き始めて、女性だからある業務内容までは教えなくても良いと言われたり、女を利用して仕事してるんじゃないのか?など言われたこともありました。社会に出れば出るほど、女性が向上心を持って行動すればするほど、壁が高くやる気をなくしていました。そうゆう経験を、代弁していただいたような気持ちになりました。
(30代会社員、女性、「たいへん評価する」「たいへんそう思う」)

・私自身が生きていく上での大きな気づきをいただいた為。
・涙が出てとまりません。今まで差別を受けていることに蓋をしてきたのだなあ、と実感しました。そして強がって生きてきたのだと気づきを得ました。がんばりかたの方向が見えました。
・今回の騒動により、祝辞内容を目にすることになったものの一人として、メッセージを受け取らせていただき感謝しています。(後略)
(40代公務員、女性、「評価する」「たいへんそう思う」)

祝辞は新入生が対象だったが、学外の人にも気付きを与えていたようだ。

・努力だけではなく、周りの環境によっていかされている。という、自分だけのことを考えるのではなく、周りのことを意識することになった。また、自分の力を自分が勝ち抜くためだけに使わないで。ということばが、中間管理職をしている自分にものすごく突き刺さり、今までの自分の仕方が恥ずかしくなった。
・私の中で、こんな世の中に誰がした!と子どもや自分よりも若い人からいわれたら、それは、私達です。という、年齢だとおもっているので、これからは、自分の力な、使い方、いろんな人との関わりかたを見直し、行動したくなりました。
(30代公務員、女性、「たいへん評価する」「たいへんそう思う」)

・東大卒業生です。「努力が報われると思えること自体が恵まれている」という指摘が、自分自身の環境に対して言われているようではっとしました。
・「がんばりを自分のためだけに使わない」ことを意識して生きていこうと思いました。
(30代会社員、女性、「たいへん評価する」「たいへんそう思う」)

「入学式にふさわしくない」という意見がある一方で、祝辞が「入学式」という場で行われたことを積極的に評価する意見も。

・おそらく入学生には男女問わずピンとこなかったかもしれない。私が当時の事を思い出してもそうだと思うから。しかし世の中に出る前に伝えておくべき内容であり、いつが一番適切かと考えると合格を掴んで入学するあの場が一番ふさわしいと思う。私も入学時に聞いて知っておいたら、もっと将来の選択の前に考えることができたと思うし、さらに有意義に学生生活を過ごせたかもしれないと思う。（40代エンジニア、女性、「たいへん評価する」「たいへんそう思う」）

・入学式という「話を聞かなければいけない」「聞かされる」場で、それが何であれ、何かが心に残る内容だと思うから。多分、これから先の人生でふとした時に思い出す内容だと思うし、そうであって欲しい。卒業式ではなく、入学式っていうのがいいと思う。

（40代主婦、女性、「評価する」「たいへんそう思う」）

ジェンダー問題に対し東大が真剣に取り組むことが表明されたと見る意見もある。

・学校や企業で何か問題や不祥事があった場合、式典で誰かしらそのことに触れ、「改善していく」「二度と起こさない」（のでお前らも意識を共有し協力せよ）などと言うのはどこでも必ずやります。逆に誰も触れないと「問題意識が無い」との世間のバッシングは免れえません。たとえ新入生への祝辞という体裁でも、組織から社会へ向けたステートメントです。上野氏の祝辞の内容と上野氏を指名したことは素晴らしいですが、東大の問題に言及した（させた）こと自体は「普通」「当然」です。

（40代主婦、女性、「たいへん評価する」「たいへんそう思う」）

・親世代がまだまだ男尊女卑な考え方な為に東大に女子学生が集まらない現実や、医学部差別が起こった現状を、若い世代の人々に是正していって欲しいし、当たり前を享受してる男子東大生に強く意識して欲しいから。

・ただ、お祝いの席で言うべき事かとの批判も一理ある。

・ただ、東大はジェンダー問題に真摯に取り組むと外部にアピールするには絶好の機会だったと思う。

（50代主婦、女性、「評価する」「そう思う」）

●男子学生、不利な環境にある学生に配慮を

他方、祝辞に批判的な意見には、根拠の恣意性への指摘に加え、祝福の要素に欠けるというもの、男性や不利な環境にある学生への視点を欠いたというものがあった。

・東大入学式という注目される場で男女格差に触れること自体は悪くはないと思うのだが、もう少し祝辞の祝いの部分が強調されるべきだったのではないだろうか。

（10代学生（国公立大）、女性、「評価する」「どちらとも言えない」）

・自分が生徒（所属高は進学校）に生育歴の優位さや無自覚について話をしたとき、つらそうにしているのはむしろ環境の壁を乗り越えて大学第一世代を目指している生徒だったりする。（後からそっと「実は私は」と話しに来てくれたり）だから今は，この中にもそうやって乗り越えた人もいるはずだけれど，という話をする。これらの経験からは，今回のスピーチはただただ優位な立場の学生に向けられており，実はその中にいる不利を乗り越えた生徒への眼差しが一切無いという点では残念。祝辞としては，この中には多様な人達がいるけれども，という前提に立つべきであったと考える。

（50代高校教員、男性、「評価する」「どちらとも言えない」）

・男子生徒への配慮が著しく欠けている。

・男子生徒が全員こうであるといった固定観念があるように見受けられた

（10代高校生、男性、「どちらとも言えない」「どちらとも言えない」）

また、新入生に祝辞のメッセージが届いたかを疑問視する声もある。

・冷や水をかけたようであるが、スタートにおける心がけとみればかような祝辞もあるのではないか。ただ、入学ばかりで浮かれているだろう入学者にはその思いは届かなかったのではなかろうか。意義深い話であったも届かないとね。
（60代大学教員、男性、「評価する」「どちらとも言えない」）

・新入生よりも、東大の在校生に話した方が理解が得られる内容だったのでは。
（30代教員、女性、「評価する」「どちらとも言えない」）

東大教員からは、東大の現状が反映されていないという指摘も。

・東大女子学生に、サークル等での差別があることは、現場教員として何度も当事者から聞いている。それに触れた上野先生の意図は理解するが、何よりも冒頭の発言によって、東京大学の入試自体に（男女差別の）不正があるような主張に読める。これは由々しいことだと、東京教員（編集部注：原文ママ）の一人として大変残念に思う。
（50代大学教員、女性、「評価しない」「そう思わない」）

・東大の男性社会の中で研究生活をしていても、そんな絵に描いたような女性差別者には現実にはほとんど出会わず、普通に女性を研究仲間として対等に受け入れてくれる人がほとんどなのに、その人達の存在をなかったことにして、今でも根強い差別があるように世間に誤解させるから。悪くない人たち（この場合は男性）のことを曲解して悪者扱いするような論調には賛同したくない。
（30代大学教員、女性、「評価しない」「そう思わない」）

◇

東大生以外の回答者の多くを占めたのは、すでに社会経験豊富な社会人。それゆえ、自己の経験に裏打ちされた記述が目立った。

祝辞を支持する回答でよく見られたのが「学生のときには分からなかったが、今なら理解できる」という言葉。ジェンダーの問題にせよ、弱者の存在にせよ、社会で身をもって体験した今だからこそ、その重みがよく分かるということだと思われる。将来的に社会を動かすことになる学生に今のうちに知っておいてほしいという願いや、自分自身にとっても意義深いものだったという感想が多く寄せられた所以だろう。

他方、実際の社会を知っているからこそ、それが祝辞に必ずしも正しく反映されていないことが非難されるという側面もある。男女や強者弱者という枠組みで語ることはある程度は避けられないにせよ、正確な認識や相応の配慮が必要であるという意見は少なくない。

支持するか否かを問わず、学部入学式の祝辞に東大生以外からこれだけの反響があったこと自体、上野名誉教授が取り上げた事象が、潜在的に回答者一人一人にとって、ひいては日本全体にとって、切実な問題であったことを物語っているといえるだろう。

＊＊＊

このアンケートは、4月18日～5月10日にかけ、東大生に限定せず全ての人を対象に実施した。Ｇｏｏｇｌｅフォームで回答を受け付け、東京大学新聞の紙面及びオンライン、ＳＮＳで回答を呼び掛けた他、東大生向けにはＬＩＮＥなどを通じて周知を図った。

属性に関しては、全ての人に年齢（10歳区切り）、性別、学生か否かを聞き、学生でないと答えた人には職業も聞いた。学生と答えた人のうち、東大以外の学生には通学している学校の種類を、東大生（院生含む）には学年と所属を尋ねた。いずれも回答者自身の申告にのみ基づき、実際と異なる可能性がある。

東大入学式２０１９・上野祝辞アンケート分析③

自由記述紹介前編《ジェンダー編》

東京大学新聞社は、２０１９年度学部入学式で上野千鶴子名誉教授が述べた祝辞について、東大内外の全ての人を対象にアンケート調査を行い、東大生（院生含む）６０３人を含む４９２１人から回答を得た。この記事では、アンケートの末尾に設けられた自由記述欄に寄せられた祝辞への反応を多角的な視点からまとめ、前後編の2回に分けて紹介する。前編ではジェンダー問題についての意見を取り上げる。

（構成・武井風花）

凡例

・基本的に原文を尊重し、表記統一は施していない。

・各意見の末尾には、年齢、性別、所属・職業を付記している。

2019年度入学式

●女性の実体験の想起促す

アンケートの回答者は、女性が62・7％を占め、またそのうち特に中高年の女性は祝辞に好意的な反応を見せた人が多かった。その背景には、彼女らが日頃感じている女性に対する目に見えない圧力と、それによって苦しんだ実体験が存在する。回答者ごとに多種多様なエピソードがあり、全ての内容を紹介することはできないが、以下に一部を紹介する。

・二階の保護者席にいました。後半から何故だかじ~んときてしまいました。ここで泣くのはおかしいかな、と必死に涙を堪えていたところ、あちらこちらから鼻をすするすすり泣きが聞こえられ、こういう反応は私だけではなかったのだ、と思いました。保護者の知り合いは多かったので、皆さんそのような反応でした。今は仕事を辞めていますが、ここに至るまでに共感することはたくさんありました。（中略）上野さんだけでなく上野さんを呼んだ東京大学にも新しい時代を予感させるとても良い選択でした。私は卒業生ではありませんが、大学は社会学科で当時三十代の上野千鶴子さんを大変頼もしく思っていたので、今回は本当に直接お話を伺わせてもらい本当によかったです。

（50代、女性、主婦、新入生の保護者）

・すばらしい祝辞でした。私は１９８０年代に東大を卒業したが、その時は一学年の女子は1割に満たなかった。初めて女子の新入生が２００名を超えたとき男の先生たちの中に「東大が女子化する！」「学問の力強さが失われる」「受験秀才ばかりになり、スケールの大きい研究をする者が排除される」と大騒ぎされている方もあった。そのようなご自分の言動を目の前にいる女子がどのように受け止めているかという想像力も働かないのか、とがく然とした。（中略）そのころこのような祝辞を新入生として聞けたらどんなによかったかと残念で、今の学生がうらやましい。しかしその一方で、上野氏に祝辞をしていただき、過去の汚点も隠さず前進する契機とする決断をした東京大学が、自浄能力、向上の精神、学ぶ姿勢を自ら示したことは、卒業生として、特に女子の卒業生として誇りに思い、また嬉しく思う。

（50代、女性、教員）

●東大だけでなく他大学でも

今回の祝辞は東大生に向けたメッセージだったが、他大学でも同様の男女差別があるようだ。

大学において女性教員は厳しい立場に置かれているという、女性の大学教授からの意見。

・私の在籍する大学は男性社会です。女は要らないと暗黙の了解で、女性教員を増やすは単なるスローガンでしかありません。数々の嫌がらせの中で生き残っています。しかし次の世代に引き継ぐために踏ん張っています。上野さんの祝辞、昨年のロバート氏の祝辞に続き学生と読んで話し合いたいと考えています。

（60代、女性、大学教授）

東大女子が入れないサークルをはじめとする大学内の男女差別や、女性にとって学力は印象向上につながらないことについて、他大学にもそのような文化が存在するという声も寄せられた。以下に具体的な大学名を出している意見を3件紹介する。

・（前略）私は東工大女子で、東大女子とある程度同じような境遇なところがある。学内では入れないサークルはあったし、社会に出てから、男女平等ではないことを知った。知らなかったから、あたふたして苦労し、生きづらさも感じた。実際に、鬱になった子や、自殺をしてしまった友人もいる。力になれなかったことを悔やんでいる。

・早めに問題を認識するということは、そのための心の準備ができるし新入生にとってもいい謝辞であったと思う。

（30代、女性、IT企業勤務）

・東大だけでなく京大も似たような問題を孕んでいた。もっと沢山の人にこの事実を知ってもらいたい。これに尽きます。

（30代、女性、会社員）

・私の所属している早稲田大学でも「ワセ女（早大女子）お断り」というサークルが存在するらしく、先輩で実際にそのようなサークルから加入を断られた経験をした人もいます。これが、決してまっとうなことではないこと、そして私は、同じ早大生でも男子と女子とに向けられるまなざしが違うことを上野さんの祝辞によって気づくことができました。今回の祝辞はもっといろんな人に知ってもらいたい内容ばかりでした。

（10代、男性、私立大学学生）

●地方の意識差が浮き彫りに

祝辞が大きな関心を集めたとはいえ、広がりには地域によって限界があるのではないかという意見もいくつか寄せられた。性差に対する意識が相対的に弱い地方に住んでいる人にとって、この祝辞は一つの希望であった一方、周囲の環境の旧態依然とした現実に改めて気付かされる契機にもなったようだ。

祝辞をSNSでシェアしたところ、地元の男性から反発があったという記述。

・上野先生の祝辞をFacebookでシェアし、共感できると発信した。いいね！は多くはなかった。私は人口6千人以下の東北の小さな町に住んでいる。上野先生の祝辞をシェアすることさえ、勇気がいった。想定どおり住民の男性から、上野先生の祝辞は上から目線、東大に入ることが偉いのか…という要旨のコメントが。

・このようなコメントが増えていくのは、本意ではなかったし、顔の見える社会で生活していくには、プラスに働くとは思えなかったので、シェアを削除しました。祝辞に賛同することさえ、言えない男尊女卑が日本の現実です。

（50代、女性、地方公務員）

鹿児島県在住の学生からは、地元の問題意識の低さを指摘する声が寄せられた。

・（前略）私は鹿児島に住んでおり、ジェンダー教育が最も進んでいない県と言っても過言ではありません。そのため、そのような性差別的な出来事は少々目にしてきました。いまだに戦前のようなパラダイムや男尊女卑が存在します。しかし、それを受け入れている、もしくは差別と思ってすらいない女性も存在することも否めません。そのため、環境を変えるよりも、まず一人一人が声を上げるように気づかせることこそが大事ではないかと考えます。

（20代、男性、私立大学学生）

●海外の視点で日本を相対化

海外と日本を比較する意見も数件寄せられた。はじめに、英国と日本を比較している記述を紹介する。

・私はイギリスの大学に在学しており、大学に登録されるサークル・団体はすべて加入者に対する宗教の差別、性的嗜好の差別（性別の差別だけでなくＬＧＢＴＱも含む）、人種の差別を禁止するということが宣言されている環境にいる。私の大学はそれだけでなく、それらの行為が発覚した場合、団体・サークル活動取り消しをかしており、今更上野氏のスピーチを通してそのような秩序が当たり前にあったものではなく、多国籍なイギリスの大学らしい厳しい態度で学内の風紀を保ってくれていたのだと気づいた。

・（中略）今回の上野氏の祝辞は日本社会から遠ざかった私にとって逆カルチャーショックだった。（中略）自分の出身国の学術をリードする最難関のアカデミア（東大）がそのような差別溢れる状況であるという現実はあまり聞きたくなかった。まして、今その雰囲気を保存しているのはおそらく私と同世代の日本の学生たちで近い存在。帰国子女がよく鬱陶しがられる〝イギリスでは〜〟などという、海外の環境を武器に日本の大学を批判するような文脈をできればいいたくないのだが、どうしても人権や他者へのリスペクトといった大切なことに疎く、無頓着で、そのような環境の被害を受けている人に無関心な印象を日本社会に対してぬぐいきれない。

・上野氏のスピーチは少なくともこうした改善するべきポイントに東大祝辞という場でライトを当てたものとして支持している。

（20代、女性、海外大学学生）

米国と日本を比較し、日本では進学に際し女子学生が周囲に足を引っ張られることがあるのに対し、米国では素直に応援してくれるという意見も。

・この問題への内外の反応を通じて、東大女子学生だった30年前と比べてあまり状況が改善していないことを痛感しました。

・現在米国で大学院生ですが、こちらでは女子だろうがおばさんだろうが、上司や同僚、恋人や夫などが第一に応援してくれますが、日本の家族は進学について引けていました。もっと女子にも、年配者にも、その他マイノリティにも、広く高等教育への就学の機会、知的労働への就労の機会が、日本でも開かれることを願ってやみません。それこそが21世紀の日本社会が停滞から脱出し先進国の一員らしく振る舞い、豊かになる鍵だと思います。

（50代、女性、ワシントン大学大学院学生）

東大の女性教員が少ないことに対して海外の研究者から質問を受けたという研究者からの意見。

・ちょうど先月、海外に行った折に、複数の研究者から「なぜ東大にはあんなに女性教員が少ないのか」という質問を受けました。その場にいる複数の研究者が、そのように認識しているようであり、また過去にも何度か同様の質問を、海外で受けたことがあります。その直後であったこともあり、また、私自身が東大で非常勤ながら勤務した経験を持っているため、上野さんのご意見に深く同意せざるを得ませんでした。（後略）

（50代、女性、研究者）

明らかな性差別にも「これが日本の文化だから（This is Japanese culture）」で片付けてしまう日本のジェンダー環境に疑問を持つ、外国からの留学生の意見もあった。

・素晴らしいスピーチに感謝します。今こそ、日本社会で女性が直面している差別とジェンダー差別の問題により公然と取り組むときです。私は研究のため日本に住んでいる外国人ですが、日本に滞在している間、上野教授（編集部注：原文ママ）が述べた問題全てに触れました。さらに驚くべきは、日本人（女性を含む）が「これが日本だから」や「これが日本の文化だから」といった体制順応的な発言をし、これらの問題を無視していることです。男性から「あなたたちは、女性だからこそ奨学金がもらえるのだ。政府は自動承認によってパーセンテージを増やそうとしている」という話を聞くのは、うんざりです。ストーカーの話を耳にするのは、うんざりです。男性が普通のことだと考えているからといってセクハラを受けるのは、うんざりです。「研究をやめろ、さもなければ結婚できないぞ」「男は強い女が好きじゃないから、強くあるべきじゃない」などと言われるのは、うんざりです。私はもう、うんざりです。

・日本に住んで4年になりますが、私が本来の私のままでいることができ、これらの問題を公然と論じることができるまでは、日本は私のふるさとには決してならないでしょう。（後略）

（20代、性別回答しない、工学系研究科・博士1年）

※英語で書かれた原文を東京大学新聞社が翻訳

●これからどうするべきか

さまざまな論点からの意見を紹介してきたが、それでは実際に東大の男女差別を改善するためには具体的にどうするべきか。

東大が女子学生を増やしたいなら、例えば「東大女子が入れないサークル」について、大学側が学生に積極的に環境改善を促す必要があるのではないかとする意見。

・学生自治の観点、多様性の観点から女子学生が参加できないサークルが世の中に存在しても良いとは思う。しかしながら、それらの団体に差異をつけず、学内施設（コート、体育館等）を使用させていたこと、そのことについて、祝辞、セミナー、シンポジウム、提言などで学生に気付きを促す活動を積極的に行ってこなかったこと、上野氏の祝辞への反響により、学生はもとより、大学側にも今後は積極的に取り組むなどして欲しい。少なくてもそんなサークルがある時点で、女子学生が東大を進学の選択肢から外す可能性は高いと思われる。

（50代、女性、不動産業）

大学に加えて学生にもできることがあるのではないかとする意見。

・学生であれ教職員であれ問題意識を持ったのであれば、まず身近なところからアクションを起こしていくべきだと思う。例えば自分の所属するサークルの在り方を少し見直してみるなど。加えて、学生自治会や大学組織が音頭を取って進めていく面も必要だろうと思う。
(20代、男性、国家公務員)

「男女差別」というと男性側に問題があると考えがちだが、女性自身の行動にも問題があるのではないかという意見もあった。

大学名を言えないのは、女性もどこかで男性に守ってほしいと思っているからではないかという意見。

・合コンで大学名を言えないと言う女性は実際にいるが、その女性にも守られる立場でありたいという思惑があってのことだと思う。私も有名私大卒で周りにも同様の友人がいたが、対等でいたいという思いがあり、合コンなど出会いの場でも大学名を聞かれれば答えたし、パートナーを探す上でも、対等に支えあえる人を選んだ。女性側も古い慣習にとらわれずに振る舞うべきだと思う。
(30代、女性、営業職)

女性自身も、女性の特権を利用して都合良く逃げるのはやめるべきだという意見。

・(前略)でも自分自身、どんな不利益を被っても、社会で男性と同じように仕事をしてきました。ただその中で足を引くのは常に女性であったことも忘れてはいけないと思います。
・上野さんの祝辞は素晴らしいし、このような取組が行われることは今後もぜひ推進していただきたいです。
・一方で、女性も同じような理解、認識を持たなくてはなりません。
・都合のよい時にかわいく、都合よく逃げてはいけません。逃げ道を確保しているといっても過言ではありません。
・パワハラ、セクハラ、ブラック企業から逃げるな、ということとは全く違います。
・女性の特権を利用して、都合よく逃げることを女性自身が止めなければなりません。
・今回の上野さんの祝辞で唯一残念なことはその点です。
・論点がぼけるからあえてはっきりおっしゃったのだろうと感じますが、ぜひ女性としての認識も改めるべきではないかと思っています。(後略)
(40代、女性、会社員)

●LGBTQにも目を向けて

また、男女差別のみが問題に挙げられていることに違和感を持つという記述も寄せられた。

上野名誉教授はジェンダー二元論と異性愛を前提とし、同一化しない学生(LGBTQ)を切り捨てているのではないか、聞き手を「正常な国民」として想定し、それをシンボリックな場で話すことに上野名誉教授のナショナリズムを感じる、という学生からの意見を紹介する。

・内容にはほとんどすべてに賛同します。他方で、次の三点がきになりました。1:上野は男女というジェンダー二元論と異性愛を前提化しており、それに同一化しない、できない新入生、学生を傷つけた可能性はないのか。2:東京大学という ある種日本においてシンボリックな場でジェンダー二元論と異性愛を前提化した話をする点に、彼女は聞き手を「正常な国民」として想定しているように思えてならない。その点で彼女の研究上の傾向であるナショナリズムを感じる。3:こうした話をしたことには意味があると信じている一方、まだこんなことを話す必要がある、という点に社会における不寛容がある時期からまったく改善されていないことを突きつけられたような気もしてつらい。実際、上野の話を不快だという男性の院生と話すと心が死ぬ。
(20代、性別回答しない、総合文化研究科・博士3年)

◇

上野名誉教授の祝辞は、社会一般で女性が置かれている不利な立場をも議論の対象として明るみに出した。ある人は祝辞を機に自身の体験を想起し、ある人は東大以外の大学・環境にも同様の問題があることに思い至り、またある人は東大・日本と海外・地方との環境を比較・検討した。その思考の幅の広がりから見ても、今回の上野名誉教授の祝辞は多くの人の関心を引き、思考を促す内容だったことは間違いない。

私たちは、無意識に男女差別的な考えをしていたり、抑圧されていたりすることがあると自覚すべきだ。そして、男女だけでなくLGBTQにも目を向ける必要があることも忘れてはならない。このように、一人一人が日本のジェンダー環境について問題意識を持つことが環境を変える第一歩になるだろう。

後編では、祝辞の後半で触れられた弱者と強者についての意見を中心に紹介する。

自由記述紹介後編《強者と弱者編》

東京大学新聞社は、２０１９年度学部入学式で上野千鶴子名誉教授が述べた祝辞について、東大内外の全ての人を対象にアンケート調査を行い、東大生（院生含む）６０３人を含む４９２１人から回答を得た。この記事では、アンケートの末尾に設けられた自由記述欄に寄せられた祝辞への反応を多角的な視点からまとめ、前後編の2回に分けて紹介する。後編では、強者と弱者の問題についての意見を取り上げる。

（構成・武井風花）

凡例

・基本的に原文を尊重し、表記統一は施していない。

・各意見の末尾には、年齢、性別、所属・職業を付記している。

祝辞の主題はジェンダー問題か？

今回の祝辞ではジェンダー問題に意識が向きがちだが、祝辞の主題は別の部分にあるのではないかという意見が寄せられた。上野名誉教授が本当は新入生に何を伝えたかったのか。祝辞の主題の在りかはどこにあったのかについての意見を、大まかに2種類に分けて紹介する。

●東大生よ、「市民的」たれ

東大新入生には、裕福な家庭の出身者や、首都圏の中高一貫校出身者など、比較的偏った世界で育った人が多い。そのため、社会で実際に起きている問題や、見えないバイアス・不公平について知る機会が限られている可能性が高い。そのような新入生に、広く社会状況を把握できる「市民的」な感覚を身に付けてほしいということが祝辞の主題だったのではないか、という意見2件を紹介する。

・男女の問題だけでなく、世の中には様々なバイアスがあることを、この祝辞から感じ取ってほしいと思いました。この議論がジェンダーの話だけに留められてしまわないことを願います。

（40代、女性、会社員）

・（前略）上野教授は祝辞の中で「ジェン

ダー問題」について触れ、それがニュースでは話題になっていたと記憶していますが、読み返して改めて思うのは「社会には不公正なことが満ちあふれている」「外に出て価値観を広げ、日本社会を良くしていこう」というメッセージが読み終えた私の心に大きく突き刺さっている、ということです。ジェンダー問題だけでなく、メディアのジャーナリズムが委縮している問題など、日本の様々な問題に取り組み、声を挙げ、行動していくことの大切さを気付かされました。

（30代、男性、ニューヨーク大学経営大学院学生）

人は他人から評価されなくても存在するだけで皆価値があることに気付き、他者を尊重し、良心を持つよう訴えたものだという意見。

・東大生を含むエリート男性は、自らが価値ある存在であることを証明しようとして、社会の中で成功するための努力を惜しまないが、他者を価値の有る無しでジャッジし、時には他者貶めるように思う。上野先生の祝辞が彼らに伝えたかったのは、何人も他人から評価されなくても、存在しているだけで十分に価値があることにエリート男性達気づき（編集部注：原文ママ）、他者への尊敬と共感を訴えたものだと思う。

（40代、女性、歯科医師）

・上野氏の研究分野から女性問題から導入するのは妥当なことだと思う。但し本質的には理由は様々だが、努力と能力が必ずしも成功を導く要因となるわけではないことを認識させたかったものだと思う。また成功の定義に関しても個人主義且つ足の引っ張り合いになりがちで冷めた世の中における良心を植え付けようという意図は読み取れた。（後略）

（40代、男性、会社員）

東大生よ、「エリート」たれ

新入生への社会からの高い期待を示し、困難な課題を解決し社会的使命を果たすように訴えたもの、つまり「エリート」としての自覚を促しているのではないか、という意見もいくつか寄せられた。

・３０００人の新入生全てに最大公約数的に受け入れられる祝辞では、あまり意味も印象もないものになってしまいがち。上野先生の祝辞は、全員に受け入れられるものではないかもしれないが、ある特定の分野を例に、社会からの高い期待をぶつけ、学生の問題意識やモチベーションにつなげようとするもの。他のどの分野でも同じように課題と困難があり、それに対する高い期待、使命を課せられていることは東大の新入生ならわかるはず。（後略）

（30代、男性、会社員）

「変化の時代」「時代の変わり目」にある現在、答えのない問いに踏み出していく新入生に、新しい問題に対処するパイオニア精神を持つように促すことが、祝辞の主題だったのではないか、という新入生からの意見。

・世間での評価が「フェミニスト」に限定されていることに納得がいかない。（中略）フェミニズムに関連する話は前半のみにすぎない。むしろ主題は後半にあり、「ようこそ東大へ」は、「先輩」としての立場から、大学での学びを始める新入生に語りかけたのであろう。五神総長の式辞とも被るが、答えのない問題に踏み出していくパイオニア精神がメッセージなのではなかったのではないかと思う。

（中略）

・昭和から平成への転換期に男女差別が社会問題として広く議論される様になり、男女雇用機会均等法が制定されて、フェミニズム運動上の大きな変革が起こっていた。ちょうどその真っ只中にいたのが上野氏だった。上野氏は、２０１８年学部入試の世界史第一問（編集部注：19～20世紀の男性中心の社会で活躍した女性の活動、女性参政権獲得の歩み、女性解放運動について問われた）で問われるような時代に活躍した、過去の、歴史上の人間である。その経験を基に、平成から令和へ、Ｓｏｃｉｅｔｙ5.0（編集部注：内閣府が提唱している、仮想・現実空間の融合により経済発展と社会課題の解決を目指す未来社会の姿）の時代への転換期を迎える新入生に、何かを伝えてくれると期待して、東大は上野氏を招聘したのではないだろうか。入学式全体が「変化の時代」をどう生きるかが大きなテーマだった様子であったし、もしそうであったら、その目論見は大当たりであったことだろう。

・上野氏の話を限定的に見たらもったいない。東大の、社会の女性差別は問題である。しかし、それ以上に深い意図があったのではないかと思い、ほかの人の反応やメディアの報道を終始歯がゆく思ってみていました。（後略）

（10代、男性、文Ⅰ・1年）

「強者である東大生」と「そうでない人々」の図式

新入生からは、社会的には「強者」と捉えられる東大生となったからには「市民的エリート」として社会の期待に応えよう、と決意を新たにする声も寄せられた。

・（前略）自分個人の話になってしまうが、私がはっきり他人に「東大です」と言えないのは、自分に自信が持てないからなのだが、先生の祝辞を聞いて、それではいけないのだと思った。私は、東大に受かったのは、本当に自分の力や努力というより、高校の先生方を始めとした方々のおかげだと、「受かった」というより「受からせてもらった／引っ張り上げてもらった」だと思っているが、だからといって「東大生」であることの責任を持たないのは違うと、それは逃げであると、思わされた。「東大生」という銘柄に対して世間が抱くようなイメージや期待に、自分が沿えていない、見合わないと思うならば、「東大と言っても、本当は大したことはないのに。特別視しないでくれ」と思うのではなくて、その期待に見合うような、あるいは自分が胸をはれるような、人間になる努力をここから積むべきなのだと思った。自信がなくても、実際たいしたものではなくても、その肩書きを得た時点で、その期待に内実を合わせる努力をする義務があるのだと思った。東大の言う「市民エリート」とはそのような意味であり、学生はノブレス・オブリージュ（編集部注：高い身分の者には、それに応じた責任と義務があるという考え方）の類を負っているのだということに気付いた。

・先生の祝辞を聞けて、入学式に行った意味があったと思った。

（10代、女性、文Ⅲ・1年）

一方、自身がマイノリティーであると感じている人からは、そのような立場にある人々に東大生が目を向けることを期待する声もあった。

・私は昨年、難病者となりました。仕事へ復帰した際、自分にとっては「精一杯」で「頑張っていること」さえも、見た目も以前と変わらないためか周囲にとっては「怠けている」「以前はもっとやってた」「早くしてほしい」と捉えられ、投げ掛けられるのはひどい言葉であり「頑張っている」と捉えてもらえませんでした。

・教育者でありながらのこの職員の態度に失望し、私も声をあげようと思っていた時にこの祝辞をききました。

・頑張っても 報われない わかってもらえない人の一人であり、過度な頑張りをできない（とめられている）者の一人である私からすると、最難関と言われる大学で学び、世に出ていかれる方に是非とも目を向けて頂きたい部分でした。

・学生たちだけではなく、私のようなマイノリティーの者、日頃無意識にその差別を当然としている大人たちにまで考え直す良い機会を与えていただきました。本当にありがとうございました。

（30代、女性、小学校教員）

●東大（男子）＝強者という図式に批判も

しかし、「強者である東大生」と「そうでない人々」の図式は、常に成立するものなのだろうか。これについて、何件かの疑問の声が寄せられた。

・恵まれない人だとか弱者だとかの上から目線含め東大らしいと思った。

・東大出身を随分と買い被っているが、東大出の人のその後の不自由を世話してるのは東大以外の人かもしれないのに、とは、思いました。

（30代、性別回答せず、私立大学学生）

という東大出身者、東大生が「強者」という前提で話していることに対する批判。

東大生は弱者である場合もあるのではないかという意見もいくつか寄せられた。

・（前略）ただノブレスオブリージェ的な内容の部分で、東大生は不幸ではない？弱者ではない？という前提で話されていたのは、やや違和感があった。いまなんらかの苦しみを抱えて、自分のことで手一杯な東大生もきっといると思ったので。

（50代、女性、会社員）

・東大生をアイコンのように扱って欲しくない。一人一人が繊細で未熟な学徒であることを認識した上で、世間ではなく彼らに向けた言葉をかけて欲しかった。アジテーションは対立を招きやすい。それよりも対話を。地方出身で親しい人がいない、障害や病気を持っている（心身どちらも）、経済的に困窮している、など、希望より不安を抱いて入学している新入生のことも考え欲しい。また、世間的には恵まれていると目されていても、学力のみを過剰に求められ苦しんできた人もいるのでは？かれ彼らに、あの祝辞は響いただろうか。「いや、それでも東大生となったからには甘えるな」というのはマッチョ過ぎるのでは？

（50代、女性、コールセンターオペレーター、東大生（新入生以外）の保護者）

●誰にでもある弱さを気付かせたのでは

これに対して、祝辞では必ずしも「東大生＝強者」とは捉えていないのではないか。一見強者に見えても、実際は誰の中にも弱さがあることを認め、行動するべきだということを伝えたかったのではないか、という意見もあった。

・児童精神科医をしています。虐待や養育の困難、貧困など、力の歪みを目の当たりにする現場です。今回の祝辞では、弱さ、しかも救うべき他者ではなく、自身のなかにある弱さに注目したメッセージに感銘を受けました。Malcolm GladwellのDavid and Goliath（編集部注：不利な立場をいかに捉えるべきかを主題としたノンフィクション。表題は旧約聖書『サムエル記』中の若い羊飼いダビデが屈強の戦士ゴリアテを倒すという逸話に基づく）を想起しました。

（30代、女性、医師）

・（前略）フェミニズムは女性が男性になりたいのではなく、（弱い）あるがままの存在を認めてもらいたい、という主張なのだ、という指摘は今日的です。小さいころから翼をもごうとする周囲と闘ってきた私自身にとっては、前半部分も共感するところは多かったですが、焦点はフェミニズムよりも、後半部分の、弱者を切り捨てないこと、また強がっているエリートたちも実は結構弱みがあるので、そのことを認めて生きていこう、という呼びかけのほうです。本当にいい話だと思いました。

（50代、女性、研究者）

◇

後編となるこの記事では、前編のジェンダー問題とは異なる視点から、弱者と強者の関係についてのコメントを紹介した。ジェンダー問題に目を向けがちだが、本当の主題は、「強者」たる東大生は「市民的エリート」たれ、ということなのではないか。そして、そもそも「強者」「弱者」とは何なのか、強者に見える人でも本当は弱さを持っているのではないかなど、前編に引き続きこちらも幅広い議論が展開された。

今回のアンケートでは、回答が必須ではないにもかかわらず自由記述にも長文の内容が多く寄せられた。記事をまとめるに当たり、基本的に全回答に目を通したが、一つ一つの内容の濃さに驚かされた。記者自身、祝辞を最初に読んだ時はジェンダー問題に関係する部分に気を取られていたが、主題は別にあるのではないかという意見にはハッとさせられたし、誰の心の中にもある弱さを指摘したのではないかという意見は心に刺さった。個人としても、ここまで多くの人の考えに触れ、祝辞に対して当初よりも多角的な視点を知ることができたのは貴重な経験だった。本記事が記者だけでなく読者にとっても祝辞に関する論点を整理する材料になれば幸いである。

入試改革

２０２１年度大学入学共通テストで導入が予定されていた英語の民間試験。結局、２０１９年11月に導入が延期になったものの、導入の是非をめぐっては教育界や当事者の高校生らなどを中心に大きな議論を巻き起こした。試験直前になって延期が決まるなど混乱していた改革は何が問題だったのか。識者の意見からその実態に迫る。

21年度入試

英語力証明に調査書以外を利用

東大の入試監理委員会は12月25日、２０２１年度入試（20年度実施）の出願要件の一つ「ＣＥＦＲのＡ２レベル（高校在学中相当）以上を示す証明書の提出」を、調査書でなく別紙で求めると発表した。

証明書提出が9月26日に英語民間試験の成績提出の代替として公表された当時は、調査書の活用が主に想定されていた。その後学内関係者や高校教員の意見も勘案して詳細を検討。新学習指導要領への対応などのため調査書内容の検討が進んでいることや、複数大学受験者が東大用の調査書を別に作成しなければならず混乱が発生する懸念から、少なくとも21年度入試では別紙での提出となった。

今後東大は証明書について、指定する様式と内容を公表。成績も証明書も提出できない場合に求める理由書については、記載例も公表するという。

21年度入試

英語力証明書などの様式案発表

東大は3月8日、２０２１年度入試（20年度実施）の出願要件で英語民間試験の成績提出の代替となっている「英語力についての証明書」「理由書（民間試験の成績も証明書も提出しない場合）」の様式案を公表した。大学入学共通テストの記述式問題（国語・数学）の成績を21年度以降の入試に利用することも予告した。

大学入学共通テストの英語を巡り、東大は昨年9月、民間試験の成績提出を出願の必須要件としないことを発表。民間試験の成績の代わりに「ＣＥＦＲのＡ２レベル（高校在学中相当）」以上の英語力があることを認める証明書か、民間試験の成績・証明書いずれも提出できない事情を記した理由書を提出することで出願可能となる。

昨年9月時点では英語力の証明は調査書の活用が主に想定されていた。しかし、新学習指導要領への対応のため調査書の変更が検討されていることや、複数大学受験者が東大用の調査書を別に作成する必要があり混乱を招く懸念から、21年度入試では別紙提出とすることが昨年末に発表された。

証明書の様式案には、受験生の氏名・生年月日と学校名・校長名・公印を記し、評価の具体的根拠を示す欄はない。理由書の様式案では「民間試験の成績を提出できない理由」「英語力の証明書を提出できない理由」の両方の記入が必須。様式案は今後必要に応じて修正を行う。確定した様式は21年度募集要項などで公表される予定だ。

衆参両院に請願書提出

英語民間試験利用中止の署名運動

2021年度大学入学共通テスト（20年度実施）で導入が予定されている英語民間試験。羽藤由美教授（京都工芸繊維大学）や阿部公彦教授（人文社会系研究科）らが中心となって7～16日に行った、英語民間試験利用中止を求める署名運動には、8千筆以上の署名が集まった。羽藤教授らは18日に署名を添え、請願書を国会に提出した。

2021年度大学入学共通テストにおける
英語民間試験の利用中止を求める
国会請願　院内集会・記者会見

請願の趣旨説明を行う学識者の有志。右から順に南風原元教授、羽藤教授、阿部教授、荒井名誉教授、中村教授。大津由紀雄名誉教授（慶應義塾大学）も出席予定だったが欠席した＝18日、参議院議員会館地下1階で（撮影・安保茂）

羽藤教授らを中心とした学識者の有志は6月18日、衆議院８１６７筆、参議院８１２７筆の署名と共に、21年度大学入学共通テストにおける英語民間試験の利用中止を求める請願書を衆参両院に提出。併せて、公平性・公正性を確保するために新制度の在り方を再考することも求めた。

同日行われた記者会見には羽藤教授、阿部教授の他に荒井克弘名誉教授（東北大学）、中村高康教授（教育学研究科）、南風原《はえばら》朝和《ともかず》元教授（元東大理事・副学長）が出席した。

羽藤教授らが会見で挙げた英語民間試験利用の問題点は主に①各英語民間試験の試験結果だと、各大学が成績評価に利用する「外国語の学習・教授・評価のためのヨーロッパ言語共通参照枠（ＣＥＦＲ）」の対照表に科学的根拠がないこと②英語民間試験の運営が各団体に委ねられており、質を担保する仕組みがないこと③会場確保の難航と制度情報の周知の遅れから、全員がトラブルなく受験できるめどが立っていないこと④合否判定に与える影響が小さいにもかかわら

21年度大学入学共通テスト

英語民間試験の利用中止を請願

羽藤由美教授（京都工芸繊維大学）らは、２０２１年度大学入学共通テスト（20年度実施）での英語民間試験の利用中止を求める署名運動を呼び掛けた。署名運動は6月7～16日に行われ、集まった署名は18日に請願書として国会に提出される。阿部公彦教授（人文社会系研究科）や東大で理事・副学長を務めた南風原《はえばら》朝和《ともかず》元教授らも賛同した。

文部科学省は、17年7月に英語民間試験を利用する方針を公表していた。しかし受験生間で公平性が保たれない恐れや不透明な成績認定基準、導入の拙速さなどの懸念が上がっていた。

英語民間試験利用反対 国会請願の審査未了

「構造的欠陥の解決が困難」

2021年度大学入学共通テスト（20年度実施）での導入が予定されている英語民間試験。羽藤由美教授（京都工芸繊維大学）らが中心となって利用中止を求める署名運動を実施、8千筆以上の署名と共に衆参両院に請願書を提出していた。請願は審査保留のまま、6月26日の国会の会期終了とともに審査未了となったが、TOEICが撤退を表明するなど、まだ英語民間試験利用を巡る混乱は収まっていない。英語民間試験利用の問題点、署名運動に至った経緯を羽藤教授に聞いた。（取材・中井健太）

羽藤教授は英語民間試験の利用について、多くの問題点を指摘している（表）。そのどれも「導入まで1年を切った今からでは対応し切れない」と話すが、中でも大きな構造的欠陥が二つあるという。

羽藤《はとう》 由美《ゆみ》 教授
（京都工芸繊維大学）

一つ目は、複数の民間試験の成績をCEFR（ヨーロッパ言語共通参照枠）を介して比べること。

「異なる能力を測る目的で設計された試験の成績を比べることはできません。例えば、50メートル走とマラソンの記録を比べて走力の優劣を決めることはできません。英語力も同じです。その不合理を隠すためにCEFRが誤用されています。しかし、根本的な問題は解決せず、英検でA1レベルの人と

2021年度大学入学共通テストにおける英語民間試験の利用中止に関する請願書

一　請願要旨

2021年度（2020年度実施）の大学入学共通テストにおいては，大学入試センターが作成する英語の試験と，英検，GTECなど8種類，計23の民間試験が併用されることになっている。文部科学省は，大学入試センターが作る英語の試験を2024年度から廃止し，民間試験に一本化したい意向といわれる。しかし，多くの専門家が指摘するように，新制度には多数の深刻な欠陥があり，大学入試が有するべき最低限の公正性・公平性が確保されていない。それどころか，2020年4月の新制度導入を間近に控えた現時点でも，希望者全員がトラブルなく民間試験を受検できる目処が立たず，高校生や保護者，学校関係者に不安が広がっている。このように，ずさんな制度設計，拙速な計画の弊害が，制度の開始前から表面化しているにもかかわらず，当初の予定どおりの導入にこだわることは高大接続改革の意義をないがしろにする。このまま導入を強行すれば，多くの受験生が制度の不備の犠牲になり，民間試験の受検のために不合理な経済的，時間的，精神的負担を強いられる。また，予想される各種のトラブルのために，当該年度の入学者選抜が大きく混乱することも危惧される。

以上の趣旨から、次の事項を速やかに実現するよう請願いたします。（衆議院）

ついては，次の事項について実現を図られたい。（参議院）

二　請願事項

1　2021年度大学入学共通テストにおける英語民間試験の利用を中止すること。

2　大学入学共通テスト全体としての整合性を考慮し，公平性・公正性を確保するために新制度のあり方を見直すこと

羽藤教授らが提供した請願書

ず受験生全員に英語民間試験を課す国立大学が多く、受験生が不合理な経済的・時間的・精神的負担を強いられること⑤高額な受験料や試験会場の偏在により、受験機会の平等性が担保されていないこと⑥弊害の大きい改革であるにもかかわらず、英語力が向上する確証がないこと――の六つ。

羽藤教授は会見で、英語民間試験を導入するか否かの最終決定権が大学にあることに言及。英語民間試験の利用に際し、トラブルがあったときは大学もその責任を負うことになる、と警鐘を鳴らした。

阿部教授は「英語教育を専門にしている人で、この政策に賛成している人はいない」と指摘。多くの大学で英語民間試験が導入された理由を、大学の執行部が文部科学省や国立大学協会へ忖度した結果ではないかと推測した。

昨年度まで東大の高大接続研究開発センター長を務めていた南風原元教授は、東大が英語民間試験の受験を必須としなかったことについて「受験生のための最低限の救済策は用意できた」と自認する。

一方、多くの大学が実質的に入学者の選抜として意味を成さない英語民間試験を受験生に課す現状を問題視。「21年度入試での実施は断念して、議論を深めるべきだ」とした。

羽藤教授らは18日、文科省にも同様の要請を提出した。文科省の担当職員が記者会見に先立って行われる院内集会に出席し、質疑応答を行う予定だったが、スケジュールが合わず担当者が欠席。代わりの職員が出席し要請書を受理、質疑応答は行われなかった。

（表）英語民間試験利用の問題点

1.「各資格・検定試験と CEFR との対照表」に科学的な裏付けがない
(1) 測る能力が異なる複数の試験の成績を比べることはできない
(2) CEFR は個々人の能力発達の目安として開発されたものであり、大勢の受験生の能力を数値化、比較するためのものではない
(3) 各試験と CEFR の対照表の作成時に、第 3 者による客観的で科学的な検証が行われていない
(4) 多くの受験生に受験してもらうため、低い英語力でも高いレベルに認定されるよう、スコアのダンピングが起こる可能性がある

2. 試験の質、運営を監視・監査する第 3 者機関がない上、制度に参加する民間試験の質に関する実質的な審査が行われていない
(1) 学習指導要領との整合性が乏しい民間試験が含まれている
(2) 採点体制が不明瞭で採点の質が担保されていない
(3) 障害などのある受験生への配慮が不十分
(4) トラブルや不正への対応が不透明
(5) 対策問題集などを販売している団体もあり、受験対策で利益を得る試験団体がある

3. 全員がトラブルなく受験できる目途が立たず、混乱・不安が広がっている
(1) 会場・試験監督者の確保が難航している
(2) 高校会場の利用により、公正性・公平性が低下し、高校教員に負担がかかる
(3) 新制度に関する情報の周知が遅れている

4. 合否判定に最小限の影響しか与えない民間試験の使い方をしながら，全員に受験を課す国立大学が多く，受験生は不合理な経済的・時間的・精神的負担を強いられる

5. 受験機会の不平等
(1) 経済的、地理的に受験機会の均等が保証されていない
(2) 非課税世帯や離島・へき地の受験生の負担を軽減するための例外措置が機能しない

6. 4技能やスピーキング能力が向上する確証がない

羽藤教授らの記者会見資料を基に東京大学新聞社が作成

ＧＴＥＣでＡ２レベルの人が同じ試験を受ければ、順序が入れ替わる可能性は十分あります。これでは公平な入学者選抜はできません」

二つ目は、試験の運営を民間団体に丸投げしていること。「今回の制度では、作問、試験の実施、採点、トラブル対応など、受験生に成績が返されるまでの全過程が不透明。それを営利目的の民間団体に任せるなら、高度な専門知識を持つ第3者による監視や監査の制度が必要」と指摘。「採点の質の担保やトラブル隠蔽の防止などが不十分です」

羽藤教授は、英語教育の研究者として、民間試験を大学入試に利用することが検討され始めた時から、学内外で反対を訴えてきた。今回の署名運動では、10日程度の短期間で8千筆以上の署名が集まり、多くの人が危機感を共有していることを実感したという。

国会請願はごく一部を除きほとんどが保留扱いのまま審査未了となる。「今回の請願もそうなることは予想していました」。しかし「国を代表する専門家を含む多くの人たちの抗議の声を国会や文部科学省に届け、記録に残したことには大きな意味がありました」。

羽藤教授は、東大が21年度入試から、出願資格としてＣＥＦＲのＡ２レベル以上の民間試験の成績、またはＡ２レベル以上の英語力があることを高校などが証明する書類、もしくはその両方を提出できない事情を明記した理由書の提出を求めることにも言及。「英語だけを取り出して出願要件にすること、その基準にＣＥＦＲを用いることについて、東大として十分な検討をしたのでしょうか。理念や理論と照らして、もう一度検討し直していただきたい」

東大は現時点で再考予定なし

五神真総長は18年に行われた林芳正文部科学大臣（当時）との会談で、東大での英語民間試験利用の条件として「高等学校、大学等関係団体及び試験実施団体等の幅広い関係者によって今後の入試実施にあたっての諸課題を検討する場」の設置と、英語民間試験利用に際し問題が起きたときの責任を明確化する文科省令の制定を挙げていた。入試担当の福田裕穂理事・副学長によると前者は既に文科省内に設置され、議論が進んでいるが、文科省令の制定は検討中だという。

福田理事・副学長は東大における英語民間試験の利用方針に関して「全学で十分検討した上で出した結論ですので、現時点で再考の予定はありません」とコメントした。

国会請願は審査すらされず

国会請願はなぜ審査未了に終わったのか。法学者の南部義典さんは、慣例により全会一致でないと請願が採択されず、保留のまま審査すらされない、など国会請願の採択のハードルの高さが原因だと説明する。審査の保留を決定する理事会は委員会と異なり非公開のため、採択に反対している会派が分からず、責任の所在が明確化できないことも問題だと指摘した。

ＴＯＥＩＣは参加取りやめ

2日、ＴＯＥＩＣを運営する国際ビジネスコミュニケーション協会（ＩＩＢＣ）は共通テストへの参加を取りやめることを発表した。ＩＩＢＣは撤退の理由として、受験申込、試験運営、結果提供の処理の複雑性から「責任をもって各種対応を進めていくことが困難」になったことを挙げた。

共通ID申込開始目前も課題山積

新共通テスト開始で大学入試はどうなる?

センター試験に代わり、2020年度から始まる大学入学共通テスト（新共通テスト）。英語の民間試験を利用する受験生に向けた共通IDの発行申込が、11月1日から開始される。しかし、これまで指摘されてきた構造的欠陥などが解消する目途は立っておらず、学校現場などでは混乱が続いている。

そんな新共通テストの課題について議論するシンポジウム「新共通テストの2020年度からの実施をとめよう！10・13緊急シンポジウム」が10月13日、本郷キャンパスで開かれた。台風19号が関東地方を直撃した翌日にもかかわらず、会場は約300人が集まる盛況。活発な意見が交わされた。

（取材・一柳里樹　撮影・中野快紀）

冒頭、呼び掛け人の1人である大内裕和教授（中京大学）は開会挨拶の中で、新共通テストを巡り最近話題になった文部科学大臣らの発言を取り上げた。柴山昌彦前文科相のTwitter投稿「サイレントマジョリティは賛成です。」に対しては「調査結果を見れば、高校生、受験生、保護者、高校教員など、サイレントマジョリティは反対です、と断言できる」、萩生田光一文科相の「初年度はいわば精度向上期間です」との発言には「現時点では精度が低いと認めたに等しい。精度の低い試験を入試選抜に使うのは政策担当者の責任放棄。受験生を実験台にしてはならない」と切り捨てた。さらに、予定通りの民間試験実施を求めた日本私立中学高等学校連合会の要望書には「ここでやめたら混乱すると主張しているが、もう既に十分混乱している。このまま強行すれば、大混乱、大破綻が起こる」と強調。会場の喝采を浴びていた。

中村高康教授（教育学研究科）の基調報告では、民間試験、国語・数学で導入予定の記述式問題、会話形式の新たな出題傾向のそれぞれについて問題点を整理。実際の試行調査の問題文を示した上で「実用主義と言うが、問題文の設定は架空かつ非実用的だ。不自然な状況設定が本当に必要なのか」と疑問を呈する。民間試験については、多くの問題点の中から初年度の受験日程の混乱を強調し「高2までに受けた民間試験の結果が使えないことなど試験制度の情報が受験生や保護者に伝わっていない上、半年後にやるはずの試験の日時、場所さえ決まっていない。制度的欠陥を抱えたままタイムリミットが来てしまっている」と指摘。高校教員や高校生の多くが新共通テストへの不安や問題を感じている数々のデータを示した上で「緊急避難的措置として、今すぐ立ち止まるべきだ」と主張した。

基調報告を行う中村教授

続いて、残りのシンポジスト4人がそれぞれの立場から新共通テストの課題を挙げていく。日本近現代文学が専門の紅野謙介教授（日本大学）は、試行調査の国語の問題を「記述式問題の長所を殺し、短所を伸ばす形になっている」と指摘。会話形式、複数資料の利用など問題作成方針の「二重三重の拘束」の結果、試行調査の問題は「現行のセンター試験よりはるかに質が低い」問題になっていると分析した。英文学者の阿部公彦教授（人文社会系研究科）は「新聞記事を書くにはトレーニングが必要なように、日本語でも『読み』と同じレベルで『書き』をできる人はほとんどいない。それなのに英語では4技能均等の能力を付けようとするのは無理がある。大事なのは4技能の分断より統合・連携であり、単語・文法などの中核部分だ」と、英語の教育改革・入試改革で「4技能」が叫ばれる現状を問題視。予備校で数学を教える大澤裕一さんは「少ない基本原理からいろいろなことを発展させるところに面白さがあるのが数学。応用面に特化し、どうしても誘導に乗らなければいけない新共通テストの問題は、本来の数学の在り方から離れているのではないか」と批判した。愛知県の公立高校で英語教員を務める松本万里子さんは、新共通テストを巡り学校現場が混乱している状況を発信。「英検２０２０ １ｄａｙ Ｓ-ＣＢＴ」の20年4~7月受験分の予約申込締切が11月11日に迫っていることを受け、「受験する大学・学部によって利用できる民間試験も違う中、どの大学、どの学部を受験するか決まっていない高2の秋に、どの民間試験を受けるか決めさせるのは酷だ。こんなにひどいことはない」と戸惑いを見せる。

　来場していた高校生や保護者らも、次々と現場の声を届けていく。高校生の保護者は、高3の夏まで留学している生徒や高卒認定試験の受験者など「サイレントマイノリティーの声が代弁されていない」と指摘。新共通テスト1期生となる高2の生徒からは「目的もやり方も違う複数の民間試験を一つにまとめるのはいかがなものか。どの民間試験を受けるか今決めろと学校から言われており、困惑している生徒がいることを知ってほしい」と悲鳴が上がった。別の高2の生徒も「状況を把握できている生徒は周りに誰もいない。決まっていないことが多くて現場にしわ寄せが来ているし、センター試験の2倍以上の受験料に対策本や過去問を加えると金銭面の負担も厳しい」と訴える。

　第2部の全体討議は、司会の大内教授が残り4人のシンポジストに質問を投げ掛けていく形で進行。大内教授が「一連の入試改革からは、『読む』ことへの攻撃、大学の知性に対する権力側の憎悪が感じられてならない」と喝破すると、阿部教授は「『実用』という言葉が安易に使われすぎている。実用的な英語力は、学校で基礎を学んだ上で、実際に英語を使って初めて身に付くもの。学校を出ただけで英語が完成するなど夢物語にすぎない」と指摘する。松本さんも「『4技能』と言うが、そもそも学校は技能を教える場なのか」とした上で、試行調査や民間試験で見られる、航空券の購入や外国人の道案内などの問題設定を「皆がスマートフォンを持っている今、大半の高校生は試験問題のような状況に置かれないだろう。どこが実用的なのか」と批判した。

　大内教授は、高額で受験地が限られる民間試験の受験に伴う経済格差、地域格差にも言及。「住んでいる地域によって有利不利が出てしまう。政策当局は、日本全国で公平な入試を行わなくてもいいと思っているのではないか」と疑問を呈する。大澤さんも、小中学校受験が過熱する現状を受け「民間試験の導入が、進行中の階層化を助長するのでは」と応じた。紅野教授は、２００６年の教育基本法改正以降、「先天的な性質・才能」を意味する「資質」の「育成」が掲げられている点に「試験が人の全てを判断するという試験万能主義的な発想につながる」と問題視。大澤さんと同様、階級・経済的な問題への波及も懸念した。

　今回のシンポジウムを主催した予備校講師の吉田弘幸さん、大内教授らは「入試改革を考える会」を結成し、今後も新共通テストの実施阻止などを目指して活動していくという。11月1日の共通ＩＤ発行申込開始までに、新共通テスト実施の延期に向けた「実効性のある新たな行動を取る」ことを宣言し、シンポジウムは幕を閉じた。

　今回のシンポジウムの模様は、ＹｏｕＴｕｂｅで動画配信された。現在も入試改革を考える会のＹｏｕＴｕｂｅチャンネルから閲覧できる。

文部科学省、英語民間試験利用を24年度以降に延期

萩生田光一文部科学大臣は11月1日、２０２１年大学入試共通テスト（２０２０年度実施）での英語民間試験利用を見送り、２０２４年度からの利用を目指すと発表した。「受験生が経済状況や居住地域にかかわらず、安心して受験できるようにするためには、さらなる時間が必要」と説明。東大の本部入試課は1日15時40分時点で、本紙の取材に対し「東大への正式な通知を待ってから対応を検討する」としている。

英語民間試験利用をめぐる経緯

２０１７年11月、国立大学協会（国大協）が民間試験を全国立大学の一般入試で課す方針を決めた。しかし不透明な成績認定基準などへの懸念から、２０１８年５月には教養学部英語部会内から五神真総長に申し入れを行うなど、東大内で民間試験への反発の声が上がった。

２０１８年４月には東大の入試監理委員会が、ワーキング・グループ（ＷＧ）の設置を決定。ＷＧは２０１８年７月、出願時に民間試験の成績提出を求めない方針を最も優先順位の高い案とした答申を発表した。

２０１８年９月20日には五神総長が林芳正文部科学大臣（当時）と会談。これを受け入試監理委員会は、民間試験の利用に大学が責任を持てそうだと判断し、２０１８年９月25日、民間試験の成績を必須の出願要件としないことを決定していた。

関係者のコメント

●今年６月に英語民間試験の利用中止を求める署名運動を呼び掛けた、羽藤由美教授（京都工芸繊維大学）

「（今年10月下旬のテレビ番組での）萩生田大臣の失言を機に経済格差や地域格差の問題が露呈したことで、英語民間試験利用に対する批判の声が高まり、延期されたのだろう。しかし、経済格差や地域格差が解消されても、複数の民間事業者に試験の運営を丸投げすることに起因する問題は解決されない。延期ではなく撤回すべき」

●署名運動に参加した、東大の元理事・副学長（入試担当）の南風原朝和名誉教授（前・高大接続研究開発センター長）

「11月１日は大学入試英語成績提供システムの共通ＩＤ発行申込みの始まる日だった。しかしこの日までに、受験者がどの試験を、いつ、どこで受けられるかを、明確に示せなかった。これが、延期の発表が今日になった理由だろう。

萩生田大臣の失言により経済格差や地域格差に注目が集まったことについては、それが国会議員にとって指摘しやすい問題だったのだろう。

私は２年半ほど前から、複数の民間試験のうちどれを受けても良いという仕組みが測定論的に乱暴であることを指摘してきた。各民間試験間のスコアの比較が難しくなるからである。また、この仕組みでは受験者の数の事前把握が難しくなる。これが、民間試験の事業者が十分なキャパシティの会場を用意するのが間に合わなかった原因であり、延期の直接の理由だと思う。この制度の問題点については、私が編集した『検証　迷走する英語入試』（岩波ブックレット、２０１８年）に書かれている他、２０１７年６月の時点で、国立大学協会が懸念を表明している。これから抜本的な見直しをするとのことなので、ぜひ、これらの問題点の一つ一つについて、丁寧に検証してほしい」

●署名運動に参加した、英文学が専門の阿部公彦教授（人文社会系研究科）

11月1日に突然、民間試験利用延期が発表された理由について、大手紙の報道などでは「官邸が萩生田大臣の失言に対する世論を気にした」となっている。しかし、この政策はもともと官邸が主導したもので、文部科学省は「やらされていた側」と考えるべきだと私は考える。官邸としては「何やってるんだ文科省」と責任を押しつけたいのだろう。

おそらくこのまま民間試験利用を強行していても、早晩大きなトラブルが起きて、もっと面倒な事態になっていたと思う。遅くなればなるだけ被害が大きくなったはず。もっと早くやめるべきだったし、実態を知れば誰がどう見ても「おかしい」ので、なぜもっと早く止められなかったのか、と不思議でならない。

民間試験利用は、現在クローズアップされている「格差・公平さ」といった問題点に加えて、もっと根深い構造的な欠陥を持つ。試験の民間委託は、結局、教育が「採算重視」の論理に乗っ取られるということを意味するからだ。受験生や教育システムのことより、企業の利潤が優先されるのは問題だ。

英語民間試験利用延期に

24年度からの利用を目指す

萩生田《はぎうだ》光一文部科学大臣は11月1日、２０２１年大学入試共通テスト（20年度実施）で英語民間試験利用を見送り、24年度からの利用を目指すと発表した。「受験生が経済状況や居住地域にかかわらず、安心して受験できるようにするためには時間が必要」だという。

東大の本部入試課は1日15時40分時点で、本紙の取材に対し「東大への正式な通知を待ってから対応を検討する」としている。

今年6月に民間試験の利用中止を求める署名運動を呼び掛けた、羽藤由美教授（京都工芸繊維大学）は「経済格差や地域格差が解消されても、複数の民間事業者に試験の運営を丸投げすることに起因する問題は解決されない。民間試験利用は、延期ではなく撤回すべき」と主張した。

署名運動に参加した、東大の元理事・副学長（入試担当）の南風《はえ》原《ばら》朝和名誉教授は、延期の直接の理由を「民間試験間の公平性の確保や、受験者数の把握が困難で、民間試験事業者の準備が遅れたこと」と推測。制度の抜本的な見直しをしてほしいとした。

英語民間試験利用をめぐる経緯は以下の通り。17年11月、国立大学協会（国大協）が、民間試験を全国立大学の一般入試で課すとした。一方、東大は18年3月に、民間試験を合否判定に利用しない方針を発表。翌月には東大の入試監理委員会が、民間試験利用を検討するワーキング・グループ（WG）の設置を決めた。

WGは18年7月、出願時に民間試験の成績提出を求めない方針を最も優先順位の高い案とした答申を発表した。18年9月20日の、五神真総長と林芳正文部科学大臣（当時）との会談を経て、入試監理委員会は18年9月25日に民間試験の成績を必須の出願要件としないことを決めた。

英語民間試験利用

出願要件化は困難か

入試監理委で対応協議

福田裕穂理事・副学長（入試・高大接続担当）は11月11日、定例の記者会見で、英語民間試験の成績を2021年度入試（20年度実施）の出願要件にするのは難しいと所見を述べた。文部科学省が1日に、21年大学入学共通テスト（20年度実施）で予定していた民間試験利用を延期したことを受けたもの。東大としての対応は、入試監理委員会を開いて検討するとしている。検討の結果は、東大のウェブサイトで発表される。

東大は18年9月、21年度の入試の出願要件では、民間試験の成績の提出を必須としないことを発表していた。福田理事・副学長は会見で「民間試験を利用する上で問題だとされていた点は、基本的には18年に東大の入試監理委員会内のワーキンググループで指摘済み」と述べた。問題点を解消するため、文科省内に試験業者や大学・高校の関係者を集めた合議体が設置されたが、根本的な解決には至らなかった。

福田理事・副学長は大学入学共通テストの国語と数学で導入予定の記述式問題にも問題があることを認めた。その上で「政治的な問題となってしまっていることもあり、中途半端に意見を述べるとかえって混乱を招く。もう少し収束した段階で意見を表明することになる」とした。

21年度東大入試

民間試験利用せず

出願要件から外れる

東大の入試監理委員会は11月29日、2021年度入試（20年度実施）で英語民間試験の成績を出願要件に追加しないと決定した。文部科学省が11月1日、大学入学共通テストで予定していた民間試験利用を延期したことを受けた措置。

東大は昨年9月、21年度入試の出願要件として、従来の要件に加え①CEFRのA2レベル以上に当たる民間試験の成績②A2レベル以上に当たる英語力を証明する、調査書など高校による証明書類③右二つのいずれも提出できない場合、その事情を記した理由書——のどれか一つの提出を課すと決定していた。

英語民間試験利用の方針をめぐる推移

2017年11月10日	国立大学協会、21年度以降の入試で民間試験を国立大学の全受験生に課す基本方針を発表
2018年7月14日	東大の入学者選抜方法検討ワーキング・グループ、民間試験利用法の三つの案を提示し、うち成績提出を求めない案を最優先に
9月25日	入試監理委員会、21年度入試の出願資格を追加し、民間試験の成績またはそれに代わる書類の提出を求める方針を発表
2019年11月1日	文部科学省、大学入学共通テストでの民間試験利用の延期を決定
11月29日	入試監理委員会、21年度入試で民間試験の成績を出願資格にしないと発表

実態に即した議論が不足

入試改革の混乱を振り返る

センター試験が終わり、来年からは大学入学共通テストの開始が予定されている。しかし、共通テストを巡っては、昨年11月に英語民間試験の導入が延期され、12月には記述式問題の導入も見送られるなど混乱が続いた。英語民間試験の一つ、TEAPの開発に携わった吉田研作特任教授（上智大学）、東大入試での民間試験利用の方針検討を主導した石井洋二郎名誉教授の2人に、民間試験導入延期までの議論を振り返ってもらった。（取材・一柳里樹）

吉田《よしだ》 研作《けんさく》 特任教授

（上智大学）

74年上智大学修士課程修了。文学修士。12年から上智大学言語教育研究センター長を務める他、「英語教育の在り方に関する有識者会議」座長、大学入学共通テスト検討・準備グループ委員などを歴任。

指導要領との整合を

共通テストでも利用予定だった民間試験・TEAPの開発に携わる吉田特任教授は、民間試験利用の頓挫を「がっかりだった」と惜しむ。「学習指導要領と乖離（かいり）しては、何のための共通テストか分からなくなる」

学習指導要領では、「聞くこと」「話すこと」「読むこと」「書くこと」の4技能を総合的に指導し、統合的に活用できるコミュニケーション能力を育成することが求められている。だが「センター試験はリーディング・リスニングに限られ、高校教育でスピーキング・ライティングが軽視される状況が続いてきた」。吉田特任教授は加えて、センター試験を年に1度しか受けられないことも問題視。年に複数回受験でき、成績が天候や体調などに左右されにくいテストが望ましいという。

しかし、スピーキングテストを大学入試センターで開発するのは非現実的。その上、国が行う試験は公開が原則で、年に複数回の試験で平均点をそろえるのは困難だという。一方、民間試験は基本的に非公開で、数十年間の受験者データを踏まえ難易度調整済みの問題数十万問を蓄積。「当然、国が作問するのが理想だが、実施体制を作るのはとても大変。それなら、既に実績のある民間試験を使うのが合理的ではないか」

民間試験を巡っては、採点への疑念の声が相次いだ。だが吉田特任教授は「東大の推薦入試をはじめ多くの大学入試で、場合によっては複数の民間試験が利用されている。その実績があるのに、なぜ今回問題になったのか」。地域格差や経済的負担への批判にも「英検だけでも180カ所以上テストセンターを用意し、離島にも多くテストセンターを設置していた。それにGTECを合わせれば全国の会場数は数百に上り、どちらのテストも受験料は数千円だ」。高価格が問題視されていたIELTSやTOEFLなどは「留学前提の一部の受験生以外、ほとんど共通テストに使わなかっただろう」と影響の大きさを疑問視する。

共通テストでの民間試験利用は見送られたが、吉田特任教授が評価する点もある。共通テストの試行調査には「学習指導要領や、受験者のレベルを示すCEFR（ヨーロッパ言語参照枠）との対応付けが行われていて、センター試験よりも質・量共に精度の高い問題がそろっていた」。

さらに現在、英検やTEAPを一般入試に利用する大学は100校以上。国際性や語学力を重視する大学が、各大学独自の判断で民間試験を利用する動きが広がれば、受験大学ごとの入試対策に掛かる受験生の負担軽減効果も見込めるという。「民間試験の利用を嫌がっていた大学に無理に利用させるより、各大学の自発性に任せる方がむしろ自然かもしれない。でもそうなると、学習指導要領を基に作られるはずの共通テストの存在意義が分からなくなってくるけどね」

結論ありきの改革

石井《いしい》 洋二郎《ようじろう》 名誉教授

80年人文科学研究科（当時）修士課程修了。学術博士。96年から17年まで総合文化研究科教授、15年から19年まで理事・副学長。入学者選抜方法検討ワーキング・グループの座長を務めた。19年より中部大学教授。近著に『危機に立つ東大』（ちくま新書）。

東大の理事・副学長を2015年から4年間務めた石井名誉教授は、民間試験の導入延期を「結果的には良かったが、受験生の不安はもっと早く払拭《ふっしょく》するべきだった」と評する。「危惧を表明している人が多くいたにもかかわらず、一部の推進派の思い込みや理想論に沿って、21年の導入ありきで強引に進めてしまった」ことが混乱を招いたと批判。民間試験の導入を白紙に戻し、英語力向上など入試改革が目指す目的を達成するための手段をゼロから議論し直すことを求める。

そもそも「大学進学者は高校生の半数強にすぎず、大学入試のために高校教育があるのではない。日本人のスピーキング能力向上を図るなら、大事なのは授業自体の改善」と石井名誉教授。高校も大学も、現在の授業はコミュニケーションを重視する方向に相当変わっており「文法中心で訳読偏重という批判は思い込みにすぎない」という。技術的な問題を抱えるスピーキングテストを無理に大学入試に加えても、本当にスピーキング能力の育成につながるのか疑問だと話す。

センター試験の成績だけで合格者を決める大学もあり、センター試験の役割は一様ではない。だからこそ「改革するなら、現状を正確に把握した上で、高校関係者も含め広く議論することが必要だった」。しかし実際は政府主導で結論ありきの議論が進められ、疑念の声が顧みられることはなかったという。さらに、アドミッション・ポリシーに沿って各大学が主体的に在り方を決めるべき入試を、統一試験で変えようとすること自体に無理があると指摘。「英語力向上の手段の一つにすぎない入試改革がいつの間にか自己目的化してしまった」

国立大学協会（国大協）は17年11月、民間試験を国立大学の一般選抜の全受験生に課す基本方針を定める。民間試験の採否を各大学に委ねる文部科学省の方針から、大きく踏み出す決定だった。だがその半年前の6月、国大協は民間試験導入の懸念点を列挙する意見表明を行っていた。この時の懸念が解消されないままの方針転換は「せめて各大学の自由裁量に任せてほしいと主張して止めるべきだった」と石井名誉教授。東大内部でも、民間試験の利用を巡り「本来あってはならない、政治への忖度と勘繰られても仕方のない」迷走が見られた（表）。

大学はなぜ入試改革の混乱を抑えられなかったのか。石井名誉教授は「国立大学全般の意思決定の在り方」にも一因があると説く。04年の国立大学法人化以降、企業のようなトップダウン方式が強化されてきた。しかし「大学の目的は学生に少しでも良い教育を行って社会に送り出すこと。営利企業とは目的が違う」。受験生が振り回された入試改革の経過を振り返り「学生と接する機会が多い現場の声を聞かず、一部の人間の考えだけで事を進めようとすれば必ず破綻する」と警鐘を鳴らす。

（表）入試改革を巡る経過

2017年5月16日	文科省、大学入学共通テストの実施方針案を公表
6月14日	国大協、民間試験導入に懸念を示す意見書を発表
11月10日	国大協、21年以降の入試で民間試験を国立大学の全受験生に課す基本方針を発表
2018年3月10日	福田裕穂理事・副学長、民間試験の合否判定への利用は拙速と発言
3月30日	国大協、民間試験利用のガイドラインを発表
4月27日	福田理事・副学長、入学者選抜方法検討ワーキング・グループ（WG）を設置し、民間試験結果の具体的な活用方策を検討すると発表
7月14日	東大の入学者選抜方法検討WG、民間試験利用法の三つの案を提示し、うち成績提出を求めない案を最優先に
9月25日	東大、21年入試の出願資格を追加し、民間試験の成績またはそれに代わる書類の提出を求める方針を発表
2019年10月24日	萩生田光一文科相、「身の丈」発言
11月1日	文科省、大学入学共通テストでの民間試験利用の延期を決定
11月29日	東大、大学入学共通テストでの民間試験利用の延期を受け、21年入試で民間試験の成績またはそれに代わる書類の提出を出願資格にしないと発表
12月17日	文科省、大学入学共通テストへの記述式試験の導入見送りを決定

第3章

東大を動かす

東大を含む国立大学は２０１９年に法人化から15年を迎えた。15年経って見えてきた東大の課題は？　そして、これからの東大の行く末は？　取材を通し、東大の行政に迫った。

注文数　冊
注文日　月　日
発売　星雲社　文京区水道1-3-30
発行　シーズ・プランニング
編者　東京大学新聞社
東京大学新聞年鑑2019-20　東大記録帖
ISBN978-4-434-28818-0
C1030 ¥1500E
定価1,650円（本体1500円+税10%）

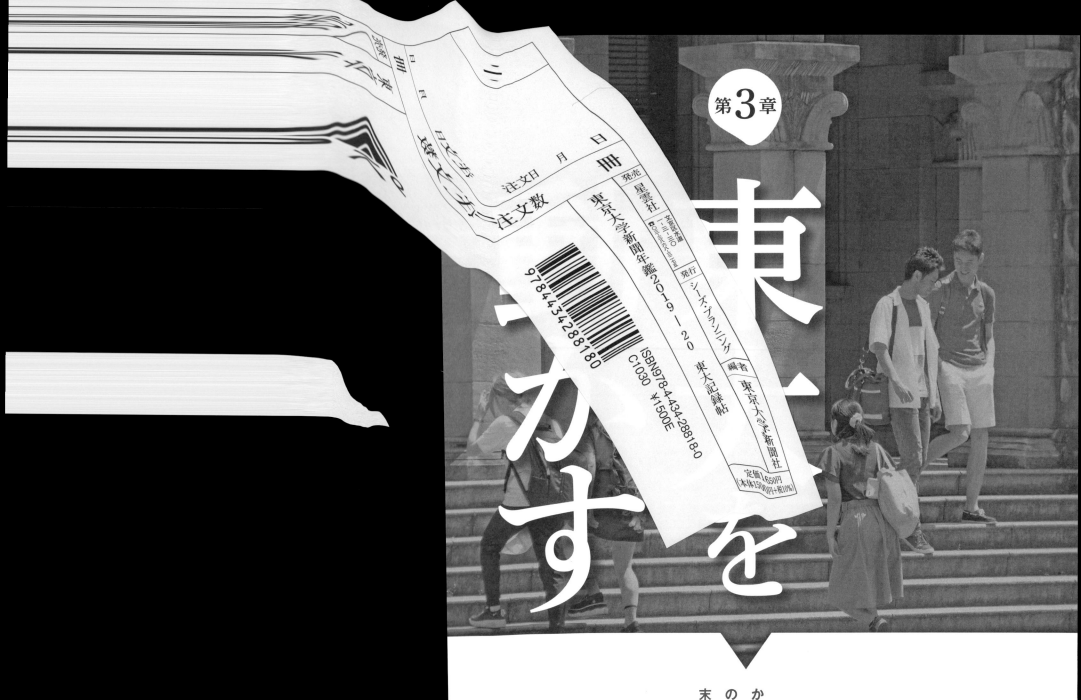

新研究科長に聞

経済学研究科

関心の多様化に対応

渡辺《わたなべ》　努《つとむ》 教授
（経済学研究科）
82年経済学部卒。92年ハーバード大学でPh. D.（経済学）取得。一橋大学教授などを経て、11年より経済学研究科教授、19年より経済学研究科・経済学部長。

—そもそも経済学とはどのような学問か

私の理解では社会の変化を把握し、今後を予測する学問だ。経済学自体も時代に即して枠組みを変える必要がある。2008年のリーマンショックを経済学者が予想できなかったのは、サブプライムローンという新しい金融商品を古い枠組みで捉えたからだろう。

◆◇◆

—理想の学生像は

今の学生は昔より真面目だが、欲を言えば、卒業論文などの成果物の質が今ひとつ。問題意識に基づき自分の頭で考えてほしい。

一方で教員が学生の意見を積極的に取り上げて評価するなど、学生に問題意識や自信を根付かせる指導も必要だろう。しかし、現状は各教員の指導の質が異なり、学部全体では欧米に遅れている。全教員に指導法の研修を施すことも検討する。

◆◇◆

—19年度（18年度実施）推薦入試は、10人程度の定員に対し志望者2人、合格者1人にとどまった

今までは数学に長けた人材を求めていた。数学力を入学後に養うのは大変だからだ。しかし数学に秀でた人材は理系の学部に流れたように思える。推薦入試を目指す文系の学生には、要求水準が高過ぎるという誤解を与えたかもしれない。募集要項では、数学オリンピックでの顕著な成績などを示す資料の提出を求めたが、それが独り歩きしてしまった。将来的には、経済学の中でも高度の数学が必須でない分野を志す学生も見据えて、要求内容を変えることも検討する可能性がある。

◆◇◆

—学部・研究科の強みは何だと考えるか

伝統的な強みはゼミだ。授業自体は週に1度だが、ゼミの現役生・卒業生との交流は活発で、理系の研究室のような役割を果たす。ただ、良くも悪くもゼミ生の選考は各教員の裁量が大きく、学部としては一つもゼミに参加できていない学生などへの対応が不十分なので、是正したい。

◆◇◆

—教育面での課題は

大学院では留学生が半数を占め、学部では文Ⅱ以外出身の学生が増えた。例えば機械学習を用いた経済学的統計を志す学生向けに、理系出身の既存の教員に授業を頼むなど、学生の多様化への対応を進めたい。

経済学部に限らず、後期課程では一つの分野を極めるカリキュラムが多い。しかし最近は学生の関心が多様化しており、現状のカリキュラムに満足しない学生もいるだろう。欧米では主専攻以外に副専攻を学べるなど選択肢が広い。東大の文系学部での教育の在り方を議論する時期に来ているのではないか。

（聞き手・小田泰成）

法学政治学研究科

実定法研究者の減少が課題

大澤《おおさわ》 裕《ゆたか》 教授
（法学政治学研究科）
87年法学部卒。名古屋大学大学院法学研究科教授などを経て、07年より法学政治学研究科教授。19年より法学政治学研究科・法学部長。

――学部・研究科の強みは

優秀な教員と学生による高水準の研究・教育という内の強みに加え、伝統が培った社会的信頼と各界で活躍する卒業生という外の強みがある。後者に関しては特に授業やインターンシップなどの面で、卒業生とのつながりを強めたい。

◆◇◆

――理想の学生像は

基礎的な学力は大切だがそれだけでは不十分。法学・政治学は社会の課題を解決していく学問である以上、国内外の社会問題に関心を持ち、他者と議論しながら解決の方向性を探れる能力が求められている。

◆◇◆

――開始から2年が経つ国際卓越大学院の成果は

科学技術の社会実装に伴って法制度を整備する際、技術と法学の双方の知識が必要だ。工学系研究科の先生の協力の下、分野融合的なセミナーを行ったり、他の研究科の授業をプログラムに取り入れたりしている。

本年度からはプログラムの基幹となる「先端ビジネスローセミナー」を修士向けと博士向けに分け、よりきめ細かな研究指導ができるようにした。

◆◇◆

――教育の国際化をどのように進めるか

学部の第1類（法学総合コース）の学生には「外国語科目」を必修にしている。さらに日本語の授業の一部にも海外の教員の講義を組み込むことで英語に触れる機会を増やしたい。海外から教員を招聘（しょうへい）し合宿形式で行っている法科大学院のサマースクールも、学部生に開放する予定だ。

◆◇◆

――法科大学院の人気低下への対応は

入学者の減少の他、在学中に予備試験に合格し中途退学する院生の増加も問題だ。実定法の研究を志望する院生の減少にもつながっており、研究者育成の観点からも憂慮している。

すでに２０１８年度の学部3年生から早期卒業制度を設け、法科大学院を含む大学院進学を後押ししている。今後、法科大学院の既修者コースと接続するいわゆる「法曹コース」を設ける予定だが、これと早期卒業制度がセットになれば、法科大学院のネックである時間的・経済的な負担は軽減されるはずだ。

ただ「優秀な学生は予備試験」という風潮も根強い。本来、法科大学院には予備試験にはない良さがあるはず。高水準の実務家から教育を受けられることはもちろん、人を理解できなければならない法曹にとって、多様なバックグラウンドを持った仲間と共に議論し勉強する時間を共有することの意味も大きい。こうした魅力をさらに発信しなければならない。

（聞き手・山口岳大）

総合文化研究科

挑戦する姿勢を養う

太田《おおた》 邦史《くにひろ》 教授
（総合文化研究科）

90年理学系研究科博士課程修了。理学博士。理化学研究所准主任研究員などを経て、07年より総合文化研究科教授、19年より総合文化研究科・教養学部長。

――教養学部は今年で設立70周年を迎える

元東大総長の矢内原忠雄は70年前、教養学部での教育の3要素として、専門課程の準備教育、一般教養、人間性（人格）陶冶（とうや）を挙げた。現実的には、三つ目の点があまり実現できていないように思う。あいさつやマナーなど人としての基本を身に付ければ、東大生はより社会で輝けるはずだ。

教養学部の前身、旧制第一高等学校には、背伸びして難解な本を読む挑戦的な勉学の風土があった。今の学生にも挑戦的であってほしい。東大というブランドの価値が高まるのは良いが、東大合格をゴールと考えず、前人未到のことに挑むなどさらなる高みを目指してもらいたい。教養学部後期課程出身で、2016年にノーベル生理学・医学賞を受賞した大隅良典特別栄誉教授も、純粋な学問的関心で未到の分野だったオートファジー研究を開拓した。

◆◇◆

――学生の意識を変えるための具体的な方法は

難しい。一時は駒場Iキャンパスの正門に「今月の標語」を貼りだすことも考えた。入学式の式辞や教養学部報も活用できるだろう。その点で今年の学部入学式の、五神真総長の式辞や上野千鶴子名誉教授の祝辞は貴重なメッセージだ。

◆◇◆

――その他の課題は

今まで成績上位層向けの科目が不足していたため、答えがない問いに教員と学生が共に挑む授業を充実させる。例えば前期教養課程では最先端の自然科学を教える「アドバンスト理科」を開講した。文系では、地域未来社会連携研究機構を活用してEBPM（エビデンスに基づく政策立案）を扱う科目を設ける予定だ。

より良い教育の実現には財源が重要だ。総長が推進する機動的な財政制度を活用したり、民間資金を獲得したりして、財源の確保・多様化を行っていきたい。

◆◇◆

――国際化について

東大の他の研究科・学部より外国人教員の割合は高い。それでも、一気に教員の国際化を進めるのは難しいと感じている。PEAK（英語コース）生と他の学部・学科の学生との交流も今後促進していきたい。

学生に座学以外の教養を身に付けてもらうため、海外研修プログラムも拡充している。ただ、テロなど不測の事態への備えが難しいためか、入学直後に1年間自主的に海外研修するFLY Programの参加率が低いのは少し残念だ。

◆◇◆

――研究科・学部の強みは

学際的・分野横断的で、本郷はあまり一般的でない学問分野がある。絶えず進化してきた歴史を持ち、今後もダイナミックに新しい学問領域を生み出していくと期待している。

（聞き手・小田泰成）

農学生命科学研究科

基礎と応用の融合へ

堤《つつみ》　伸浩《のぶひろ》 教授
（農学生命科学研究科）

88年農学系研究科（当時）博士課程修了。農学博士。農学生命科学研究科助教授などを経て01年より農学生命科学研究科教授、19年より農学生命科学研究科・農学部長。

——学部・研究科の強みは何だと考えるか

研究範囲が広いところだ。生物の基礎から環境や生態、経済や開発までもを含む。学生の立場からはこの良さが見えにくいかもしれないが、研究を進める上では重要だ。自分と異なる分野の研究室がすぐ近くにあれば、その分野の疑問を簡単に聞きに行けるし、共同でのプロジェクトも行いやすい。特に新しい研究を始める時には有利なことが多い。

◆◇◆

——では学部・研究科の課題は

理論的研究を中心とする基礎科学と、その成果の実用化を目指す応用科学の乖離だ。基礎科学を扱う研究者も応用を見据えてほしい。何を研究するかは研究者の興味によるが、農学は応用科学なので最終的には社会や産業に役立つ形で研究を進めるべきではないか。

この研究科に限らないと思うが博士課程に進む学生が減っているのも問題だ。大学院に進学する学生を増やすには大学の若手研究者のポストを増やしたり、民間企業での活躍の場があることを示したりする必要がある。本当に研究したいと思う学生が、博士課程に進んでしっかりしたキャリアを得られるようにするべきだ。

◆◇◆

——求める学生像は

意欲を持っていろいろなことに立ち向かえる学生だ。その上で、専門分野を持ちつつ、広い視野を持ってほしい。

扱う分野によっては実験室だけで進める研究も多い。実験には失敗がつきものだ。予想通りの結果にならなかったからといって失望していたら何も進まない。粘り強く取り組む姿勢も必要だ。

◆◇◆

——国際卓越大学院のカリキュラムの特色は

5年間で2回、国内外の研究機関や企業で3カ月以上の留学・インターンシップを経験できる点だ。修了要件の面では、選択必修科目を幅広く認めているため履修の自由度が高いことが挙げられる。

◆◇◆

——後期課程へ進学する推薦生にはどのような教育をする方針か

基本的に、推薦生が明確なやりたいことを持っていれば、それに沿った研究室・教員を割り当てるよう努力している。ただ、個別的にどこまで推薦生の興味に応えられるかについては、まだ手探り状態の部分が大きい。今後、教育や研究に関して推薦生から要望があれば全力で対応していく。

（聞き手・安保茂）

新研究科長に聞く

医学系研究科

基礎研究と臨床応用の橋渡しを

齊藤《さいとう》 延人《のぶと》教授
（医学系研究科）
87年医学部卒。博士（医学）。群馬大学教授などを経て、06年より医学系研究科教授。15年から19年まで医学部附属病院長。19年より医学系研究科・医学部長。

——研究科の抱える課題は

医学部附属病院の院長を4年間務めてきて、医療に要求される安全の水準が上がった結果、臨床に割かなければならない時間が増えてきたと感じている。臨床研究の研究力は強くなった一方、基礎研究に割くことができる時間が減っているのも事実だ。

現在強化しているのは、基礎研究と臨床応用をつなぐ「橋渡し研究」。これまで、基礎研究の良い研究成果がうまく臨床に結び付かない「死の谷」が課題になっていた。「死の谷」に陥らないための最大のポイントは、研究当初から大学が知的財産権を確保すること。かつては企業しかできなかった治験を医学系研究科・医学部附属病院所属の医師主導で行うなど、研究成果の実用化も視野に入れた大掛かりな研究が増えてきた。今後もこのような研究を支援するため、文部科学省などの補助金に積極的に応募し、多くの研究費を獲得していく。

医師免許取得者への初期臨床研修が必修化された結果、医師免許取得者の臨床志向が顕著化し、医師免許を持つ基礎研究者が減少していることも課題だ。何としてもてこ入れし、日本をリードする研究者の育成を強化しなければならない。そのために、PhD・MDコースやMD研究者育成プログラムなど、学生のうちから研究室に出入りし医学研究に触れられる制度をしっかり維持していきたい。

◆◇◆

——本年度から生命科学技術国際卓越大学院プログラム（WINGS—LST）が始動した

WINGS—LSTでは異分野の融合を大事にしている。医学系研究科に加え、工学系研究科・理学系研究科・薬学系研究科の教員が、指導教員として学生の専門とは少し違った目線から助言する。各研究科の学生らがポスター発表やプレゼンテーションなどを行う全体会議は、学生が企画・運営を担う。全体会議の運営を通して、研究科を超えた学生同士の交友関係を広げ、刺激や新たなアイデアを得てほしい。

◆◇◆

——任期中の目標は

基礎系の医学系研究科長が続いてきた中、久々の臨床系の研究科長として、臨床と基礎の融合を進めていく。臨床研究を専門とする研究者が一時的に基礎系の研究室に移るなど、研究科内でも研究者間の交流をより一層促進する機運を作っていきたい。

（聞き手・一柳里樹）

新領域創成科学研究科

産学連携で研究・教育進める

大崎《おおさき》 博之《ひろゆき》 教授
(新領域創成科学研究科)

88年工学系研究科博士課程修了。工学博士。工学部助教授、新領域創成科学研究科助教授などを経て、04年より新領域創成科学研究科教授、19年より新領域創成科学研究科長。

—研究科設立から約20年、今後の改革方針は

新領域創成科学研究科は、創立当初から「学融合」を理念として掲げている。工学、理学、農学、医学を含む理系分野に、社会科学や人文科学の知を取り入れ、一つの研究科で非常に幅広い分野をカバーする。今後もこの方針や特徴を維持・発展させ、教育と研究に取り組みやすい環境を整える他、社会への情報発信も強化したい。

◆◇◆

—柏キャンパスでの研究活動は

主に大学院生および多くの留学生、研究生、教員で構成されており、他のキャンパスと比べて、年齢層はやや高い。落ち着いた雰囲気、開放的な環境で研究活動に取り組める。柏キャンパスへの学内の他部局などの移転も一段落し、他分野との連携を図っている。

地域との密接な連携で、都心部では注力しづらい社会実証にも力を入れている。産学官民が一体となり、都市デザインの方法と技術を、柏の葉キャンパス駅周辺などで実践してきたことが一例だ。東日本大震災後の復興へ向け、福島県でのまちづくりにも携わっている。今後は産学連携の拡大へ向けて、研究科が後押ししていきたい。

◆◇◆

—教育機関としての役割について

通常の大学院カリキュラムに加え、企業と連携した社会人教育にも力を入れている。例えば、米マサチューセッツ工科大学での短期滞在を含む教育プログラムを設け、現地でプレゼンテーションや議論を行い、参加企業と参加者から評価を頂いた。

◆◇◆

—昨年度より国際卓越大学院教育プログラムが発足した

プログラム開始初年度は選考を経て5人が参加した。他の研究科からの参加者もいて、分野を横断して議論できることが魅力だ。外国人教員による批判的思考の講義を設置し、受講した院生からも好評だ。新領域創成科学研究科から、他の研究科の国際卓越大学院に参加する院生もいる。

◆◇◆

—学生へ求める学びの姿勢は

軸となるのは、自分の専門性を高めること。それに加えて、柔軟なものの見方を身に付け、多様な分野を学んでほしい。リーダーになれる社会人を育てたい。

◆◇◆

—読者にメッセージを

研究に集中できる環境が整う柏キャンパス、新領域創成科学研究科へ足を運び、研究の様子を自分の目で確かめてもらいたい。毎年秋には一般公開もあるので、学生にはぜひ、進学の参考にしてほしい。

(聞き手・安保友里加)

教育学研究科

社会実践で価値創出

秋田《あきた》 喜代美《きよみ》 教授
（教育学研究科）
80年文学部卒。銀行員を経て、86年教育学部卒。91年教育学研究科博士課程単位取得退学。博士（教育学）。立教大学助教授などを経て、04年より教育学研究科教授。19年より教育学研究科・教育学部長。

――どのような学部か

1949年に文学部教育学科から独立し、日本の成長の要としての公教育をリードしてきた。学内でも小さな学部ながら、文理の幅広い学問要素を取り入れている。教育法・学問の発展の成果を活用して、乳幼児期から高齢者まであらゆる人々に資する教育の在り方を研究している。

◆◇◆

――教育学研究科・教育学部の強みと課題は

強みは常に実践を作り出してきたところ。論文や著作にとどまらず、社会や地域に還元される研究を行っている。構成員の面では、女子学生は約4割、女性教員の比率も東大の求める基準である25％を10学部中唯一達成しており、7カ国80人の留学生や、理Ⅲ以外の全ての科類から進学者がいる多様性も特色だ。この10年で新たに創設された四つの附属教育研究施設に加え、中野の附属中等教育学校や数多くある協定自治体の保育園や学校など連携する施設も多い。一方、学部の規模が小さい分、教員数も少ない。教育学が解決すべき課題を扱い切れないことなどで教職員の多忙化と研究時間の劣化が問題だ。

◆◇◆

――任期中の方針は

国内外の動向や政策を客観的に捉え、研究科として新たな方向性を示し続けていくこと、全学の教育に対してもさらなる貢献をすることだ。学部ではアットホームで自由な気風を残しつつ、カリキュラムの充実を図り、多様な進路を選ぶ学生たちに卒業、修了まで満足のいく教育を施したい。

◆◇◆

――求める学生像は

他者の人権を尊重し、対話に積極的に参加し、自ら学んでいける学生。自由な学部だからこそ幅広い領域に目を向ける視点を持ってほしい。行動力も重視し、社会に働き掛け、自ら変革の主体となり新たな価値を生み出す学生を期待する。

◆◇◆

――女性初の研究科長に就任したことへの思いは

仕事の際女性であることは意識していないし、女性であることが注目されず当然となる社会を目指したい。学問の多様性が尊重され、民間企業勤務や子育てを経験してきた私が学部長に就任することで、子育て中の若手研究者やこれからアカデミアを目指す女子学生への前向きなメッセージとなるのであればうれしい。

◆◇◆

――読者にメッセージを

どの領域が専門でも、社会人になっても、教育という営みは必ず求められる。教育学を学ぶことは自分の被教育経験を振り返り、人生に思いをはせることにつながる。教育学部が培ってきた見識に是非触れてほしい。

（聞き手・原田怜於）

論文不正

●早野名誉教授らの論文不正疑惑

福島の放射線量過小評価か

▶2019年03.19号

東日本大震災以降、福島の放射能汚染問題について調査研究と情報発信をしてきた早野龍五氏（理学系研究科教授＝当時）。彼が宮崎真氏（福島県立医科大学助手＝当時）と共同執筆した、福島県伊達市の市民の外部被ばく線量に関する2本の論文について、放射線量の過小評価や伊達市民の個人情報の不正利用などの疑惑が浮上している。論文の不審な点を指摘し続けている黒川眞一氏（高エネルギー加速器研究機構名誉教授）の話を交え、疑惑を概観する。

（取材・小田泰成）

黒川《くろかわ》 眞一《しんいち》 名誉教授
(高エネルギー加速器研究機構)
73年理学系研究科博士課程単位取得満期退学。博士（理学）。高エネルギー加速器研究機構教授などを経て、09年に退職。

問題となっているのは、2016年の12月に発表された「第1論文」と17年の7月に発表された「第2論文」。国の放射線審議会で政策決定の参考資料として使われたが、19年1月に参考資料から削除された。

第1論文では、航空機で測定された空間線量率で各市民の個人被ばく線量率を割った値の平均値が0・15であり、政府が定めた値0・6の4分の1であることを主な結論としている。

黒川氏によれば、第1論文にはいくつかの大きな問題があるという。例えばあるビンに属する市民の99%が外部被ばく線量ゼロになっている箇所が三つある（図1）。多くの市民が線量計の一種であるガラスバッジを正しく装着していなかったことや、バックグラウンド（自然界に元々存在する放射線量）の引き過ぎによる過小評価が考慮されていない。さらに航空機によって測定された空間線量率は、地上で測定された空間線量率よりも1・5倍ほど大きい。「これらの効果を含めると、0・15は0・36ぐらいになる」と黒川氏は語る。

生涯被ばく線量の評価と除染の効果が主題の第2論文では、被ばく線量を示した「図6」は正しいが、データを基に累積線量を示した「図7」は縦が半分に縮んでいる（図2）。「故意ではなくとも著しい注意不足によるミスであり、研究不正とされても仕方ない」

黒川氏は昨年秋、2本の論文が

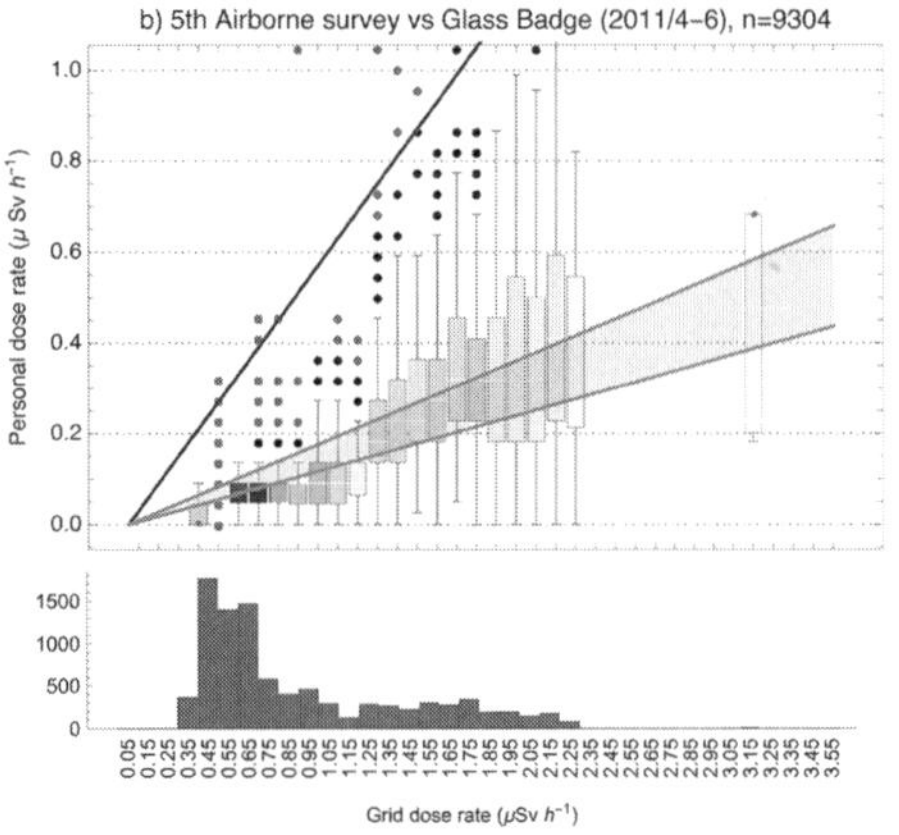

（図１）第１論文中の、個人被ばく線量率と空間線量率の関係を示した箱ひげ図の一つ。矢印（東京大学新聞社が挿入）で示したビンは、最小値から１％以内もしくは最大値から１％以内に当たる「外れ値」しかなく、そのビンに属する市民の99％が外部被ばく線量ゼロになっている（出典："Individual external dose monitoring of all citizens of Date City by passive dosimeter 5to 51months after the Fukushima NPP accident (series): 1. Comparison of individual dose with ambient dose rate monitored by aircraft surveys" Makoto Miyazaki and Ryugo Hayano 2017 J. Radiol. Prot. 37(1))

載った『ジャーナル・オブ・レディオロジカル・プロテクション（ＪＲＰ）』に第２論文を批判する論文を投稿し、論文の不自然な点を指摘。早野氏は今年１月、一部誤りを認めた。しかし黒川氏によれば「実際には早野さんは私の指摘に正面から答えていない」。本紙は早野氏にも、事実関係の確認のために事務所経由で取材を依頼したが、本人と見られる人物から電子メールで「メディアを使って応酬するのは適切ではない」と断られた。

個人情報不正利用の疑いも

黒川氏は『科学』19年２月号（岩波書店）で伊達市民の島明美氏と共に、論文の「人を対象とする医学系研究についての倫理指針」違反を七つ指摘。例えば、自分のデータを使われることに同意していない市民のデータを使ったことなどが挙げられる。この七つ以外にも「研究計画書では宮崎氏がデータを解析することになっているが、実際は早野氏が解析した疑い」などがある。

早野氏への研究不正の申し立てを受け、東大は本調査を進めている。伊達市も早野氏と宮崎氏に正当な手続きで伊達市民のデータが提供されたか調べる委員会を立ち上げた。本紙は東大の研究倫理推進課にも、審議内容などに関する取材を依頼したが「規則に基づく手続き中であり要望には沿えない」と回答された。

あくまで論文の第一著者は宮崎氏だ。しかし黒川氏によると「教授と比べれば、助手は大学院生のようなもの。宮崎さんを指導すべき立場にある早野さんの方に批判が集中するのは当然だ」

◇

黒川氏は最後にこう述べた。「早野さんはとても優秀。でも今の早野さんは『科学者』とはいえない。科学者にとって最も重要なｉｎｔｅｇｒｉｔｙ（正直であることと、モラルに関する原則に忠実であることを示す）を失っている。早く科学者に戻ってほしい」

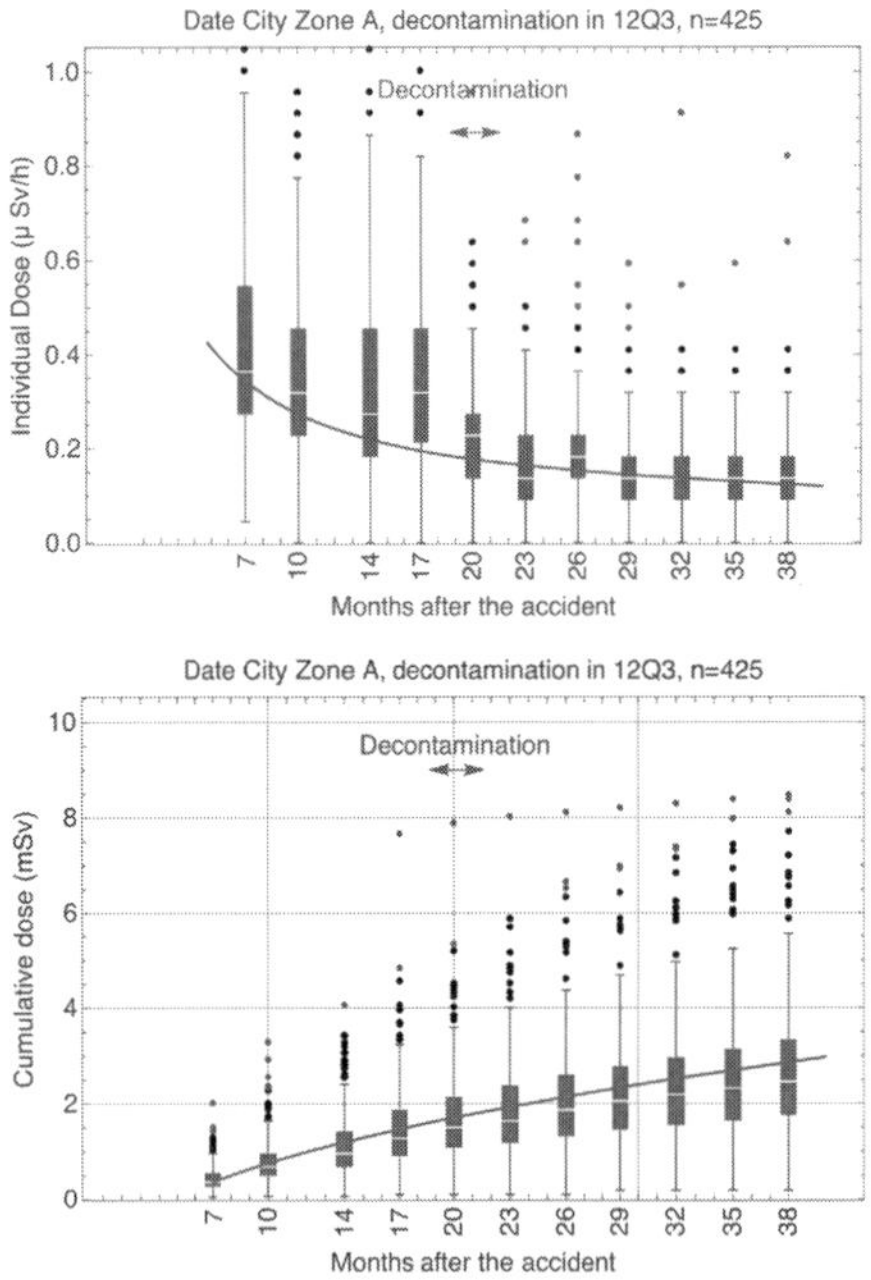

（図２）第２論文中の、個人被ばく線量の推移を示す「図６」と、そのデータを基に累積線量を示した「図７」（出典："Individual external dose monitoring of all citizens of Date City by passive dosimeter 5 to 51 months after the Fukushima NPP accident (series): II. Prediction of lifetime additional effective dose and evaluating the effect of decontamination on individual dose" Makoto Miyazaki and Ryugo Hayano 2017 J. Radiol. Prot. 37(1))

●早野名誉教授らの論文不正疑惑の調査結果公表

東大「不正はなかった」

▶2019年07.30号

東大名誉教授の早野龍五氏（理学系研究科教授＝当時）と宮崎真氏（福島県立医科大学助手＝当時）が共同執筆した論文に研究不正と倫理指針違反があるとする申し立てを受け、両大学は19日に調査結果を発表した（表）。両大学ともに研究不正を認定せず、倫理指針違反については、東大は審査対象外、福島県立医大は重大な違反はないとした。申し立て人と協力者の黒川眞一氏（高エネルギー加速器研究機構名誉教授）は同日、会見で遺憾の意を表した。

（取材・小田泰成）

問題となっているのは、福島県伊達市の市民の外部被ばくに関する2本の論文。2016年12月に「第1論文」が、17年7月に「第2論文」が、それぞれ発表された。両論文の倫理指針違反の可能性と第2論文での研究不正に気付いた伊達市民が、東大と福島県立医大に申し立てを実施していた。

東大の科学研究行動規範委員会は、今回申し立てられた二つの研究不正のいずれも認めなかった。

一つ目のセミナー発表でのスライドと第2論文の図6の値の不一致は、単位の変換ミスに起因しており、故意や著しい注意不足に当たらず、不正でないと判断。3カ月ごとの積算線量ミリシーベルトから1時間ごとの個人線量率マイクロシーベルトを導くには「÷3（カ月）÷30・5（日）÷24（時間）×1000（倍）」すなわち約0・46倍の処理が必要となる。図6ではこの変換が行われたが、スライドでは未実施だった。図6と図7が食い違うのも、図6の1時間ごとの個人線量率を図7の3カ月ごとの積算線量に戻す必要があったにもかかわらず、適切に変換が行われていなかったためだという（本紙面上ではまとめて「図」として掲載）。

二つ目の研究データ破棄についても不正に該当しないとされた。論文の元データを伊達市が保管する前提で、解析後にデータを破棄するとした研究計画を福島県立医大に提出し、承認を得ていたためだという。

一方、未同意の市民のデータ利

（表）論文に関する申し立てと調査結果

申し立ての内容	該当し得る事項	東大の見解	福島県立医科大の見解
第2論文の図5と図6が矛盾（※）	研究不正	（回答せず）	（回答せず）
2015年のセミナーで早野氏が用いたスライドと、第2論文が矛盾（スライド1とスライド2は、それぞれ第2論文の図6と図5に対応）		（回答せず）	（回答せず）
第2論文の図6と図7が矛盾（※）		該当しない	該当しない
第2論文の図5aで、箱ひげ図の外れ値が多すぎる			（回答せず）
第1論文と第2論文の研究データ破棄		該当しない	該当しない
データ提供に未同意の市民のデータ使用	倫理指針違反	調査範囲外	該当しない
福島県立医大の倫理委員会に研究計画書を提出する以前の研究発表		調査範囲外	該当しない
研究対象者に研究内容を知らせず、同意撤回の機会が与えられなかったこと			該当しない
研究計画書に定められた研究の成果を発表せず、研究計画書に沿わない論文を研究成果として発表			該当しない

（※）東大には当初図6と図7の矛盾を申し立てていたが、後に図5と図6の矛盾を申し立てる形に修正したという。福島県立医大には当初から図5と図6の矛盾を申し立てていたという

東大に対しては一部申し立てていない項目があり、その欄は空白とした

黒川氏への取材と、東大と福島県立医大の発表を基に東京大学新聞社が作成

用などの倫理指針違反の疑いについては、委員会の任務は研究不正に関する調査であるから、調査範囲外として判断しないこととした。

　福島県立医大の研究不正調査委員会は、研究不正について東大と同様の見解を示した。倫理指針違反の疑いについては、研究計画書からの逸脱は散見されるものの重大な違反には該当しないとした。

　早野氏は19日、自身のツイッターで、図6と図7の矛盾に対する東大の見解に同意し「申し訳なく思います」と謝意を表した。

申し立て人らは不服

　黒川氏は24日、本紙の取材に応じ、東大が倫理指針違反を調査しなかったことは不可解だとした。「申し立てた時点で調査範囲外だと伝えるべきであり、承服できない」

　今回の調査が第2論文の図6、7の箱ひげ図のみを検証し、曲線を検証していないことについては、申し立てに正面から応じておらず、調査が不十分だとした。図6の曲線について、本文での説明と実際の図で曲線の通る位置が異なっていることが、論文の不備を端的に表しているという。箱ひげ図に関しては両大学の説明通り、図6の値から単位を正しく変換すれば図7と一致する。しかしこのミスは、科学者の犯す間違いとしては信じがたいという。

　黒川氏の見解が正しいなら、なぜ東大の調査は不十分だったのか。「早野さん同様、科学研究行動規範委員会の中にも、被ばく線量が低くあってほしいというバイアスがかかった学者がいたのではないか」。

　一方黒川氏の周りには「こんな論文を放っておくのは物理学の危機だ」と調査結果に異を唱える、東大の理学部物理学科出身者を含む数人の物理学者がおり、今後何らかの動きを見せる可能性があるという。

（図）第2論文の図6(左)と図7

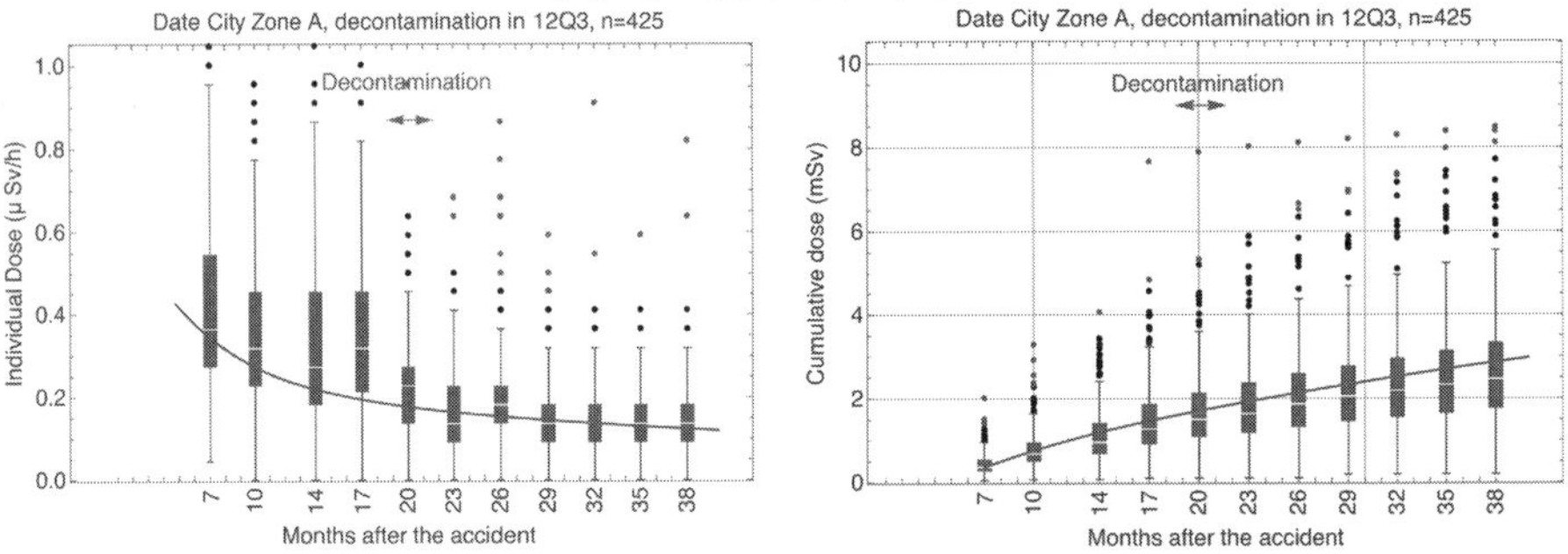

個人被ばく線量を示す「図6」に比べ、累積線量を示しす「図7」の値は約0,46倍されている（出典："Individual external dose monitoring of all citizens of Date City by passive dosimeter 5 to 51 months after the Fukushima NPP accident (series): II. Prediction of lifetime additional effective dose and evaluating the effect of decontamination on individual dose" Makoto Miyazaki and Ryugo Hayano 2017 J. Radiol. Prot. 37(1)）

●宮崎早野論文に関するフォーラム開催

東大調査の不備指摘

▶2019年09.16号

黒川眞一氏（高エネルギー加速器研究機構名誉教授）ら有志の研究者らは14日、早野龍五氏（理学系研究科元教授）らが発表した福島県伊達市の市民の外部被ばく線量に関する論文の不正疑惑を巡って、オープンフォーラムを開催した。この中で黒川氏は、東大科学研究行動規範委員会（規範委）が今年7月に公表した調査結果の問題点を指摘した。

規範委の調査結果は、2018年12月に伊達市民の一人が行った、同論文の倫理指針違反と研究不正に関する申し立てを受けて公表されたもの。この申し立てでは、①データ提供に同意していない市民のデータの使用、②福島県立医科大の倫理委員会への研究計画書提出前の研究発表——の2点の倫理指針違反と、①論文発表後1年経過した時点での全ての資料・情報の破棄、②講演で用いられたスライドと論文のグラフの値に見られる齟齬（そご）——の2点の研究不正が指摘されていた。これに対し規範委は、倫理指針違反は調査範囲外のため判断しないとし、研究不正についてはいずれも認めなかった。論文の共同執筆者が所属する福島県立医科大の調査結果も東大の発表と同日に公表され、倫理指針違反、研究不正ともに認められなかった。

黒川氏は規範委の調査結果について、申立人が指摘した点以外の調査がなされていないと批判。申立人の知り得る情報が限定されている以上、規範委は指摘を手がかりにより詳細に調査すべきだったとした。また、倫理指針違反が調査されなかったことも「非常に不可解」だと述べた。福島県立医科大への申し立ての内容が東大への申し立てと一部異なっていたにもかかわらず、研究不正の調査結果が両者で同様だったことから、福島県立医科大の調査結果が、東大の調査結果を踏まえたものになっているのでないかという点も示唆した。

黒川氏は東京大学新聞の取材に対し、さらに調査を進めた上で再度申し立てが行われる可能性があると述べた。

今回のフォーラムは、有志の6人の研究者から成る「科学の健全な発展を望む会」が主催したもの。いずれも東大の大学院出身で、現役の東大教員として押川正毅教授（物性研究所）、影浦峡教授（情報学環）が参加している。

講演する黒川眞一氏（撮影・山口岳大）

KAGRA

●重力波望遠鏡ＫＡＧＲＡ年内に本格稼働

アジア初の重力波観測拠点へ

▶2020年03.10号

宇宙線研究所などが完成を目指していたアジア初の重力波望遠鏡「ＫＡＧＲＡ」（岐阜県飛騨市）が年内に本格的な観測を始める。先行する欧米の観測施設と協力し、重力波観測による天体現象の解明を目指す。

（取材・渡邉大祐、撮影・衛藤健）

ＫＡＧＲＡは超新星爆発などの大きな天体現象が起きた際に発生する重力波の観測施設。今年6月に機器の設置が完了し、調整作業が進められていた。4日には完成記念式典が開催された。

重力波は質量を持つ物体が運動するときに発生する時空のゆがみが波として伝わる現象。重力波による天体現象の観測では、従来の観測方法では分からなかった情報を得られると期待される。重力波の観測を合図に、可視光などを捉える他の望遠鏡でも一連の現象を追跡して観測し、さまざまな方法で観測するマルチメッセンジャー天文学という分野も注目されている。

観測では、レーザー光線が直交する二つの坑道中を直進。端点に

ＫＡＧＲＡの坑道。ダクトの中をレーザー光線が走り、3㎞先の鏡へと続く

ＫＡＧＲＡの中央実験室。レーザー光源や光検出器など中心的な機器を備える

ある鏡で反射し、坑道を往復する。戻ってきた二つのレーザーの到達時間の差を利用して重力波を捉える。重力波によるゆがみは「太陽と地球の間で水素原子1個が揺らぐ程度」（大橋正健教授、宇宙線研究所）と微小なため、観測には外部からの振動による影響を取り除くことが重要とされる。ＫＡＧＲＡでは、地表から２００メートル以上の深さにある岩盤のしっかりした山の地下トンネルに施設を設置し地面振動による影響を軽減。サファイア製の鏡を零下２５３度まで冷却することで、熱による分子の微小な振動の影響も取り除いた。

重力波の観測では２０１５年に重力波を世界で初めて直接観測した米国のＬＩＧＯと欧州のＶｉｒｇｏが先行する。ＫＡＧＲＡは重力波以外の影響を軽減する新手法によって、LIGO以上の観測精度を目指す。世界4台目、アジア初の重力波望遠鏡としてＬＩＧＯ、Ｖｉｒｇｏとの国際観測網に参加することで、重力波が発生した方向がより正確に分かるようになるという。

重力波観測研究施設長を務める大橋教授は「予算化から10年近くがたち、ようやく完成した姿を見せられること、また国際観測網に参加できることにほっとしている」と語った。ＫＡＧＲＡでは宇宙線研究所の大学院生も、観測開始に向けた研究に参加している。修士2年の大柿航さんは「重力波天文学の日本での幕開けに立ち会えそうで幸せだ」と話した。博士3年の三代浩世希さんは「ＫＡＧＲＡで重力波イベントを観測したい」と成功を願った。

重力波観測を開始

宇宙線研究所などが建設したアジア初の重力波望遠鏡「ＫＡＧＲＡ」（岐阜県飛騨市）が2月25日、重力波観測のための連続運転を開始した。重力波の直接観測を通して、ブラックホールの解明などを目指す。

重力波とは、質量を持つ物体が運動したときに時空のゆがみが波として宇宙空間を伝わる現象で、アインシュタインが約１００年前に存在を予言した。しかし重力波による時空のゆがみは微小なため、地面などの振動が観測を妨げてきた。

ＫＡＧＲＡは、総延長７・７キロメートルのトンネルを地表から２００メートル以上の深さに設置し、地面の振動の影響を抑制。サファイア製の鏡を零下２５３度まで冷却することで、熱による分子の微小な振動の影響も取り除いた。ＫＡＧＲＡによる重力波の観測を通して、一般相対性理論の検証など、従来の観測方法では分からなかった成果を得られると期待される。

ＫＡＧＲＡの建設は２０１０年に開始し、昨年秋の完成後は感度を高めるための調整と試験運転を続けてきた。ＫＡＧＲＡの研究代表者を務める梶田隆章教授（宇宙線研究所）は「観測を開始できたのは多くの支援者のおかげ。感度はまだまだだが、引き続き感度向上の努力を続けていく」と話している。

バリアフリー

●東大のバリアフリーの現状を探る

一人一人が当事者意識を

▶2019年01.13号

東京パラリンピック開催が近づくにつれ、障害が注目される機会が増えた。しかし普段の生活で生じる身近な障害・バリアに対しては、無自覚なまま過ごすことが多いのも現実だろう。東大のバリアフリーの現状と共に今後私たちが目指すべき社会の在り方について、バリアフリー支援室の専任教員、障害のある1年生3人、当事者研究に携わる熊谷晋一郎准教授（先端科学技術研究センター）への取材を通して探りたい。

（取材・原田怜於）

全学的支援に学生参加も不可欠

東大のバリアフリー支援は「人的・物的な支援を支援専門部署だけではなく多くの部局が行う」ところに特徴があると、垣内千尋准教授（バリアフリー支援室）は語る。全学的な支援の輪を広げるため、各部局が支援実施担当者や支援機器の配備などの人的・物的支援を、本部が財政的措置を担当する。支援室はその中で専門的ノウハウの提供や助言、学生サポートスタッフの募集・育成を中心に行う（図１）。「東大全体としてバリアフリーを進める」取り組みを実現しているのだという。

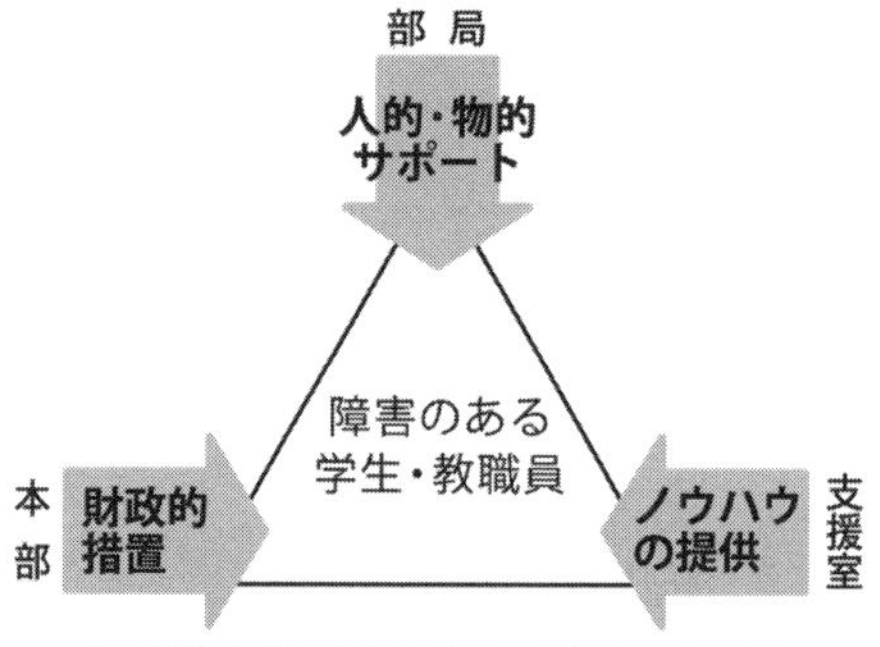

(図1)東大のバリアフリー支援の在り方
バリアフリー支援室のウェブサイトを基に東京大学新聞社が作成

中津真美特任助教（バリアフリー支援室）は支援室の特徴として①障害のある学生と教職員の双方を支援していること、②支援の方向性を定める中心的立場に当事者が複数含まれること、③「障害者支援」ではなく「バリアフリー支援」という言葉を用いること——を挙げる。障害のある教職員を構成員に取り入れることでより包括的で体験的な視点を取り入れた支援が可能になる。また、「バリアフリー支援」の表記にこだわるのは、障害者の方が変わるべきだとする「医療モデル」ではなく、変わるべきは健常者のみに適合的に機能する社会の方であるという障害の「社会モデル」という考え方（図２）に基づくからだ。「障害の有無は違いでしかなく、障害者も当たり前の存在として受け止められる社会基盤を整えていくことが大切ではないか」と垣内准教授は話す。

心理的・物理的なバリアフリー

化の一つの在り方として、学生サポートスタッフの存在は見逃せない。事前登録制のスタッフが登録後必要な支援に応じて、授業の要点をノートテイク、図書館蔵書のデータ化などを行う（図3）。謝金も支払われるため、学生は授業の空きコマを利用して働くことができる他、支援室にとっても学生視点の加わった「質の高く、寄り添った」支援が可能になっている。結果的に支援のノウハウを心得た学生が増える、学生同士がつながるきっかけになるなど好影響もあり「実際に障害者と会って話をする中で、障害への正しい理解が促進されることもある」と垣内准教授はその意義を語る。

現在の登録者は全キャンパスで170人程度と多いようにも思える。しかし理数系の学生への支援や大学院生が必要な支援などでの局所的な人員不足や、スタッフの集まりにくい時間帯もあることから登録者の増加は重要だ。支援室はさらなる学生の参加を呼び掛ける。

（図2）障害の捉え方の代表的な2モデル

医療（個人）モデル	概容	障害を身体的特徴として捉え、個人への治療が必要とする考え方。近代以降広がり、障害者の隔離や社会適応を強制する根拠になった。
社会（人権）モデル	概容	障害の原因を社会の偏見や制度などの障壁に求める考え方。近年急速に広がり、現代のバリアフリーの考え方の基礎となっえいる。

（図3）サポートスタッフ制度の概要

活動の種類	対象となる学生の障害	主な活動内容	謝金
学生サポート	視覚障害	書籍のデータ化、対面朗読	1時間当たり1000~1600円程度、1コマ2800円
	聴覚障害	パソコン・ノートテイク、映像教材への字幕挿入	
	肢体不自由	ノート作成、書籍のデータ化	
	主な活動内容		謝金
支援室行事や活動への協力	支援室主催の行事等でのパソコンテイク		1時間当たり1000~1600円程度、1コマ2800円
	バリアフリーマップ作製のための調査協力		

垣内《かきうち》 千尋《ちひろ》 准教授
(バリアフリー支援室)

中津《なかつ》 真美《まみ》 特任助教
(バリアフリー支援室)

さらなるバリアフリーへ

「自分の置かれた状況をクリアにすることが当事者研究なのだと思います」と話すのは、脳性まひを抱えながら当事者研究を行う熊谷晋一郎准教授だ。例えば障害者の場合、支援者が少ない状況に陥ると迷惑を掛けないことを優先するあまり、自らの欲求を無意識に制御することがある。熊谷准教授は高校卒業後親元を離れ、駒場での1人暮らしを始めた当時を「当初は不便なことだらけだったが、一方で心理的な解放感もあった」と振り返る。頼れる依存先が増え、主体的に支援を受けるようになったことで本当に必要なことや求めていることが分かり、自己を見直す機会にもなったという。

その中で、障害は社会によって形作られるという「社会モデル」の考え方に出会う。「社会が多数者に適合するように設計されると、その中で見過ごされる存在も必ず出てきます。障害というのは、そうした社会とのミスマッチが引き起こす現象なのです」と熊谷准教授は語る。理想の人間像を要求する不寛容な社会設計では、そこから離れた人は生きづらさを抱えることになる。時代の要請によって理想像が変われば、障害者の定義も変わる。まずは自らが感じる生きづらさを障害だと認識することが障害への理解を進めるきっかけになるという。

一方で、現に生じているミスマッチを否認して、多様性を称揚する傾向に対しては、慎重さも必要だ。「ロンドンパラリンピックでは、障害者を『健常者と違う独自の能力を持つ人』と描く向きがありました。しかしこの捉え方だけでは、多くの障害者が直面する不利益は過小評価されてしまいます」と、熊谷准教授は短絡的に障害者を同一化する姿勢には疑問を呈する。

当事者の意見が制度設計に反映される、当事者研究が盛んに行われるなど（図4）東大のバリアフリーは「現状世界で類を見ないくらいに充実した水準にある」と言うが、熊谷准教授はさらに多くの学生がこの問題に関心を持ってほしいと考える。「多数派の側にいると、自らの優位性に気付かないこともあります。現にある不平等さや権威勾配を見逃した中立性は、不公正を再生産させてしまうという認識が必要です」

「誰もが自らの選択の幅を狭められることのない、機会の平等を実現することが最終的な目標です」と語る熊谷准教授。その実現の鍵を握るのは他でもなく、社会の構成員である私たち全員だろう。

熊谷《くまがや》 晋一郎《しんいちろう》
准教授
(先端科学技術研究センター)

（図4）東大で実施されるバリアフリー化の取り組み

活動の中心主体	項目	内容
バリアフリー支援室	学生サポートスタッフ	障害のある学生の支援や東大のバリアフリーを推進する活動に当たる
	支援室説明会	各年度最初に、バリアフリー支援室の活動、障害の理解と接し方、支援の実際について説明する
	手話でしゃべランチ	月に2回程度昼休みの時間帯を利用し手話を用いたレクリエーション活動を実施
	バリアフリー意見交換会	当事者やサポートスタッフの意見・要望を支援実施担当者などに直接伝える場
	バリアフリーキャンパスマップ	キャンパスの勾配や建物のスロープの有無などを示した地図
部局中心	相談機関の充実	各キャンパスに支援室だけでなく多様な相談窓口を設置、相互連携も行う
	支援実施担当者	各部局から選出することで包括的な支援を実現

バリアフリー支援室のウェブサイトなどを基に東京大学新聞社が作成

当事者の声・相互理解と個性の尊重を

実際に支援を受ける学生は東大を含む社会で日々どのようなことを感じながら暮らしているのだろうか。今回は全盲の菅田利佳さん（文Ⅲ・1年）、車いすを使って生活する奥田祥太郎さん（理Ⅱ・1年）、難聴と発話障害の湊杏海さん（理Ⅱ・1年）の3人に話を聞いた。

――普段の生活で受けている支援や、感じるバリアは

奥田さん　東大の配慮は進んでおり、普段の生活では不便をあまり感じません。テストの際に車いすで行ける席に替えてもらう、化学実験で人的サポートを提案してもらうなど頼りやすい雰囲気があります。

菅田さん　工事中のフェンスにぶつかりかけた時に通りかかった学生に助けてもらったことなどがあり、心のバリアフリーも進んでいると思います。学生スタッフや友人が分け隔てなく接してくれることや、ニーズを教務課に相談できる体制にも助けられています。

湊さん　パソコンテイクや筆談などを用いた支援が充実しています。ただ、以前支援した障害者と同じ程度の障害だと見込まれて行われるサポートでは不十分な場合もあり、各人の障害に合わせる意識が必要だと感じることもあります。

奥　学生会館やキャンパスプラザはバリアフリー化が進んでいませんが、サークル活動で使う時には支援を申し出にくいことはありますね。

菅　今は文献へのアクセスに時間がかかるのですが、今後研究する際には課題になると思います。

＊

――サポートをする際に求められることは

奥　あまりに特別視されると、かえって本人の意思に背くことがあります。

湊　東大には障害に理解のある人も多いですが、いまだ存在する固定観念はなくすことが重要ですね。

菅　障害のある人に出会う機会の少なさに加えてそれぞれの障害に違いがあります。支援を受ける側がうれしい配慮のされ方を伝えることも必要でしょう。やはり積極的な声掛けをしてもらえると、要望を伝えやすいです。

＊

――今後皆が過ごしやすい社会にするためには、どのようなことが必要でしょうか

奥　まずは相互の理解を深めることだと思います。そのためには、互いの差異を意識しすぎないことも大切でしょう。自発的に意見を発信する中で相互の理解が進めばと考えています。

菅　科学技術の発達で障害を意識する場面が少ない今でも、人からの支援は心強いものです。人同士が心を通わせる中で互いの差異を尊重し、相手に必要なことを考え続ける社会が一つの理想ではないでしょうか。

湊 相互の完全な理解は難しく、結局は表面的な理解しかできないと感じます。ただ、その中でも互いの個性を尊重することはできます。仮に自分だけに音が聞こえるという状況が訪れたとしても、互いを尊重する姿勢があればうまくいくのではないかと思います。

▶2020年01.28号

●障害者雇用の現状に迫る

より多様な支援へ

2018年に中央省庁などで発覚した障害者雇用の水増し問題。これを機に障害者雇用促進法の改正や各行政機関での雇用促進などが進み、民間企業で働く障害者の数は19年6月時点で過去最多を更新した。社会全体で障害者雇用促進が要請される中、東大の障害者雇用、雇用後の支援は進んでいるといえるのか。担当者に話を聞いた。（取材・中野快紀）

東京大学憲章では「すべての構成員が（中略）障害、疾患、経歴等の事由によって差別されることのないことを保障」することが宣言されている。東大はこの宣言を達成するために04年にバリアフリー支援室を設置。障害のある教職員や学生が過ごしやすいキャンパスづくりを目的に、主に環境面での支援を行っている。五神真総長の下でもバリアフリー支援の推進が掲げられてきた。

障害者が健常者と同じ水準で常用労働者となる機会を保障するため、政府は常用労働者に対する障害者の割合（障害者雇用率）を設定。行政機関や民間企業に達成義務を課している。東大は04年の国立大学法人化以降、計算対象の変更や教職員の増加により、障害者雇用率が1％台で推移しており、当時の法定雇用率であった2・1％を達成できない状況が続いていた。

そこで10年に障害者雇用問題検討部会を設置（17年より雇用改善検討部会）。人的・物的支援を担う部局、財政措置を担う本部、ノウハウを提供するバリアフリー支援室の3者の協力体制で障害者雇用の促進を目指した。さらに、本部に障害者集中雇用プロジェクトチーム（PT）を設け障害者の雇用環境を整備。11年には2・1％に到達した。

現在、法定雇用率は2・5％まで上昇した。東大は19年6月現在で188人の障害者を雇用し、雇用率は2・6％と、国の基準を満たしている。うち障害者集中雇用PTは本郷、駒場、柏の各キャンパスで清掃や印刷、図書整理などの業務を担当。各部局も積極的な取り組みを見せている。

さらに大学特有の業務も。医学部

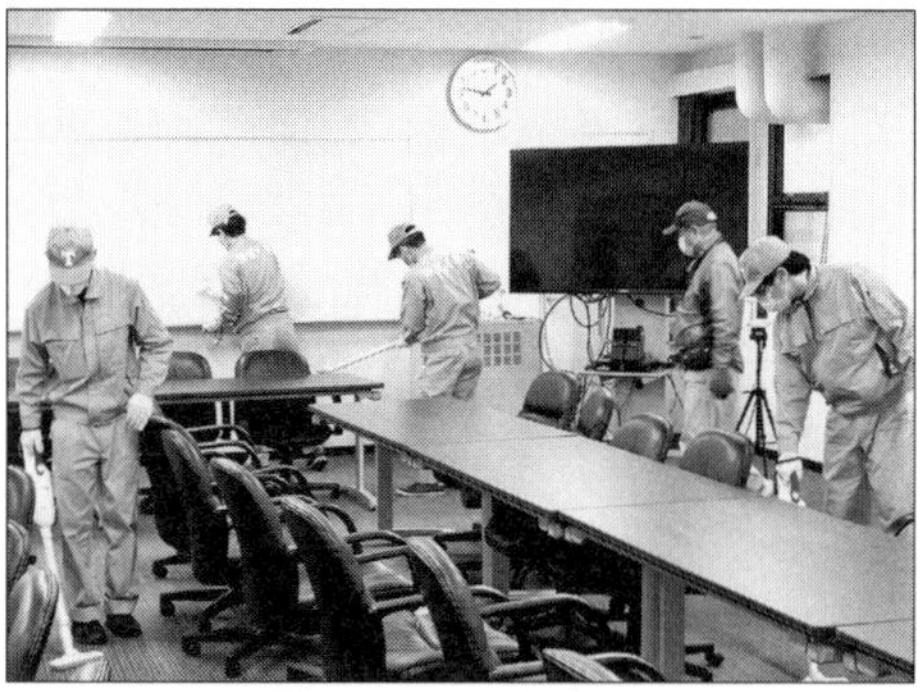

障害者集中雇用ＰＴによる清掃作業の様子
（ダイバーシティ推進課提供）

障害者集中雇用PTの業務内容とスタッフ数

本郷・建物清掃班（13人）	建物内清掃業務
本郷・業務支援班（13人）	印刷業務
	図書業務
	データ入力業務
	事務サポート業務
駒場・建物清掃班（17人）	建物内清掃業務
	図書業務
柏分室（10人）	清掃、植栽など

障害者集中雇用PT提供の資料を基に東京大学新聞社が作成

付属病院のデイケア利用者の相談や援助に応じるピアスタッフや、当事者の声を研究に届けるユーザーリサーチャーなど、障害の経験を生かして研究や社会貢献の領域で活躍する人もいる。障害のある教員の雇用も拡大しており、バリアフリー支援室の担当者は「バリアフリー支援室による支援機器の貸し出しやノウハウの提供といった支援で、働きやすい環境を整えている」と語る。

加えて、障害の重さに合わせて多様な雇用形態を提示。例えばフルタイムでの就労が困難な場合、短時間労働者として雇用するなどの対策を取る。在宅勤務についても本年度の試行実施を踏まえ、範囲を拡大して本格的な実施に向け検討中だ。短時間労働者らは雇用率に換算されない場合もあり、2・6%という雇用率のみでは測れない取り組みが実現。ダイバーシティ推進課の担当者は「障害者雇用の促進を通じて大学の構成員の多様性を向上させ、インクルーシブなキャンパスを実現することが東大の目標だ」と強調する。

21年4月までに法定雇用率が0・1%上がることが予定されている。現在、本部から各部局に対し障害者雇用数のノルマを設けることは行っていないが、全学的な雇用や支援の強化が必須だ。本部としても、部局からの提案などに応じて職域の拡大や雇用形態の柔軟化を進めるとしている。

今後も雇用率の向上、雇用率に表れない面での雇用促進の両面が求められる。入職後、中途で障害が生じ従前の職務遂行が難しくなった職員の支援などにも取り組み、誰一人取り残さないインクルーシブなキャンパス構築を目指すという。

支援の質向上・障害者雇用の課題は

障害のある教職員への支援の際は、本人、各部局の支援実施担当者、バリアフリー支援室の3者で協議を実施。支援開始後も年に1度は同様の面談を行って支援の内容を確認している。さらに毎年、障害のある教職員の他、理事やバリアフリー支援員、部局の支援実施担当者らによる意見交換会を行い、支援の質の向上に努めている。

バリアフリー支援室だけでなく、各部局が主体となる支援体制を敷いており、現在でも人的、物的な支援については各部局で行えている。一方、財政的な支援はバリアフリー支援室を経由し、東大本部で措置する必要がある。加えて、行政が担う生活上の支援と東大が担う職務上の支援の境界が曖昧（あいまい）なことも課題として残る。

バリアフリー支援室の業務は障害のある教職員や学生の支援だけではない。各部局の支援実施担当者向けに講習や、バリアフリー研修会を実施して啓発を企図。月に2度の「手話でしゃベランチ」の開催などを通じて障害の有無にかかわらず教職員や学生が交流する機会を増やすことに努めている。これらの取り組みに対し、バリアフリー支援室の担当者は「障害のない教職員や学生の関心を高めるには、研修や講義といった啓発も重要。だが、障害のある教職員や学生が身近にいない中で何度も研修や講義を受けるよりも、同じ場で共に仕事をしたり学んだりする中で自然とバリアフリーについて考えるようになることが何よりの啓発になる」と理解を呼び掛ける。

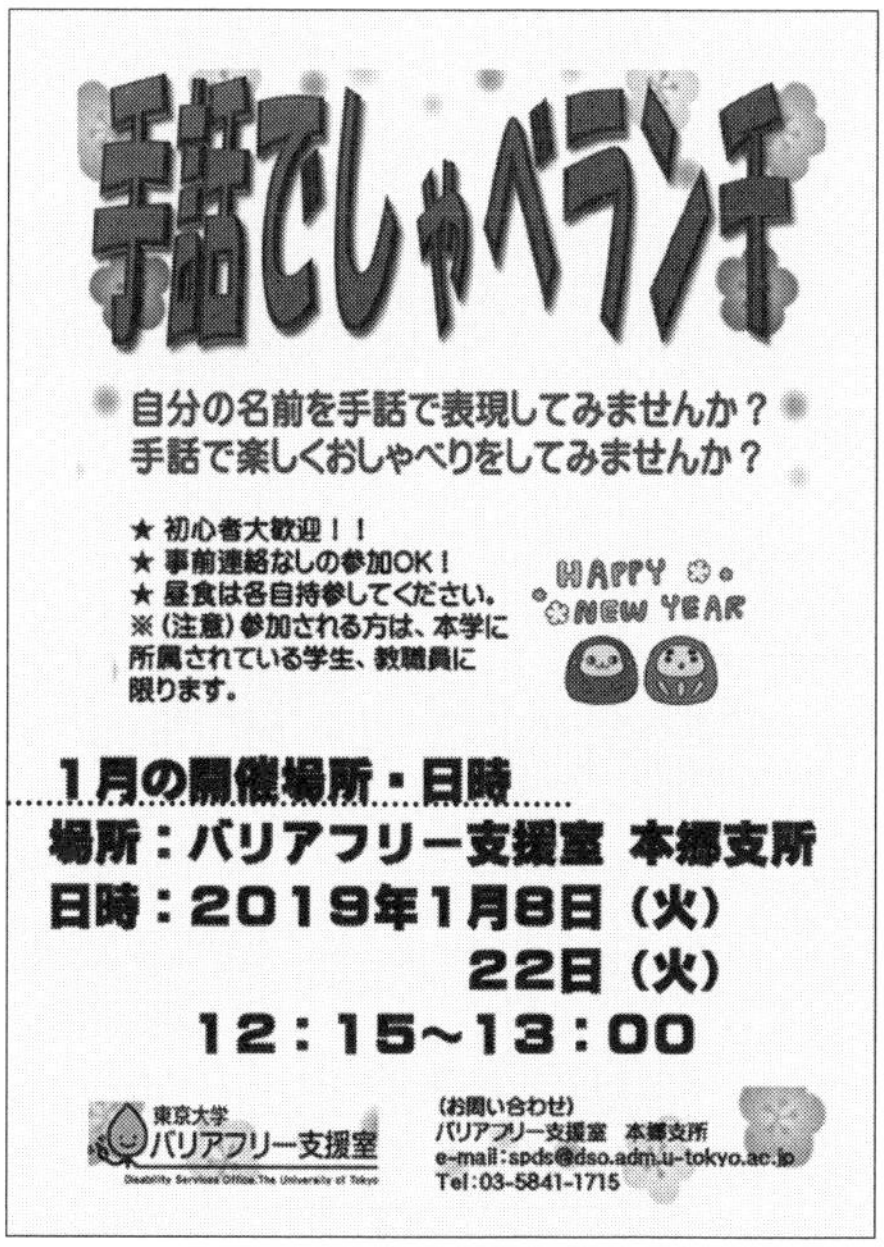

本郷、駒場Ｉキャンパスで定期的に開催されている「手話でしゃベランチ」。初心者でも気軽に参加することができる

●東大の教育力
教育負担の削減とTAの活用を

大学の機能の中枢を占める教育だが、東大の教育への評価は必ずしも高くない。THE世界大学ランキング日本版では、所属学生や高校教員からの教育への期待の実現度を示す教育充実度で東大は国内11位。世界版では教育分野13位（国内首位）を獲得したのと対照的な結果となった。何が問題とされたのか。本記事では前期教養課程に焦点を当て、現在の在り方を検証するとともに将来の教育水準向上の方途を模索する。

（取材・原田怜於）

「教員と学生の交流やグループワークの不足が結果に反映されているのではないか」。そう話すのは、教育効果の調査が専門の椿本弥生特任准教授（教養学部付属教養教育高度化機構）だ。例えば大人数での一方通行（講義）型授業では学生は質問しづらく、心理的な距離から授業外での教員との交流も生まれにくい。

「少人数の双方向型授業が学生の学習意欲・教育効果を高めることは研究で明らか。しかしその拡大は小さな駒場キャンパスの教室数や教員の確保の面で困難な部分が多い」と椿本特任准教授。授業法のセミナーなどを開催しても、教員の参加率は高くない。教育の充実には教員の忙しさが障害となることに気付いた。

教員の負担となるのが、多岐にわたる事務作業だ。日本の大学では、海外の一流大学では事務が受け持つ仕事が教員に割り当てられることが多い。電子化も進まず「紙の書類が多くの部署を行ったり来たり」。松木則夫理事・副学長（教育担当）も「五神真総長の改革で、各教員の出席が必要な委員会の数が減少し、かなり改善されたが、いまだ教員が行わなければならない業務は多い」と認める。

一方、学生にも学習に十分な時間を割けない事情がある。Aさん（文Ⅲ・1年）は「困難な経済状況にある学生が、生活費を稼ぐため働く時間を取られている」と話す。加えて、学生の学習意欲も課題だ。「やる気があまり出ない。大学受験を『東大に受かりたい』という目標でやっていた人は、入学後には勉強自体の目的を見出しづらい」

（図1）THE世界大学ランキングの項目構成

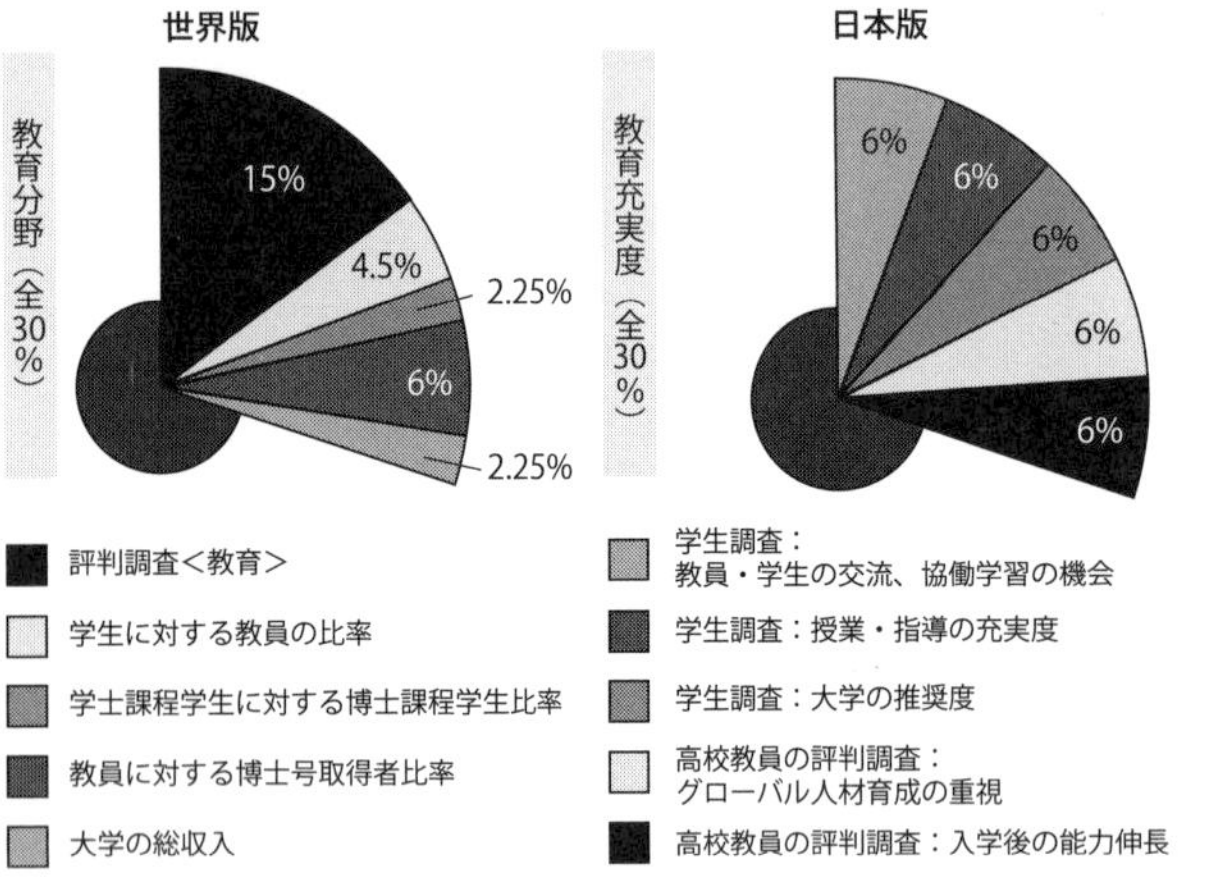

図はTHE世界大学ランキング世界版・日本版公式ウェブサイトより東京大学新聞社が作成

（図2）2018年度の卒業生調査における教員や教育制度に関する回答（抜粋）

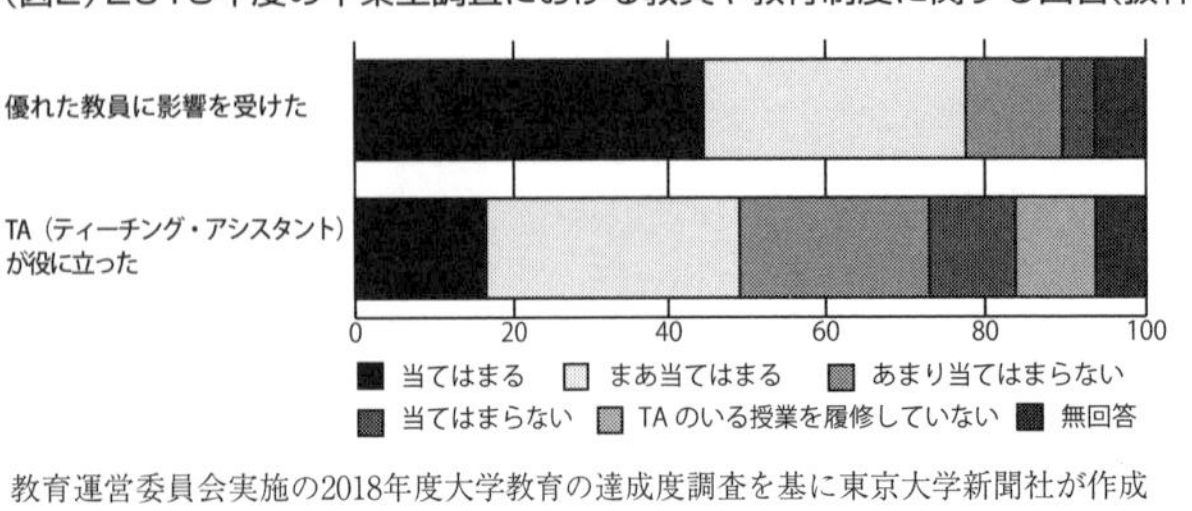

教育運営委員会実施の2018年度大学教育の達成度調査を基に東京大学新聞社が作成

双方向性を確保する試みの一つが、大学院生のティーチング・アシスタント（TA）の活用だ。海外の一流大学ではTAがグループ討論の進行や小論文執筆の指導を担うことも一般的だが、日本のTAはこれまで、プリント印刷や授業の補助など、授業の本質と無関係な業務をこなすことが大半。卒業生調査でも、「TAが役に立った」と答えた学生は49％と教員に対する評価より格段に低い。（図2）

しかし東大でも、TAの授業内での積極的な活用を促す取り組みが進む。2017年には高度TAであるティーチング・フェロー（TF）が新設され、授業の一部をTFに担当させることまで可能になった。一方で安易なTAの導入は、必ずしも教員の負担軽減とはならない場合もある。教員が経験の少ないTAに仕事を任せる前にはトレーニングや準備作業と結果の確認が必要となり、かえって教員の負担となる場合もある。また、双方向性の低い大人数の授業では、TAの活躍の場が確保されているとはいえない。

椿本特任准教授は、全授業にTAを組み込む初年次ゼミナールのTA研修を開発・実施している（理科のみ担当）。「TAに事務作業だけさせるのはもったいない。思い切って任せてみることも重要ではないか」と前向きだ。「将来教員になる人が多い東大の大学院生にとっては教授法のトレーニングにもなる。彼らの成長なくして将来的な教育水準の向上はあり得ない」

今の東大では、教育効果の可視化も十分に行われていない。椿本特任准教授は「教育の効果や問題を詳しく調べるため、アンケート調査の質の向上が急務だ」と指摘する。「記名調査で複数のアンケート結果、履修科目、成績などを対応させれば、学生や教員を支援するためのより効果的な方策を考えられる」。卒業生調査をはじめ現在行われている調査も、方法や分析次第でさらなる活用の余地があるという。

◇

東大を大きく変えた、国立大学法人化からはや15年。本連載では、東大の現在地を足元から描き出し、東大が抱える課題とその解決策を探っていく。

●前期教養課程の課題とは

教養の確立は成功しているか

東大の現在地を足元から描き出す本連載。前編では主に現在東大の抱える課題について検証した。今回の後編では、米国型リベラルアーツ教育の伝統を持ちその教育力が高く評価されている国際基督教大学（ICU）と、教育改革に関して長年提言し、自身もかつて改革に携わった吉見俊哉教授（情報学環）の取材も踏まえ、さらなる課題の追求とともに、どうすれば学びを深化させうるのか、東大の教養教育で目指すべきものは何かについて考える。

（取材：原田怜於）

前期課程の両面性

東大に特徴的な制度である進学選択制度。前期教養課程と後期課程の接続が必要な東大に独自のこの制度は学生の学びのあり方にどのような影響を及ぼすのか。

「東大のカリキュラムは、前期課程では幅広く教養を学び、後期課程では専門分野を究める内容になっている」と話すのは松木則夫理事・副学長（教育担当）だ。東大のポリシーとしてもこの主張は掲げられている（表1）が、前期教養課程から後期課程への接続という観点からは、理念の達成に疑義が生じる。卒業生調査の「前期課程では、後期課程の授業を理解するだけの能力や前提となる知識が身につかなかった」との項目に「当てはまる」「まあ当てはまる」と答えた人は4割を超える（図2）。

「進学選択制度のせいで、学びたいことを学ぶよりいい成績を得ることが勉強のモチベーションにならざるを得ない。それに、受験が終わってすぐに新たな点数競争が始まるので、『自分が何を学びたいのか』を考える機会が先延ばしにされることにもなる」とAさん（文Ⅲ・1年）は話す。学生の将来設計によっても前期教養課程に期待するものは異なる。将来の希望専攻分野や職種が決まっている人は興味のある授業を多く履修する一方、未定の人は進学選択の幅を広げるため点数の取りやすい科目を多く履修することが多い（表3）。「教養を身に付けるため幅広い分野の授業を履修するという考えは生まれにくいと思う」

　東大教養学部の前身に当たる旧制第一高等学校（一高）では、自由な環境の下で世界水準のリベラルアーツ教育が実践されていた。しかし戦後、一高は東京帝国大学（当時）と統合され新制東京大学が誕生。前期教養課程では一高のリベラルアーツ教育の伝統を引き継ぎつつ、当時の南原繁総長は帝大の仕組みを維持しつつ占領軍の要求にも対応する綱渡りを重ね、大学院も強化した。この中で、東大の教養教育も次第に後期課程への接続過程の色彩が強まっていったとしても不思議はない。

　リベラルアーツ教育を実践するＩＣＵの担当者は「本来教養教育とは、既成の考え方を一旦リセットした上に成り立つもの。自由さこそがリベラルアーツ教育だ」と語る。点数などにとらわれることなく、幅広い視野を持って学んでこそ本来の教養教育だといえるだろう。

　松木理事・副学長も「後期課程の前段階というよりも、多様性の理解、複雑な課題への対処、倫理観、総合的な思考力の養成などに重要」と述べるが、現状ではその狙いが学生と十全に共有されているとは言い難い。

　前期教養課程が教養を確立することを目的としていながらも、後期課程進学のための手段としても機能するという両面性が、この問題の根幹にあるといえるだろう。

　制度的な難しさをはらんだ前期教養課程だが、学生はここでどのような学びを得ることが教養の確立、ひいては専門性の獲得につながるのだろうか。履修制度という観点からこれを考えたい。

（表1）「東京大学アドミッションポリシー　東京大学の使命と教育理念」より抜粋

東京大学に入学する学生は，健全な倫理観と責任感，主体性と行動力を持っていることが期待され，前期課程における教養教育（リベラル・アーツ教育）から可能な限り多くを学び，広範で深い教養とさらに豊かな人間性を培うことが要求されます。この教養教育において，どの専門分野でも必要とされる基礎的な知識と学術的な方法が身につくとともに，自分の進むべき専門分野が何であるのかを見極める力が養われるはずです。本学のカリキュラムは，このように幅広く分厚い教養教育を基盤とし，その基盤と有機的に結びついた各学部・学科での多様な専門教育へと展開されており，そのいずれもが大学院や研究所などで行われている世界最先端の研究へとつながっています。

東大ウェブサイトより引用。下線は東京大学新聞社によるもの

（図2）大学教育の達成度調査（2018年度）より抜粋

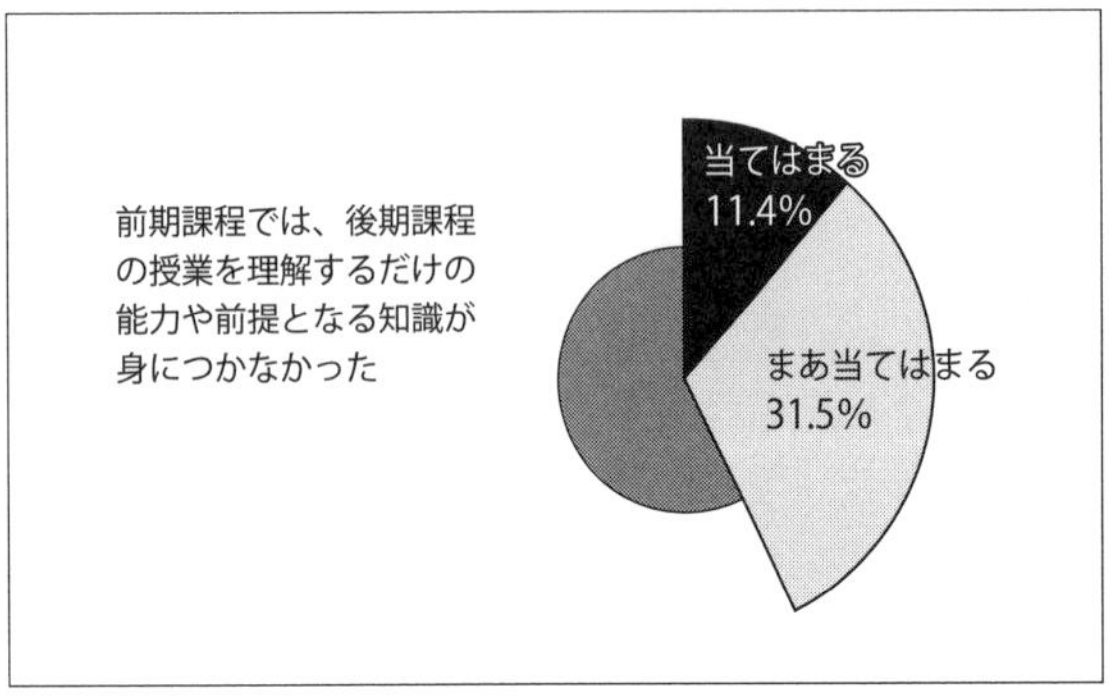

（表3）2019年度学部交渉の要求項目の趣旨説明

進学選択制度の改善について

（前略）進学選択に影響が出そうだからという理由で履修を取りやめる学生も少なくありません。実際に、学部交渉アンケートにおいて、回答者の39%が、得点の見込みを理由に関心のある授業の履修を取りやめたことがあると回答し、履修の取りやめを検討したことがあると回答した人と併せると70%に上ります。これは、学生が幅広い分野を学んで総合的な視点や自由な思考力を養う、というリベラル・アーツ教育の理念に悖《もと》る現状であると考えます。

東大教養学部学生自治会ウェブサイトより引用。下線は東京大学新聞社によるもの

●前期教養課程のあるべき姿は

より自由な履修を

「薄く広く」は正解か

東大をはじめ多くの大学で取り入れられている2学期制。東大ではその中で週に1度の授業を105分、13～14回行うセメスター制授業が一般的である。一方で米国では、1学期の履修科目数は多くても五つ。一つの科目が週に2～3回行われ、その分学生は限られた授業に集中できる。

「現在の制度では一つ一つの授業に学生も教員もまともに取り組みにくい」と吉見教授は語る。1学期に10こま以上取る学生が大半の前期教養課程の現状では、学生側も多量の課題をこなすのは難しい。実際、学生が毎回の予習をこなすことは小テストや課題などの要求がない限り珍しい。負担の過大な授業は単位をそろえ点数を稼がなくてはならない学生から敬遠される傾向にあり、教員自身も文献の予習などを期待しない。「先生が一生懸命やればやるほど、空回りする可能性が高い。これでは学生に教養が身に付かない」

さらに履修制度に目を向けると、前期教養課程では必修の他に準必修と呼ばれる科目群、総合科目からの要求単位数などが細かく指定されている（表4）。学生は、これらの要求単位数を満たすことを大前提に履修を組む。これでは「どうしても、自分の興味のある科目を細切れに取らざるを得ない。本来は目的意識を持って組み合わせを考え選択すべきところが、好きな商品や有利な商品を買い物かごに入れる学習の在り方となっている」と吉見教授は指摘する。ＩＣＵの担当者も「前期教養課程で目指される教養の確立が、学生からは単に自分の進みたい進学先へ行くための単位取得手段とみなされるのはもったいない」と話した。

そこで考えられるのが、履修制度自体の改革だ。吉見教授は以下の方法を提案する。「まず、同一期間に履修する科目の数を劇的に減らす。現在は12～14科目を履修する学生が一般的だが、これを5～6科目に減らす。逆に、それぞれの科目を週に2～3回開講する。教員も学生も少ない授業に集中するようになる」。濱田純一前総長期から取り入れられたターム制を活用して、1ターム完結型で2単位の授業を増やしていくのが有効な方策だ（表5）。

実際に、ＩＣＵでは各科目が東大の1タームより少し長い3学期の中で完結する仕組みを取っている。また、科目の内容に合わせて、1週間で3回開講するものもあれば3こま続きの授業を週1回行うものもあり（表6）、科目の特性に合わせ学修者の支えとなるように垂直・水平に時間割が設計されているといえる。

（表4）前期教養課程修了に必要な単位数

	文系	理系
外国語（既修・初修）	11（既習5、初修6）	
その他必修（情報・初ゼミ・スポーツ）	6	
社会・人文科学（準必修と呼ばれる）	12（文Ⅰ・Ⅱ）8（文Ⅲ）	
自然科学（準必修と呼ばれる）		26（理Ⅰ）27（理Ⅱ・Ⅲ）
展開科目（ゼミナール）	任意（必要単位0）	
総合科目（各系列に分かれるもの）	21（文Ⅰ・Ⅱ）25（文Ⅲ）	15
主題科目（オムニバス講義やゼミ、国際研修）	2	
最低単位数の他に取得すべき単位数	4	3（理Ⅰ）2（理Ⅱ・Ⅲ）
合計	56	63

履修の手引きより引用

（表5）東大の授業の現状と吉見教授による改善案の比較

	現状	吉見教授の改善案
一学期の科目数	10～13（多くの場合15科目が最大）	5～6
週当たりの開講数	1回が一般的（集中講義などを除く）	2～3
開講期間	1セメスターを通してが一般的	ターム制の活用

授業を短期集中で行うことの利点は学修のしやすさにとどまらない。「学生や教員に自由な時間を生み出せることも大きい」と吉見教授は語る。現在は2Sセメスターの4カ月間、単位を取り切るため週数こまの授業に出続けることを余儀なくされる学生も多い。これを半分の期間で集中して取れるようになれば学生は学期中にも完全に自由な期間を作ることができる。

現行制度は、学生の国際性を高める上でも障壁となっている。2Sセメスターの後半は、国際的には留学などの動きが活発化する時期でもある。「この期間に学生が動けないことが、学生の国際体験を阻害する要因の一つになっているのではないか」。短期集中の授業は、留学や体験活動プログラムへの参加を促しやすくする利点もあるのだ。また、教員にとっても、授業が短期で完結することはメリットが大きい。教員が授業を行う期間と研究を行う期間を明確に区別できることは、長期の調査や研究、論文執筆を行いやすい環境を作ることにもつながる。

（表6）ICUの時間割（例）

<table>
<tr><th></th><th>月</th><th>火</th><th>水</th><th>木</th><th>金</th><th>時間</th></tr>
<tr><td>1</td><td></td><td rowspan="2">心理学</td><td></td><td></td><td></td><td>60分</td></tr>
<tr><td>2</td><td></td><td></td><td rowspan="2">情報科学</td><td></td><td>60分</td></tr>
<tr><td>3</td><td>宗教学</td><td>情報科学</td><td>宗教学</td><td>宗教学</td><td>60分</td></tr>
<tr><td>4</td><td>教育学</td><td></td><td>教育学</td><td></td><td rowspan="4">情報科学</td><td>60分</td></tr>
<tr><td>5</td><td></td><td rowspan="2">教育学</td><td></td><td rowspan="3">情報科学</td><td>60分</td></tr>
<tr><td>6</td><td></td><td></td><td>60分</td></tr>
<tr><td>7</td><td></td><td></td><td></td><td>60分</td></tr>
</table>

シラバスの充実急務

履修科目の決め方も、教育効果を大きく左右する。しかし、入学直後の1年生が履修科目を選択する際、シラバスと上級生からの情報以外に判断基準がほとんどないのが現状。そのシラバスも「書くべき項目が整理されていない」と椿本弥生特任准教授（教養学部付属教養教育高度化機構）は指摘する。例えば「講義の目標・概要」の項では、本来目標と同時に学生に提示されるべき「目的」を記載する指示がなされていない。数年前に形式が統一された点は進歩といえるが「各回の授業の意図や内容、成績評価の指標、講読文献の指定箇所が事細かに記載されている」（吉見教授）海外大と比べればさらなる改善の余地が残る（表7）。

（表7）東大と海外の大学とのシラバスの差異

	東大	海外の大学（ハーバード大学の例）
授業の目標・概要	教員による講義の紹介内容の説明のみのものも	目的や目標・概要は分離、それぞれに詳細な記述
授業の進め方	項目は設けられていない（独自に書く教員も）	各授業のテーマや講読文献、予習内容を明示
評価方法	評価要素のみの提示にとどまることも多い	評価事項を細分化し、各要求事項の占める割合を明示
教科書や参考文献	書名の紹介のみの場合が多い（実際の授業時間内に指示が出ることも）	各回ごとに課題文献の講読範囲・目的が明示される
捉えられ方	履修選択の参考に利用され、講義開始後は重視されない傾向	学生や授業助手（TA）らの行動を規定、授業の進行に決定的な役割

吉見教授への取材などを基に東京大学新聞社が作成

さらに、学生が履修科目を相談する環境が整備されていないのも課題だ。「自らの学びを振り返る仕組みが学生の学びの質を高める」という考えの下、ICUでは各学生に教員アドバイザーを割り当てている。「各学期前に教員アドバイザーの承認を経ないと履修登録をすることができない」と担当者は説明。東大にも担任教員がいるものの、その認知度は低く学生の支えにはなれていない。

「東大でも、ティーチング・アシスタント（TA）が学生を担当して履修の助言をすることも可能でないか」と吉見教授は提案。各学生の事情を把握した相談相手を作ることが、各学生の目的に沿った学びの実現につながると期待する。

松木理事・副学長は「新しい分野の勉学に十分な時間が割けるのは学生時代だけ。終身雇用制が崩れ、異分野への転職も増える。キャリアパスを考えてもリベラルアーツは重要」と、学生側の主体的な学びの重要性を語る。主体的で効果ある学びを実現するためにも、学生の学修を支援する仕組みの充実は欠かせないだろう。

●東大の国際化とは

学生の意識向上がカギ

各種大学ランキングの結果が発表されるたびに、その低さが話題になる東大の国際性。後押しする国の方針もあり、東大も国際力向上のためにさまざまな策を講じているが、いまだに決定打は打てていない。本記事では大学における国際化の必要性、今後の在り方をさまざまな視点から検証していく。（取材・中井健太）

タイムズ・ハイアー・エデュケーション（THE）世界大学ランキング日本版2019を見ると、東大の国際性のスコアは63・8で国内44位。総合順位の2位に比して、大きく低い位置につけた。外国語授業の開講比率は9・8％と旧七帝大で6番目、学生の留学率も7・2％で4番目と決して高くない。

大学も全学交換留学プログラム（USTEP）や主に英語話者の留学生を対象にした教養学部英語コース（PEAK）、国際総合力認定制度Go Global Gatewayなどの制度を整備、事務組織の改組も含めて国際化の進展を目指している。その成果もあり、THE世界大学ランキングのInternational Outlook（国際性）の項目はここ10年で倍近くにスコアを伸ばした。

しかし、留学制度は所属する学部によってはほぼ留年が前提となったり、PEAKでは通常の学生との交流が極端に少なかったりと、抱える課題は多い。

山積する課題

15年まで国際本部長（当時）を務めた羽田正大学執行役・副学長（東京カレッジ）はUSTEPの整備により「学部単位で行われていた後期課程進学後の留学サポートを本部でできるようになった」と評価する。学部ごとに結んでいた海外大学との協定を本部が結ぶことで、効率化、学部間の不公平の解消が進んだ。今では東大が結んでいる交換留学協定の数は80近くに上り、1セメスターに470人が留学できるだけの枠が用意されているという。

しかし、10年から順調に数を伸ばしてきた全学交換留学生はここ数年、100～150人前後で推移しており、交換枠も余っているのが現状だ。国際交流課の紫村次宏特任専門職員は「就活や進学選択への影響、留年の可能性など、さまざまなリスクを勘案したうえ

（表1）THE世界大学ランキング日本版2019における主要大学の国際性のスコア（網かけは旧帝大）

大学名	総合	国際性	外国人学生比率（%）	日本人学生の留学比率(%)	外国語で行われている講座の比率(%)	海外大との大学間交流協定数
国際教養大学	76.7（10位）	100.0（1位）	26.2	22.7	80.4	175
国際基督教大学	72.7（11位）	95.4（2位）	9.9	15.8	39.5	84
立命館アジア太平洋大学	63.7（27位）	94.0（3位）	52.0	8.4	74.4	143
九州大学	79.5（4位）	73.4（22位）	12.2	7.5	20.6	139
北海道大学	79.3（5位）	72.8（24位）	8.7	7.7	17.7	483
早稲田大学	71.5（13位）	72.4（25位）	11.5	5.5	13.7	833
京都大学	82.0（1位）	69.8（30位）	10.3	9.9	12.6	850
名古屋大学	79.3（5位）	67.8（36位）	10.0	4.7	29.2	603
東京大学	81.9（2位）	63.8（44位）	13.4	7.2	9.8	425
東北大学	80.2（3位）	63.2（46位）	12.0	4.1	11.1	626
大阪大学	77.9（8位）	62.4（47位）	8.1	6.1	7.8	958
慶應義塾大学	70.4（14位）	58.0（59位）	7.7	3.6	6.7	286

THE世界大学ランキング日本版2019を基に東京大学新聞社が作成

で留学を選択するのは、現状だとこのくらいの人数となってしまうのかもしれない」と言う。羽田大学執行役・副学長は、留学先と東大の単位互換について、部局の独立性が一つの障害になっていると指摘する。「留学先の単位を東大のどの授業の単位として認定するかはそれぞれの学部が決めること。その時に単位互換に積極的な学部と、自分のところでの授業を大事にしたい学部の間で違いが出てくる」

留年のリスクに加え、経済的な負担も大きい交換留学が停滞する中、学生の国際化を進めていく際に重要になるのは短期のサマー・ウィンタープログラムだと紫村特任専門職員は語る。サマー・ウィンタープログラムは学生からの人気も高く、応募が定員の2倍近くなることもあるが、プログラムの拡大を試みるときに課題になるのが学事暦だ。「海外大学のプログラムを開拓するときに他の海外大学向けのものを転用できないため、日本特有の学事暦は大きな制約になる」

(図2) 外国に留学している学部学生数の推移

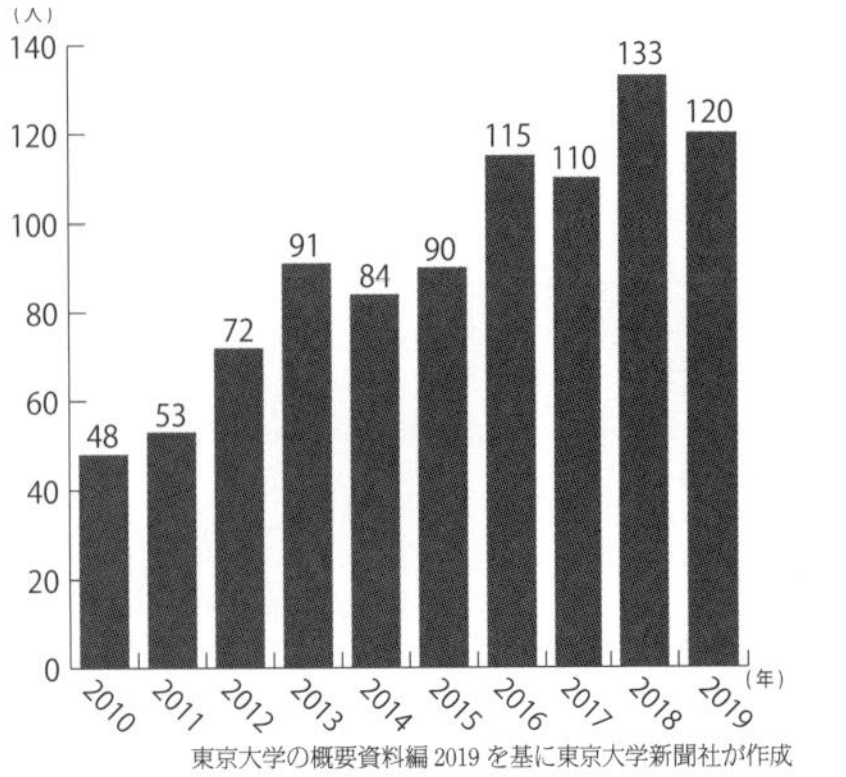

東京大学の概要資料編 2019 を基に東京大学新聞社が作成

18年度には国際交流への参加の敷居を下げることを目的とした国際総合力認定制度・Go Global Gatewayが創設された。海外留学という国際化のみならず、外国語の授業の履修や学内での国際イベントへの参加を含め、学生たちの国際化に関連するさまざまな経験を大学として承認することを宣言したのが国際総合力認定制度だ。「本制度創設にあたって五神真総長をはじめとする当時の執行部は国際的な体験を積むことを応援したいという意向が強かったことが背景にある」と語るのは国際化担当の理事・副学長を務める白波瀬佐和子教授（人文社会系研究科）。白波瀬教授は「学部生のごく一部は国際化に積極的に関わろうとする、高いモチベーションがある。一方、残念ながら多数は積極的になれない状況があり、その差は決して小さくない。そのことに対する危機感は執行部で共有されていると思う」とも語る。

課題は、学生のGo Global Gatewayに対する理解が不足していることだ。「国際総合力を認定、と言われてもピンと来ない」学生が多いのではないかと白波瀬教授は危惧する。「学部の4年間をかけて完成するプログラム。制度の基本的枠組みを学生たちに理解してもらうよう、学内広報にも力を入れていきたい」

多文化共生へ向けて

学生を外へ送り出すのと同様、国際化の大切な指標となるのが、海外からの学生や研究者の呼び込みだ。学部レベルでのこの動きを代表するのが、2012年に学生の受け入れを開始した教養学部英語コース（PEAK）。「現状制度としては醸成段階にある」（渡邊雄一郎教授）PEAKだが、これまで30以上の国籍の優秀な学生を受け入れてきた。国際化推進学部入試担当室長の森山工（たくみ）大学執行役・副学長（総合文化研究科）は東大の学部生が出自などにおいて均質化している現状に触れた上で、国籍や国外で教育を受けたバックグラウンドを東大の多様性の一部として取り込む意義を強調する。

(図3) THE世界大学ランキング2020と
QS世界大学ランキング2020の評価基準

THE世界大学ランキング2020

大項目	小項目	割合(%)
教育	評判調査	15
	学生当たりの職員数	4.5
	学士号取得者当たりの博士号取得者数	2.25
	教員数当たりの博士号取得者	6
	大学の収入	2.25
研究	評判調査	18
	研究収入（教員数当たり）	6
	論文生産性（研究者当たりの論文数）	6
論文被引用数		30
国際性	留学生比率	2.5
	外国人教員比率	2.5
	国際共著論文比率	2.5
企業からの収入		2.5

QS世界大学ランキング2020

項目	割合(%)
学術界での評判調査	40
産業界での評判調査	10
学生当たりの教員数	20
教員数当たりの論文被引用数	20
留学生比率	5
外国人教員比率	5

東大内で多文化共生状態を作るには1学年3000人いる一般学生に対して30人しかいないPEAK生が孤立しないことが重要だが「一般学生とPEAK生との交流の少なさは現場で痛感している」とPEAK／GPEAK統括室長の渡邊教授（総合文化研究科）は嘆く。進学選択のために高得点を確保したい一般学生にPEAKの授業を履修する余裕がないことも一因ではないか。森山大学執行役・副学長は「日本に留学に来たからと言って、日本語をやって当然という意識を押し付けるのはよくない。多文化共生のためには東大の一般学生、教員、そして職員が変わっていかないといけない」と大学全体の意識改革の必要性を強調した。

「学生も覚悟を」

社会、特に経済の国際化が著しい現在、大学に「国際化しない」という選択肢は残されていない。政策研究大学院大学政策研究院のリサーチ・フェローを務め、大学政策の研究を専門にする田中和哉さんは「大学が社会、市民の活動や希望と全く乖離（かいり）しているようでは社会の基盤として機能しない。国際化は高等教育機関、研究機関として大学が社会に貢献する上で重要になる」と語る。白波瀬教授は学部生の国際交流の重要性を特に強調。「特に東大生にとっては若いうちに自分の生活圏やそこでの常識の枠外に出て、自分が弱者になる経験を持つことが大切。いつかどこかで弱い立場になることがあるのだから、そういう経験は早めにしておいた方がいい」

東大の国際化を語る上で目につくのが大学ランキングにおける東大の国際性指標の突出した低さだ。THEの場合、国際性の項目のスコアは留学生比率（全体スコアの2・5％）、外国人教員比率（同）、国際共著論文数（同）の三つの項目で構成される。クアクアレリ・シモンズ（QS）世界大学ランキングでは留学生・外国人教員比率それぞれが全体スコアの5％だ。白波瀬教授はこのうち国際共著論文数については「大学として国際共同研究が生まれやすい研究環境の整備に努力をしなければならない」と認める一方、留学生・外国人教員比率については「非常に東大にとって不利な指標」であると語る。「これ以上下げたくはないがランキングを上げることを最終目標にすることはない」という白波瀬教授の言葉通り、東大としては一定の指標にたった東大への評価として適宜活用する程度のもの。あくまで「健康診断のようなもの」で、ランクそのものにこだわることはないと羽田大学執行役・副学長も説明する。対して田中さんは、大学ランキング自体の意味は限定的としつつも、本質的な国際化と大学ランキングでのランク向上の両方を目指すべきというスタンスだ。「社会の国際化が進む中、東大だけ大学ランキングを気にしない、とも言っていられない状況にある。国際化の進展度合いを単純な指標で可視化するのはもちろん不可能だが、ある程度単純化してでもわかりやすい形で評価を得ないと財界や社会からの信用は得られない」。留学生を増やす圧力を原動力に国際化されていない部局を国際化する、国際共著論文を促進することで国際化すべき分野の論文の共著を伸ばす、などメディアがランキングを報じることで生まれるプレッシャーを手段として利用し、大学を実質的に変えることが必要だという。

大学の国際化の在り方もさまざま。大学ランキングで頭角を現している中国の北京大学や清華大学は完全に英語のみで取得できる学位を増やし、欧米からの留学生を中心に取り込みを図っている。だが、白波瀬教授は日本語による教育、研究の重要さも忘れてはならないと強調する。「言語は一つの価値観、文化を具現化するもの。母語による教育を軽んじては、学術の質を保証しつつ、多様性を確保することは難しい」

さまざまな取り組みもあり「少しずつ良くなっている」（羽田大学執行役・副学長）東大の国際性。しかし、いまだ多くの課題があるのも事実。田中さんは理学部化学科が授業を全て英語で行うようにした結果、進学振り分け（当時）の底点が下がった例を引き「学生にも（英語で授業を受けるなどの）覚悟が足りないのでは」と指摘する。大学が国際的な競争の中で勝ち残っていくには部局を超えた大学の取り組みに加え、学生の主体的な取り組みが必要になるだろう。

法人化15年

東大の足元は今

③学生寮編

●デジタル化時代の大学教育の在り方とは

教育の場としての学生寮を

東大の学生宿舎は従来、遠方からの学生向けに安価な住居を提供する学生支援の役割を担ってきた。欧米の大学では、寮生活の経験を教育の根幹として再評価する動きがある。国内でもシェア型の宿舎の整備など入居者の交流を重視する流れが広がっている。学生支援の在り方や、ただの住まいに限らない学生寮の可能性を探った。

（取材・渡邉大祐）

入居者の交流重視へ

駒場キャンパスから約1時間。主に前期Ⅰ教養課程の学生が入居する三鷹国際学生宿舎は、13平方メートルの個室で家賃は約1万円という安さだ。入居する学生は「入居者の交流は少なく、アパートに近い」と話す。

東大は1993年に三鷹国際学生宿舎を開設。法人化後も建て替えを続けた（図）。留学生や実家を離れている学生を対象に月額数万円程度の低家賃で提供し、学生支援の役割を担ってきた。個室型が主だが、17年に完成した豊島国際学生宿舎B棟ではシェア型を採用するなど、近年は入居者間の交流を促進する動きがある。

昨年入居が始まった目白台インターナショナルビレッジも多くの部屋がシェア型で入居者間の交流が重視されている。学生や留学生に加え外国人研究者が共に生活。「単なる宿泊施設ではなく、学生の国際交流や地域交流、Society5.0を実現する施設として期待している」（学生支援や教育を担当する松木則夫理事・副学長）。シェア型の採用では欧米の一流大学の寮が参考にされた。欧米の一流大学では1年生の期間など寮への入居を基本とする場合が多い。寮での生活を教育の一環とみなす「レジデンシャル・エデュケーション」という考え方が根底にあるためだ。

（図）国立大学法人化以降東大が開設した宿舎

東大は建て替えを含め、宿舎整備を行ってきた。近年はシェア型の居室も採用している（記載は開設年。画像は東大ウェブサイトより転載、および施設部管理課提供）

残る学生支援の需要

「講義など従来の教育コンテンツがオンラインで公開されるようになった結果、寮生活での人間関係などアナログな教育は大学の役割として再評価されている」。こう説明するのは、日本でレジデンシャル・エデュケーションの普及に取り組むHLABの高田修太理事だ。実際、米ハーバード大学は21世紀の居住型リベラルアーツ教育のスタンダードを創ると宣言し、寮の再整備などを進めている。米Facebook社がハーバード大の寮のルームメイトで創業されるなど、イノベーションの場という点でも注目を集めてきた。

　ハーバード大OBでHLABの小林亮介代表理事は、寮の整備には多額の費用がかかるが、それは経営上の投資だと指摘する。欧米では日本より大学の寄付金が多く、財源に占める割合も大きい。寮生活を通して学生に充実した大学生活を提供することは、将来の寄付につながりやすいという。

　一方東大をはじめ日本の大学では、留学生や上京する学生に安価な住居を提供する学生支援の側面が重視されてきた。特に家賃相場の高い東京では安価な住居の意味は大きい。法人化後、国からの運営費交付金の削減など財政状況は厳しくなる中、学生支援の側面をどう捉えるか。松木理事・副学長は法人化後の宿舎整備について「経営的な視点は強まったが、運営の一部を民間に委託するなどコストを削減して家賃を抑えるなど学生支援の側面は残してきた」と語る。経済的困窮度が高い学生には家賃を1万円に減額する制度もある。豊島国際学生宿舎B棟のこの制度の利用者は定員の半分程度であるなど「現在の戸数は経済的困窮学生の支援として一定の役割を果たしている」と松木理事・副学長は語る。

　ただ、学部後期課程の学生が主に居住する追分国際学生宿舎と豊島国際学生宿舎は満員の状態。東大が18年に実施した学生生活実態調査でも、自宅外学生のうち約半数が「入居する」「入居費による」と答えて学生宿舎への入居を希望した一方、実際に入居している学生は1割弱にとどまった。今後は、目白台インターナショナルビレッジの完成による変化は考えられるものの、低家賃の宿舎という学生支援の観点からの需要はいまだ根強い。

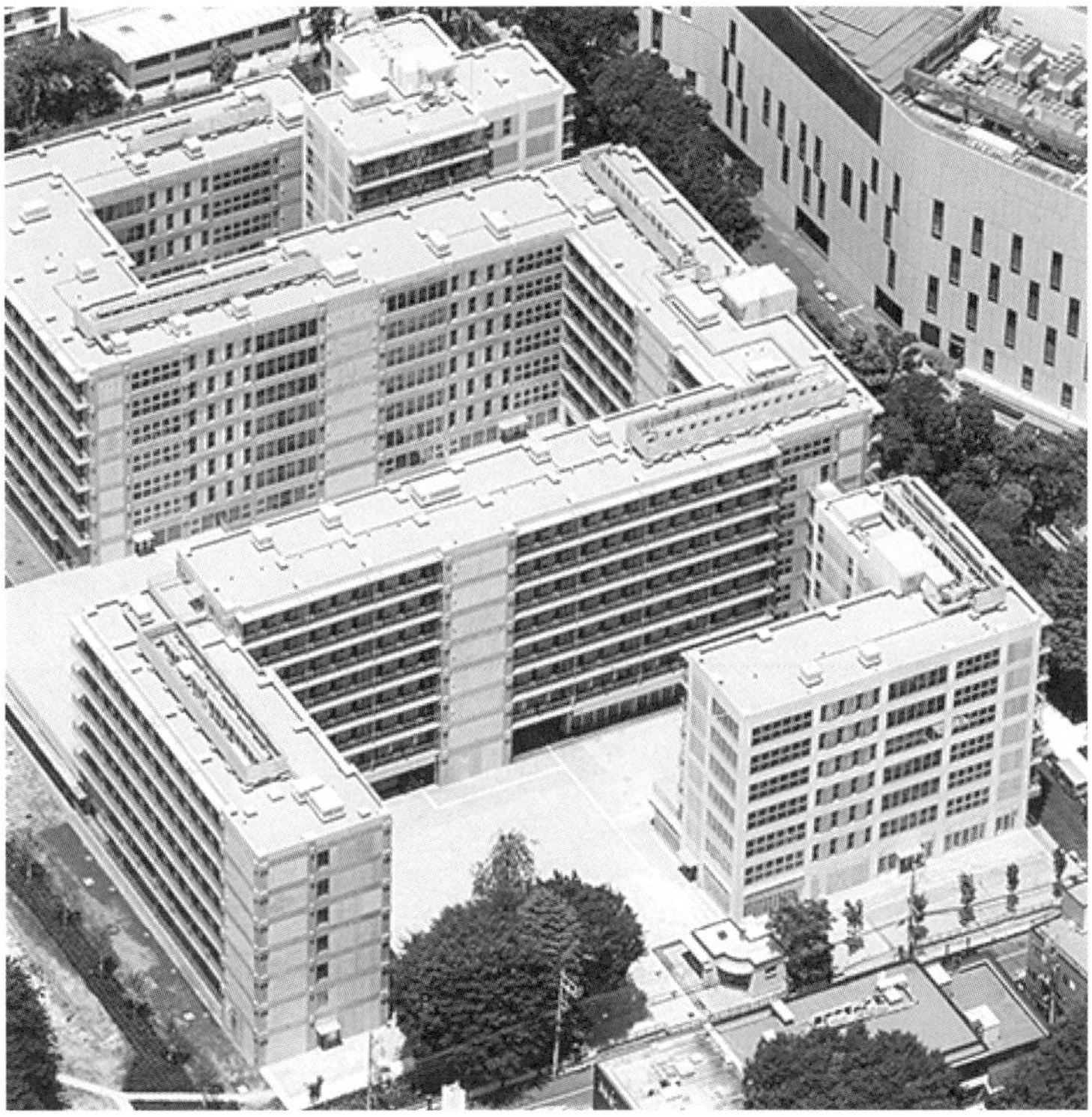

目白台インターナショナルビレッジ
（画像は施設部管理課提供）

宿舎体験の充実を

欧米の大学同様、東大も大規模公開オンライン講座でインターネット上で無償のコースの提供を行うなど授業が大学外でも受けられるようになった。大学内でしかできない学びの一つとして、寄宿体験をより重視することは必須だ。国内では上智大学や明治大学がレジデンシャル・エデュケーションを目的とした宿舎を新たに開設するなどの動きもある。

今後東大の宿舎がレジデンシャル・エデュケーションと学生支援の双方を充実させていく上での課題は何か。ＨＬＡＢの小林代表理事は居住者が有意義な交流を行うためには、偶発的な交流が生まれやすい建築設計や、交流行事などのソフト面に加え、寮での交流が人生で大事なものになるという入居者の期待感の醸成が重要だとする。「期待感を醸成するためには、大学が寮でのコミュニケーションの重要性をより強調し、教員も含めた関わりを持つべきです」

松木理事・副学長は「財源や土地の確保などの課題があるので、現時点では学生宿舎の新たな建設は予定していない」という。財源を巡っては環境の変化もある。２０１６年に行われた国立大学法人法改正により、土地の貸し付けへの規制が緩和された。貸し付けた土地で民間資本による宿舎整備も考えられる。

学生支援に加え宿舎体験を充実させること。デジタル化時代の大学教育の在り方という根源的な問いからの従来の宿舎像の見直しが必要とされている。

HLABの実験的教育寮 The HOUSE by HLABのリビング。
玄関近くにあり、偶発的な交流の場だ。(画像はＨＬＡＢ提供)

法人化15年

東大の足元は今

④経営編

●より柔軟な経営へ

法人化以降の歩みをたどる

「運営から経営へ」。五神真総長が、就任初年度に当たる2015年度に掲げた標語だ。経営というと産学官連携などによる外部資金の獲得が注目されやすいが、予算配分の効率化など既存のリソースを効率的に使う工夫も欠かせない。今回は経営という観点から東大の足元を見つめる。（取材・小田泰成）

予算配分より透明に

国立大学を取り巻く金銭的状況は厳しい。04年の法人化後、国から支出される運営費交付金は毎年1％ずつ削減された。近年は持ち直すも、法人化以前の水準に戻る気配はない。代わりに増加傾向なのが研究開発課題ごとの予算に当たる競争的資金だが、期間や使途の制限が強い。

運営費交付金削減に伴い、財源の多様化と同様に重要性が増したのが、学内の予算配分の最適化だ。

しかし東大では、法人化以前は文部科学省が、法人化以降は東大本部が、それぞれ直接各部局に予算を配分。本部以外は他部局の予算を把握できなかったため、全学的な合意形成を伴う柔軟な予算編成が困難だった。

五神総長は15年10月、20年度に至る総長任期中の行動指針「東京大学ビジョン2020」を公表。16年度以降各部局への予算配分に際し、15年度予算全体の3割の額をビジョン2020推進経費に充てた（図1）。従来の総長裁量経費などに相当する枠だが、予算に占める割合は大幅に増えた。

推進経費の配分は、総長や各部局長らが集う予算委員会などで審議される。各部局は審議に先立ち、ビジョン2020に沿うプロジェクトなどを提案。議論の機会が増えたため予算決定に時間がかかるが、藤井輝夫理事・副学長（財務、社会連携・産学官協創担当）は「各部局のアイデアを全学的かつ早期に把握できるため、プロジェクトに関する部局間の連携が生まれやすい」と議論の意義を強調する。推進経費の恩恵を受けた例には、地震研究所と史料編纂（へん）所が設立した、地震や火山の活動の長期的な分析・予測を目指す「地震火山史料連携研究機構」などがある。

予算配分の透明性が高まったのも、推進経費導入の意義だ。部局長級では互いの部局の予算を把握可能になった上、ビジョン2020という明文化された配分基準を全学で共有できる。16年当時は生産技術研究所長だった藤井理事・副学長は「1人の教員として、各部局の予算がブラックボックスでなくなったのは急な変化だと感じた」

（図1）予算配分制度の改革

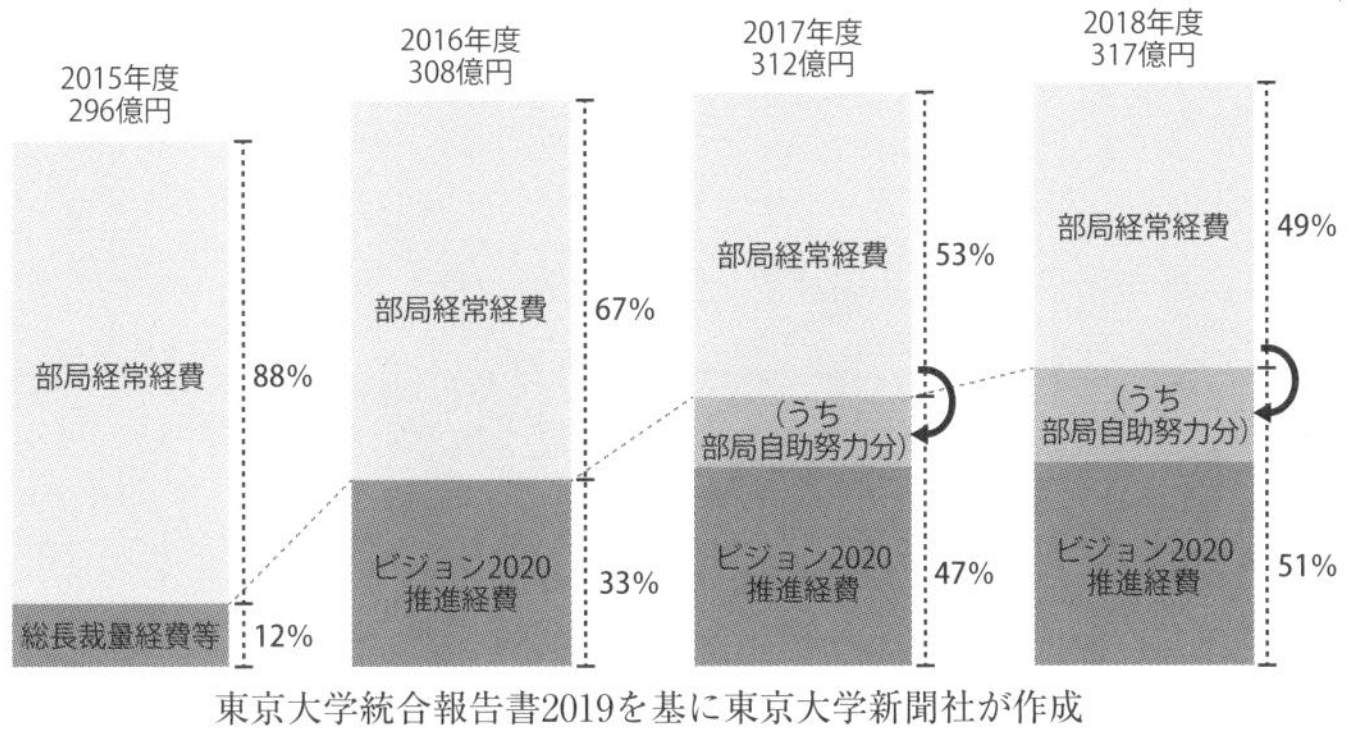

東京大学統合報告書2019を基に東京大学新聞社が作成

と語る。

各部局への予算配分は、外部に直接公開されてはいないが、全部局長が参加する予算委員会では学内で予算全体を最適化するために活用されている。予算配分の透明性は格段に高まったといえる。ただ、推進経費の例は効率化と透明化が不可分の関係にあることを示唆しており、国からの予算が増えそうにない以上、予算の透明性を高める流れは今後も続くかもしれない。

東大の取り組みを社会に伝えるなどの「社会連携」の一環で、予算に関する情報を広く共有する試みも。東大は従来から毎年財務情報を公開していたが、幅広い層への希求力に欠けていた。18年からは国内の大学で初めて、財務情報と研究・教育などの非財務情報を載せた「統合報告書」を公開。明るいデザインや豊富な図表などの工夫で親しみやすさを演出した。より多くの層に東大の現状を伝えて興味を持ってもらい、東京大学基金への寄付などの支援につなげる狙いだ。

学内外で変化が進む

法人化以降東大が注力しているのが、卒業生らの寄付などから成る東京大学基金だ。法人化以前から部局が独自に寄付を募る例は多いが、教員が資金集めの中心を担っていた。社会連携本部の三島龍渉外部門長は本部で寄付を募る利点を「教員が研究に専念しやすくなる」と語る。ただし、現在も部局で直接募る寄付額は東大基金を上回っているという。

もう一つの利点は、自由度の高い資金を獲得しやすくなること。しかし「18年度の東大基金申込総額99・9億円のうち、目的を指定しない寄付はわずか2・6億円にすぎない」と、三島渉外部門長は忸怩（じくじ）たる思いを吐露する。寄付者の目線で考えれば、自らの意図に沿って寄付金を使ってほしくなる傾向があるのではないかという。

社会連携が全学的に進む中、東大基金も寄付者・寄付方法の多様化を図っている。昨年11月には投資プラットフォームを運営するミュージックセキュリティーズ社と連携。同社のサービスを通じた寄付が部分的に可能となり、潜在的な寄付者層に同社の利用者が加わった。ただし寄付者を特定して謝辞を伝えるといった「ドナーケア」の観点から、募金箱の設置など一部の方法は導入していない。

寄付方法の多様化は法的な制約に阻まれている部分もあるが、光明もある。18年度の税制改正を受けて、株などの評価性資産の寄付が容易になった上、大学側も資産の構成を組み替えやすくなった。18年度は東大基金に60・3億円相当の評価性資産が集まり、申込総額は前年度から大幅に増加した（図2）。

東大の最大の資産といえる土地も活用し得る。17年には条件付きながら不動産資産を第三者に貸し付けられるようになった。18年以降は金融系の企業などと提携し、民間のノウハウを活用した不動産の有効活用策を検討しているが、現時点では制限も多く道半ばだ。

先月には国立大学が発行する債券「大学債」の発行要件緩和が報じられた。直接収益が見込める事業に加え、教育研究事業に使用する土地の取得などの目的にも発行可能になる予定。要件緩和は、文科省の国立大学経営に関する検討会議の委員だった五神総長の意向が通った形とされる。

今後も資産運用や寄付の自由度を高めるために、法改正などを働き掛けることが重要となる。一方で東大独自に着手可能な取り組みは迅速に進めたい。手近な工夫としては、ドナーケアにこだわらない寄付方法の多様化が挙げられよう。たとえば募金箱やポイントカードによる寄付はハードルが低く、将来多額寄付者になり得る若者にも、早期に寄付を経験してもらえる。

（図2）東大基金の累計申込総額と年度別申込総額の推移

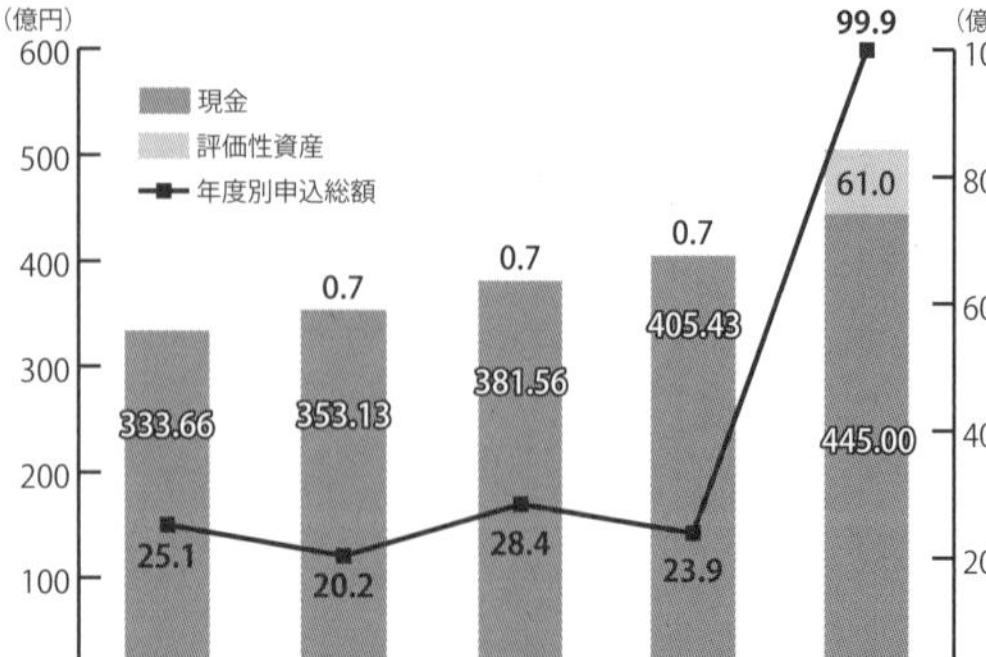

（東京大学基金のホームページを基に東京大学新聞社が作成）

第4章 東大は戦う

２０１９年にはアメリカンフットボール部が上位リーグＴＯＰ８に初参戦し、最終戦で初勝利を挙げた。その他、陸上部からの箱根駅伝関東学生連合選出、フェンシング部からの全日本選手権出場、ラクロス部の関東準優勝……などなど東大スポーツの活躍には目を見張るものがある。テレビで描かれる姿では見えてこない、東大生の熱い戦いを追体験しよう。

悲願の初勝利で TOP8残留決定

阿部選手10区を駆ける

今季勝ち星無し

2回戦は先行するも惜敗

2回戦九回の投球を終えた直後、ハイタッチする小林投手。この試合がリーグ戦最後の登板となった＝10月27日、神宮球場で（撮影・小田泰成）

硬式野球部（東京六大学野球）は10月26、27日に法政大学との最終節で連敗し、今季全敗となった。東大はリーグ戦未勝利の小林大雅投手（経・4年）が初勝利を目指して2試合連続で完投したが、いずれも惜敗。引き分けを挟んでリーグ戦42連敗となった。

●1回戦（10月26日）

東大	0	0	0	0	0	0	0	0	0	0
法大	0	2	0	0	0	0	0	0	X	2

小林投手は二回、2死二塁のピンチで好調な打者を申告敬遠。今季打率1割台の次打者と勝負するが、けん制悪送球の後4球目を右前に運ばれて2点を失う。以降はキレのある直球と変化球を組み合わせ、計3安打2失点でまとめる。しかし打線は小林投手の好投に応えられない。計4安打と法大を安打数で上回ったが、一度も走者を複数人ためられず完封された。

●2回戦（10月27日）

法大	0	0	0	1	0	0	2	1	2	6
東大	1	0	2	0	0	1	0	0	0	4

打線は初回、1死三塁から石元悠一選手（育・3年）の打球を相手中堅手が落球する間に走者が生還。三回にも1死一二塁から青山海選手（育・4年）が左中間を破る2点適時二塁打を放ち、点差を広げる。

小林投手は中盤まで法大に的を絞らせず、六回には打者として適時打を放つなど投打で活躍。しかし連投の疲れが出始めた七回、2試合連続で二塁打を許していた打者に2点適時二塁打を喫し、八回には同点本塁打を浴びる。浜田一志監督は控え投手の力を考慮し九回も小林投手を続投させるが、2点を失い逆転負けとなった。

（湯澤周平）

新監督にOB井手さん

中日でもプレー

硬式野球部（東京六大学野球）は、11月13日付で浜田一志監督が退任し、後任として井手峻さんが就任することを発表した。井出新監督は硬式野球部OBで、プロ野球中日ドラゴンズで10年間プレー。硬式野球部初のプロ出身監督となる。

井出新監督は本紙の取材に対して、就任の動機を「現役引退後に野球に携わる中で、最後は母校にこれまで培ってきたものを還元したいと思っていた」と説明。「投手陣を整備し、まずは1勝を目指したい」と意気込んだ。

井出新監督は都立新宿高校から東大に入学後、投手としてリーグ通算4勝を記録。1966年2次ドラフトで中日から3位指名を受け、史上2人目の東大出身プロ野球選手として入団した。投手としては通算1勝にとどまったが、その後打者に転向し、引退する76年までに通算359試合に出場した。引退後も、中日で2軍監督や球団代表などを歴任。今月までは都立新宿高校の特別コーチを務めていた。

2019年春を総括

試合運びに課題

厚い選手層構築へ

昨年、関東学生1部リーグ下位BIG8を制し、同上位TOP8に昇格したアメリカンフットボール部。今年の春季オープン戦では選手層を厚くしないとTOP8で負けるとの危機感から、1～4戦目は主力選手で、5戦目以降は控え選手や下級生主体で戦うも、シーズンを通じて格下に勝つのがやっとだった（表）。

（表）2019年度春季オープン戦の戦績

月日	対戦校	所属リーグ	結果	
4/20	帝京大学	関東学生2部	○	11－7
5/11	京都大学	関西学生1部	●	6－16
5/19	慶應義塾大学	関東学生1部TOP8	●	7－41
5/26	法政大学	関東学生1部TOP8	●	0－33
6/15	東京学芸大学	関東学生2部	●	9－17
6/22	防衛大学校	関東学生3部	○	17－14
6/29	東京学芸大学	関東学生2部	●	0－6

※5,6戦目は控え選手や下級生主体、7戦目は1年生主体

苦戦の主な要因は勝負どころでのミス続出。特に第5戦の第4クオーターにファンブルリカバーを食らったように、逆転の可能性を残した試合終盤でのミスは致命傷となった。秋にも戦うことになるTOP8所属チームとの試合では、フィジカルで勝る相手の前に徐々に体力を消耗し、実力差を見せつけられた。

初戦の終盤の側島選手（右端）のQBサックなど、下級生の好プレーは収穫だ

収穫は下級生の好プレーが相次いだこと。初戦の終盤、逆転の危機を救ったのは側島眞太郎選手（理Ⅰ・2年）のQBサックだった。一方「4年生のリーダーシップが発展途上でチームのまとまりにやや欠ける」と森清之ヘッドコーチ。厚さだけでなく結束の固さも兼ね備えた選手層の構築に期待したい。

（小田泰成）

熱戦も初勝利ならず

法政大に惜敗

アメリカンフットボール部（関東学生1部上位TOP8）は9月29日、リーグ戦第3戦を法政大学と戦い21－24で敗れた。今季初勝利とはならなかったが、一時同点の熱戦を演じた。

東大	0	7	7	7	21
法大	14	0	0	10	24

東大は前半、2度のタッチダウン（TD）を許すもクオーターバック（QB）の伊藤宏一郎選手（文・4年）のランで7点を返す。第3クオーター（Q）にはインターセプトとファンブルリカバーで2回連続でチャンスを演出するも、後が続かない。

ここで「三度目の正直」が待っていた。ファンブルリカバーを生かせなかった直後、東大はフィールドを広く使って前進し、交代したQBの伊藤拓選手（育・4年）が中央を突破しにかかる。押し返されそうになるも、他の選手たちが集まって伊藤選手を後押し。相手ディフェンスを押し返すとそのままエンドゾーンへなだれ込み、一時同点となるTDに成功する。

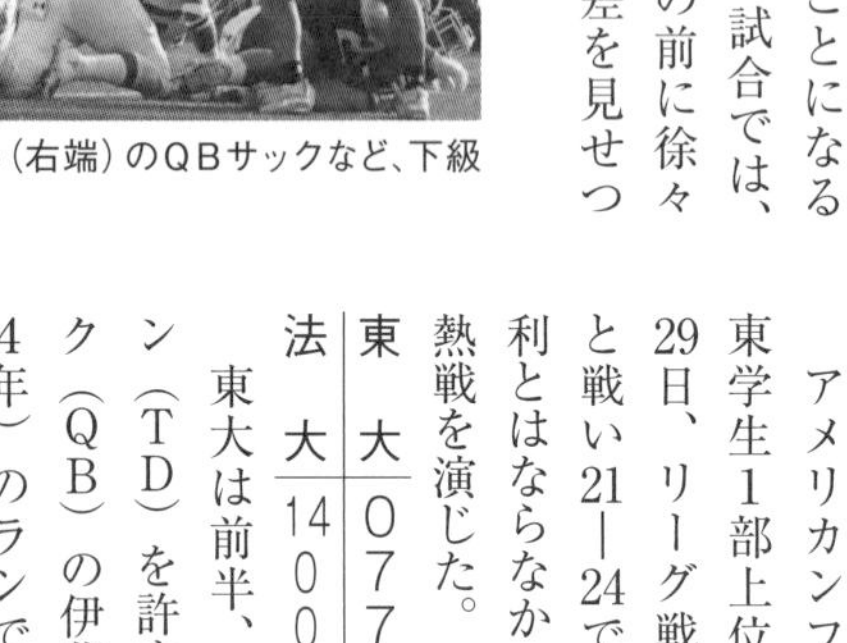

第3Q、チーム一丸となって同点TDをもぎ取る＝9月29日、法政大学川崎総合グラウンドで（撮影・石井達也）

10点ビハインドの第4Q後半には、フィールドゴールのピンチでボールをはじくことに成功。後方に転がったボールを拾い上げた浜崎颯一郎選手（文・3年）が独走し、TDを決めた。

最後は相手に時間を消費され、逆転はならず。運が東大に味方しなかった部分もあり「点差以上の実力差がある」と森清之ヘッドコーチ。それでも今季初の1試合当たり複数回のTDを記録するなど、実力は着実に向上しており、TOP8での初勝利も近いと思わせる内容だった。

（小田泰成）

リーグ戦第7戦で日体大を下す

今季初勝利でＴＯＰ８残留決定

先制のTDを決め、雄叫びをあげる樋山選手＝11月24日、横浜スタジアムで（撮影・中野快紀）

アメリカンフットボール部（関東学生1部リーグ上位ＴＯＰ８）は11月24日、リーグ戦第7戦を日本体育大学と横浜スタジアムで戦い、16―3で勝利した。東大は今季、関東学生1部リーグ下位ＢＩＧ８からＴＯＰ８に初昇格しており、これがＴＯＰ８で初めての勝利。今季を6位で終え、来季のＴＯＰ８残留が決まった。

東大	7	3	0	6	16
日体大	0	0	3	0	3

試合開始からお互い敵陣に攻め込めない時間が続く中、均衡を破ったのは東大だった。第1クオーター（Ｑ）中盤、ランニングバック（ＲＢ）樋山大郎選手（工・4年）のランがさえわたり、2連続で攻撃権を更新。勢いに乗って一気に敵陣に突入すると、以降も樋山選手らが相手の包囲網をかいくぐり、タッチダウン（ＴＤ）まで残り9ヤードに迫る。東大はここで早くもタイムアウトを要求し、確実に得点する構え。するとタイムアウト明け最初のプレー、クオーターバック（ＱＢ）伊藤宏一郎選手（文・4年）の素早いパスを受けた樋山選手が、しぶとく相手をかわし先制のＴＤを決める。

「相手は（距離を一気に稼ぎ得る）パスが得意なチームではないので、こちらがリードする時間帯を長くすることで、試合を優位に進めようとした」（森清之ヘッドコーチ）。

東大は第2Ｑにも4ｔｈ ｄｏｗｎギャンブル（通常4回与えられる攻撃権のうち4回目で、陣地回復ではなく攻撃権更新を狙うこと）を仕掛けるなど、勝つために最善を尽くす姿勢を見せる。結局このギャンブルは失敗、以降も攻撃陣はミスや反則を立て続けに犯すが、前半終了間際にはフィールドゴール（ＦＧ）で3点を追加。守備陣は相手の反則もあり、一度も攻撃権を更新させずに前半を終える。

後半に入ると一転、東大はピンチに。フィールド中央をすり抜ける相手ＲＢの勢いを止められず、ずるずると自陣19ヤード地点まで追いつめられる。しかし中央の守りを固めるとともに本多孝全選手（工・4年）や助川左門選手（法・3年）のタックルが決まり、ＦＧの3点でしのぐことに成功する。

第4Ｑ開始直後にはインターセプトを食らうも、再び相手ＲＢの

動きを封じることに成功。すると約4分後、お返しとばかりに助川選手が相手のロングパスをインターセプトする。ここで再び樋山選手がランでチームを勢いづけ、最後も相手選手を飛び越えるかのような巧みなステップでTD。トライフォーポイント（TD後に1回のみ与えられる攻撃権）のFGは弾かれたものの、逸機が目立った今季の悔しさを拭い去るかのように、しっかりとチャンスを得点につなげる。

得点直後には自陣21ヤード地点まで攻め込まれるも、長めのパスを狙う相手にうまく対応し、無失点で切り抜ける。最後はニーダウン（故意にプレーを終了させること）で時間を消費。試合終了の笛が鳴るのと同時に、グラウンドでは歓喜の声が上がり、スタンドでは多くの観客が立ち上がって奮闘に応えた。試合開始直前まで雨が降っていた横浜スタジアムには、曇天の切れ間からライトブルーの青空が見え隠れしていた。

◇

TOP8の1~6位のチームは、来季もTOP8に残留可能。TOP8の8位とBIG8の1位、TOP8の7位とBIG8の2位が、それぞれ昇格・降格をかけた入れ替え戦（チャレンジマッチ）に臨む。今季はTOP8の慶應義塾大学が無期限活動休止を発表したことにより、TOP8の最下位として扱われ、来季はBIG8に自動降格することが決まっていた（BIG8の首位となった日本大学は来季TOP8に自動昇格）。東大と日体大は今季ここまで、不戦勝扱いの慶大戦を除けば共に全敗で6・7位を争っていたが、東大は日体大に勝ったことで6位が確定し、TOP8残留を決めた。

●森清之ヘッドコーチの話

——今日の試合の率直な感想を

半分、いや、3分の1はホッとしている。3分の1は優勝に絡めなかった悔しさ。残りの3分の1は、4年生がいいプレーをしてくれたこと。さすがだと思う。

——今季を振り返って一番の収穫は

目標を残留ではなく優勝に据えたことで、TOP8のレベル感をフルに味わえたことが、中長期的に見ても財産になった。正直、他のチームほど選手層が厚くはない中で、けが人が続出しないか、戦い抜けるかどうか不安な部分もあった。でも、結果的にはほとんど初戦と同じメンバーで戦えたので良かった。もちろん、今年の選手たちのポテンシャルからしたら、もう少しやれた部分もある。選手たちも「意外と戦えたな」と思っているのでは。

——今後の展望は

今年の4年生は下級生の時から主力だった選手も多い。来年はメンバーが大幅に入れ替わるので一からチームを作り直すことになると思う。ただ、いつも選手たちには言っているが、スキルにしろフィジカルにしろ、どういうレベルでやるかが鍵となる。東大生は勉強ではトップランナーで、入試合格という成功体験も持っている。それがアメフトに変わっただけのこと。（東大に受かるなら偏差値がどれくらい必要か、というように）自分の中での基準を上げることの重要性は変わらない。

●関剛夢主将（工・4年）の話

——今日の試合の率直な感想を

今季初勝利ということで、素直にうれしい。残留が決まったことで、自分たちの役目はギリギリ果たせたかなと安心している。劣勢の時でもチーム全員が気持ちを切らさずにプレーできたという意味では、みんなのおかげで勝てたと思う。

——引退後のアメフト部の展望を

今の下級生たちは、自分達が下級生の時と比べても、うまいし、強い。これからどんどん強くなっていくと思うが、強くなればなる分だけ、さらに強くなるために必要な労力も増えていく。それでも頑張って、TOP8優勝、さらには甲子園ボウル制覇を果たしてほしい。

（小田泰成）

秋リーグ黒星発進

格下・中大に9失点

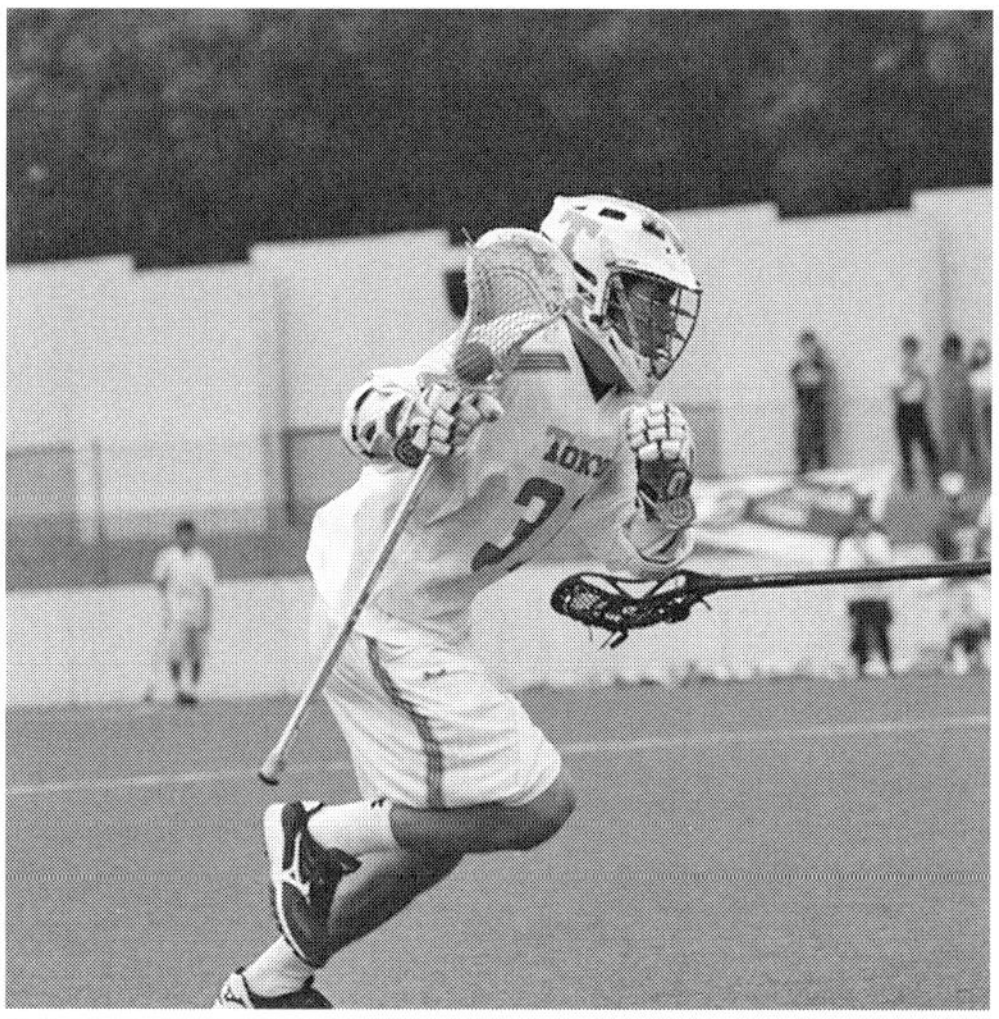

先制点を挙げた主将・黒木選手（写真はラクロス部男子提供）

ラクロス部男子（関東学生1部リーグ）は8月16日、リーグ戦の初戦を中央大学と戦い、5―9で敗れた。東大は先制に成功するも、第2クオーター（Q）に逆転を許すと、その差を詰められなかった。

東大	2	0	2	1	5
中大	1	2	3	3	9

滑り出しは上々だった。まずは、主将の黒木颯選手（工・4年）が、走り込みながらのシュートを決める。続けて、間野弘暉選手（経・3年）もゴール。昨季も得点を挙げていた2選手の活躍で、2点を先行する。

しかし第2Q以降は流れが相手に傾く。2点を奪われて試合をひっくり返されると、第3Q序盤にも失点。逆に2点を追い掛ける展開となる。

それでも東大は失点直後、守備を務める平田東夢選手（工・4年）が相手の隙を突いて得点し、1点差に。その後再び2点差とされるも、今度は間野選手と共に全国強化指定選手に選出されている成田悠馬選手（農・4年）がシュートを決め、またも1点差に詰め寄る。

追いすがる東大だったが、最後は中大に突き放された。1点、また1点と奪われ、最終的には4点差の完敗。毎年のようにリーグ戦を突破し、昨年は関東学生2位の好成績を残した東大だが、リーグ戦突破経験1回の中大に苦杯をなめる結果となった。

決勝Tに進出決定

残り40秒で同点弾

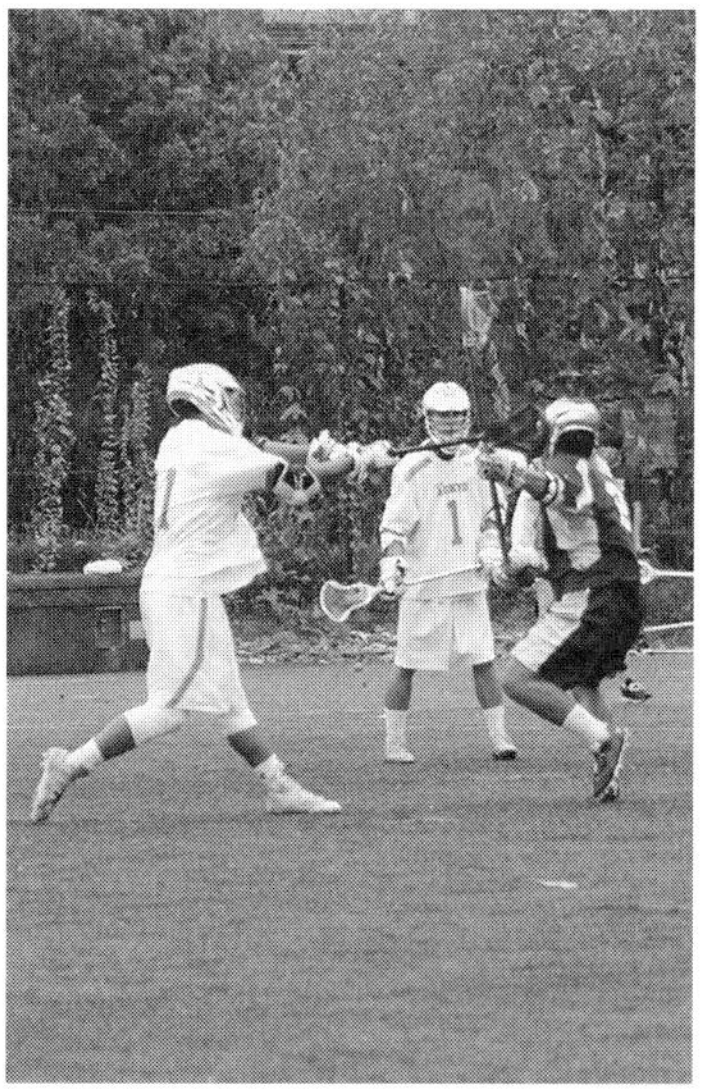

第4Q終盤間際、同点弾を放つ成田選手＝9月16日、本郷キャンパス御殿下グラウンドで（撮影・中井健太）

ラクロス部男子（関東学生1部リーグ）は9月16日、リーグ戦第5戦を一橋大学と戦い、6―6で引き分けた。決勝トーナメント進出には引き分け以上が絶対条件だったが、試合終了2分前に勝ち越される。しかしここから成田悠馬選手（農・4年）が起死回生のゴールを挙げ、同点とした。これで東大はリーグ戦を3勝1敗1分の2位で終え、決勝トーナメントに駒を進める。

東　大	0	4	0	2	6
一橋大	3	2	0	1	6

ここ2試合無得点だったエース・成田選手がチームを救った。まずは1点差で迎えた第4クオーター（Q）2分、1対1を仕掛けて相手の陣形を崩すと、ゴール前の塩澤拓斗選手（農・4年）に絶妙なパス。これを塩澤選手が決め、同点弾を演出する。

しかし、試合終了2分前、相手エースに勝ち越しの1点を決められて絶体絶命のピンチ。これに成田選手は「自分がゴールかアシストを」と燃える。すると敗退が目前に迫った試合時間残り40秒、菅原秀選手（農・4年）からパスを受ける。ゴールからは遠い位置だったが「遠く感じなかった。決めることしか考えていなかった」。クロスを一閃させると、ボールはネットにズバリ。ここ一番の勝負強さで、チームを2年連続の決勝トーナメント進出に導いた。

（児玉祐基）

●黒木颯主将（工・4年）の話

「目標は日本一なので、まだ喜ぶ段階にはない」

2年連続で準優勝

またも早大に完敗

ラクロス部男子（関東学生1部リーグ）は11月9日、早稲田大学と決勝戦を戦い、3―9で敗れて2年連続の準優勝となった。東大は第1クオーター（Q）こそ食らい付くも、相手の長い攻撃を受けて突き放された。

東大	2	0	1	0	3
早大	3	2	2	2	9

早大は、東大が昨季の決勝で敗れた相手。雪辱を果たすべく臨んだが「涙も出ない」（黒木颯主将＝工・4年）完敗に終わった。

序盤から攻守共に高い技術を持つ早大に押し込まれるが、第1Qは少ない好機を生かして反撃。2点を追うクオーター終了間際には、黒木主将が相手ゴーリーの弾いたボールを押し込み、1点差に詰め寄る。

しかし、試合を通じてボールを奪い合う場面で劣勢に立ち、準備してきた攻撃の形になかなか持ち込めなかった。おのずと守備の時間が長くなり、大量のシュートを浴びる。ゴーリーの三木理太郎選手（工・3年）がたびたび好セーブを見せるもこらえ切れず、失点を重ねた。（児玉祐基）

●黒木主将の話

「（リーグ戦前の）練習試合ではなかなか勝てなかったが、リーグ戦を通して成長して、ここ（決勝戦）まで来られた」

第4Q、8失点目を喫し突き放される＝11月9日、駒沢オリンピック公園第二球技場で（撮影・中井健太）

箱根駅伝

阿部選手10区を駆ける

「悔しいが未練ない」

第96回東京箱根間往復大学駅伝競走（箱根駅伝）が1月2、3日に開かれ、陸上運動部の阿部飛雄馬選手（育・4年）が関東学生連合チームの最終第10区（23・0キロ）に出走した。記録は、区間21位相当の1時間15分26秒。連合チームの主将としてゴールまで襷をつなぎ切り、チーム記録は11時間12分34秒の総合19位相当だった。連合チームはオープン参加のため、参考記録として扱われる。

9区の渡邊晶紀選手（山梨学院大学・2年）から16位相当で襷を受け取った阿部選手。走り出しは5キロで15分30秒と予定通りだったものの「当日にピークを持ってこれず、絶好調だった予選会当時と比べて体が全く動いてくれなかった」。15～20キロ地点間の5キロは16分40秒

ゴール直前の阿部選手＝1月3日、読売新聞本社前で（撮影・中井健太）

近くまで落ち込み、何度も後方の選手に抜かれたが、付いていけるだけの余裕は残っていなかった。

阿部選手は「見ている人に、強豪校でなくても箱根駅伝に出られるという夢を与えたかった。それが達成できたかは分からないが、少しでも既存の『常識』に風穴を開け、新たなチャレンジをする人を勇気付けられていたらうれしい」と話す。「悔しいが、未練は全くない。マラソンで一流選手と肩を並べられるよう、悔しさを忘れず、次の夢に突き進んでいきたい」

◇

東大生が箱根駅伝に登場するのは、東大として出場した第60回大会（１９８４年）、松本翔選手が関東学連選抜チーム（当時）の８区を走った第81回大会（２００５年）、近藤秀一選手（総合文化・修士1年）が連合チームの1区を走った第95回大会（19年）に続く2年連続4度目。ほか、東京農工大学の前身に当たる東京帝国大学農学部実科が第3回（１９２２年）〜第7回（26年）大会の計5回出場している。

フェンシング

全日本選手権に西沢選手が出場

東大生個人の出場は4年ぶり

運動会フェンシング部の西沢樹選手（法・3年）は9月21日、全日本フェンシング選手権個人戦（男子エペ）に出場した。全日本選手権個人戦への出場は、２０１５年に男子エペで出場した八幡洋輔選手（薬・4年＝当時）以来、4年ぶりとなった。

フェンシングにはフルーレ、エペ、サーブルの3種目があり、西沢選手が出場したのはエペ。全身が有効面で、先に突いた方にポイントが入り、両者同時に突いた場合は双方のポイントとなる。

個人戦は、プール戦（7人の総当たり）とエリミナシオン・ディレクト（トーナメント）から成る。予選ラウンドのプール戦での勝率に基づき、出場者の70％（男子エペの場合、69人中49人）がエリミナシオン・ディレクトに進出する。

西沢選手は、1勝5敗でプール戦を終え、エリミナシオン・ディレクトへの進出を逃した。同じプールには、国内ランキング13位の田尻航大選手（中央大学）ら強豪が所属しており、苦戦を強いられた。一方、杉山智哉選手（関学クラブ）には5―2で勝利し、全敗を免れた。

本紙のインタビューに答える西沢選手（撮影・伊得友翔）

●西沢選手の話

――プール戦での敗退となったが、今の気持ちは

不甲斐ない。とはいえ、東大からは4年ぶりの全日本選手権出場で、次のステップには上がることができたのではないか。

――敗因はどのような点にあるか

他の選手よりも練習量が少ない中で、どれだけ自分の力を出し切れるかを目標としていたが、落ち着いて一つ一つの戦略を練ることができなかった。勝利した相手は社会人で、練習量やメンタルの面でこちらが上回っていたが、とはいえ反省点の多い試合だった。

――今後、どのようにつなげていくか

実力を１００％出し切れなかった理由を分析し、次の関東学生フェンシング選手権大会に向けて、落ち着いてプレーできるようにしたい。

――来年の全日本選手権の目標は

単位を3Aセメスターで取り切ることができそうなので、4年は朝晩練習に励み、1勝でも2勝でも一矢報いることができればと思う。

（取材・撮影　伊得友翔、山口岳大）

相手選手に攻め込む西沢選手＝9月21日、東京・駒沢体育館で（撮影・山口岳大）

その他の部の戦歴

◆航空部　全日本学生グライダー競技大会団体3位

◆自転車部競技班　全日本大学対抗選手権男子4キロメートルチーム・パーシュート9位

◆スキー部　全日本学生選手権大会男子2部5位、女子2部33位

◆漕艇《そうてい》部　東日本夏季競漕大会女子シングルスカル2位、東日本選手権大会男子シングルスカル2位・男子舵手《だしゅ》なしフォア2位

◆洋弓部　関東学生リーグ戦男子1部Bブロック6位、女子2部A5位

◆ヨット部クルーザー班　全日本選手権大会8位

◆ヨット部ディンギー班　全日本学生ヨット選手権大会12位

◆スケート部フィギュア部門　日本学生氷上競技選手権大会男子3・4級団体7位、女子4級団体5位

◆ボウリング部　関東学生レギュラーリーグ春季1部5位、秋季2部1位

◆ア式蹴球部男子　東京都大学サッカーリーグ1部9位

◆ア式蹴球部女子　関東大学女子サッカーリーグ3部13位

◆ゴルフ部　関東学生リーグ春季男子Bブロック8位、女子D8位　秋季男子C3位、女子E4位

◆準硬式野球部　東京六大学リーグ春季6位　秋季6位

◆ソフトボール部　東京都大学リーグ春季1部6位　秋季2部6位

◆卓球部　関東学生リーグ春季男子3部Bブロック6位、女子4部A3位　秋季男子3部B6位、女子4部B3位

◆軟式野球部　東京六大学リーグ春季2位、秋季6位

◆男子バスケットボール部　関東大学リーグ4部14位

◆女子バスケットボール部　関東大学女子リーグ4部Cブロック1位

◆バドミントン部　関東大学リーグ春季男子4部Dブロック1位、女子5部B1位　秋季男子4部C1位、女子4部D6位

◆ホッケー部男子　関東学生リーグ春季1部7位　秋季1部8位

◆ホッケー部女子　関東学生リーグ春季2部4位　秋季2部6位

◆ラクロス部女子　関東学生リーグ3部Cブロック1位

◆空手部　全国国公立大会男子組手1位、女子組手3位

◆弓術部　東京都地区リーグ男子2部5位、女子2部Bブロック4位

◆柔道部　東京都国公立大学柔道大会2位

◆相撲部　全国国公立大学対抗大会団体3位

◆躰道部　全国学生優勝大会1位

◆レスリング部　東日本学生リーグ戦2部8位

◆B&W部　全日本学生パワーリフティング選手権大会団体4位

◆スケート部アイスホッケー部門　関東大学リーグ3部8位

◆水泳部競泳陣　東部地区国公立大学選手権大会男子8位、女子3位

◆水泳部水球陣　関東学生リーグ2部5位

◆庭球部　関東大学リーグ男子4部2位、女子5部6位

◆軟式庭球部　関東学生リーグ春季男子6部6位、女子8部5位秋季男子7部2位、女子8部4位

◆体操部　七大戦男子団体4位、女子団体1位

◆男子バレーボール部　関東大学リーグ春季4部Aブロック5位、秋季4部A3位

◆女子バレーボール部　関東大学リーグ春季5部Aブロック4位、秋季5部A4位

◆ハンドボール部　関東学生リーグ春季2部8位、秋季2部10位

◆競技ダンス部　全日本学生選抜選手権大会1位

◆馬術部　全日本学生大会全3種目出場

◆自動車部　七大戦2位

◆少林寺拳法部　七大戦2位

◆ラグビー部　関東大学対抗戦Bグループ6位

第5章 東大は進む

東京大学新聞で長く連載を続ける「東大最前線」「研究室散歩」、自由かつユニークな発想で総長賞を受賞した若き研究者たち、そして東京大学創設から約150年続く建築学科の卒業制作。東大の研究者たちの最先端の研究・学問を見ていこう。

rDNAの移動

東大最前線

細胞若返りの機構解明に期待

小林《こばやし》 武彦《たけひこ》 教授

92年九州大学大学院博士課程修了。博士（理学）。国立遺伝学研究所教授などを経て、15年より現職。

堀籠《ほりごめ》 智洋《ちひろ》 助教

08年広島大学大学院博士課程修了。博士（農学）。日本学術振興会特別研究員などを経て、15年より現職。

生物を構成する基本となる細胞内部の機能はまだ分からないことが多いが、少しずつ解明が進んでいる。堀籠智洋助教、小林武彦教授（定量生命科学研究所）らは、細胞内の遺伝子の一つ、リボソームRNA遺伝子（rDNA）のDNA配列に損傷が起きると、修復作用のある核膜孔という部位まで移動することを明らかにした。

リボソームは遺伝情報を基にタンパク質を合成する細胞小器官だ。リボソームの構成因子であるリボソームRNAはrDNAの塩基配列を基に合成される。しかし、rDNAは同じ配列が繰り返される構造をとるため、DNA複製の過程で損傷しやすい。rDNAの損傷はゲノム全体の不安定化を導くことから、適切に修復される必要がある。修復の機構としては大きく分けて、損傷したrDNAが修復される部位まで移動するモデルと、修復作用のある因子が損傷したrDNAへ運ばれるモデルが考えられていたが、それを解明した研究はなかった。

今回堀籠助教らは、酵母を使って損傷したrDNAの挙動を顕微鏡で分析。DNAを修復する働きのある核膜孔まで移動することを突き止めた（図1）。「まるで患者さんが病院に行き、治療してもらうようだと思いました」と堀籠助教は話す。移動の仕組みとしては、損傷部位が振動することで徐々に移動するモデルが有力だと考えられるという。「損傷したrDNAは直接核膜孔へ向かうのではなく、不規則な運動でたまたま核膜孔に近づいた際に強く引き寄せられるようです」

堀籠助教は博士研究員の頃から細胞内での損傷したDNAの動きの研究に取り組んでいた。「中でも自然に損傷しやすいrDNAが最も重要な研究対象でしたが、人為的なDNA損傷を見る解析よりもrDNAでの損傷には実験的な困難が多くあります」。それ故、損傷していないDNAを洗い流す処理を特に入念に行うなど工夫した。

今回の研究成果には、顕微鏡技術の発達が大きく貢献したという。従来は、酵母をすりつぶして電気泳動したり固定した細胞を染色したりして観察する、いわばスナップショット法で挙動を知る研究しかできなかった。しかし「顕微鏡でDNAの挙動が生きたまま観察可能になり、移動する場所、所要時間、タンパク質の量など多くの情報がひと目で分かります」と堀籠助教は語る。

「今回の発見は、細胞の若返りの機構解明に役立つと考えています」と堀籠助教。rDNAの損傷の有無は、細胞自体の寿命と強く関係することが知られている。酵母は母細胞から娘細胞が分裂する出芽という不均等な分裂によって増えるが、その際に損傷した不安定なrDNAが母細胞に残り、損傷のない安定したrDNAが娘細胞に受け継がれる（図2）。その後、娘細胞は母細胞より長く生き続ける。「出芽の際に安定したrDNAが選択的に引き寄せられる仕組みの基礎が今回明らかになったといえるでしょう」と小林教授は自信を見せた。今後は生きた細胞が分裂する際のrDNAの挙動を顕微鏡で直接観察し、細胞の若返りの可視化を目指すという。

（小原寛士）

（図1）rDNAの移動、修復の模式図

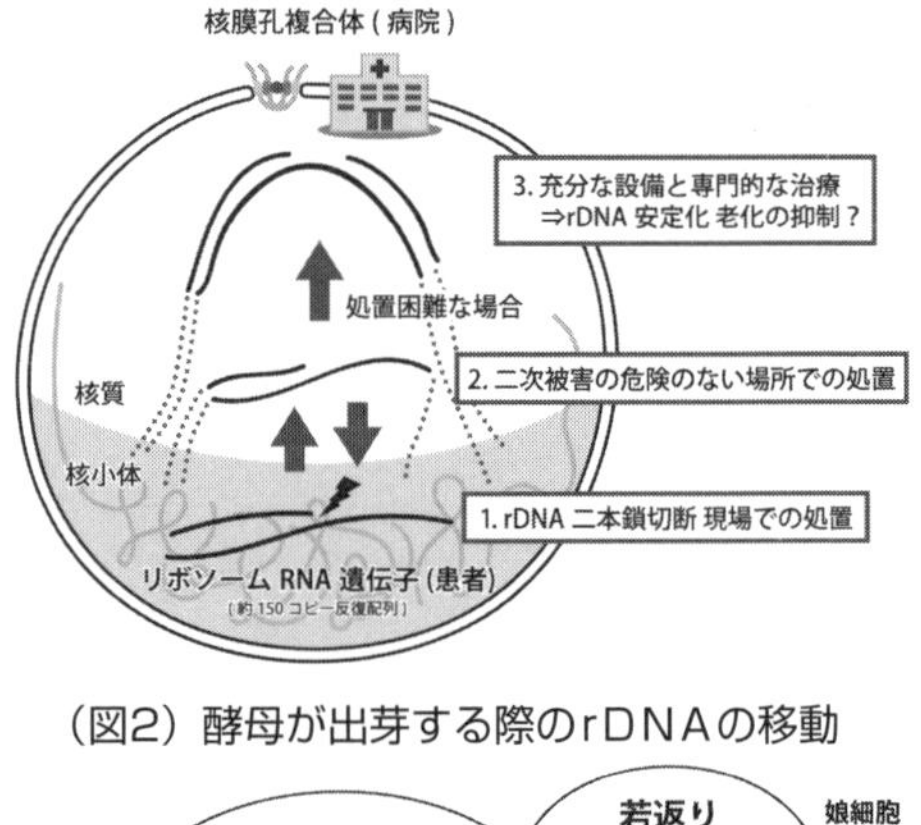

（図2）酵母が出芽する際のrDNAの移動

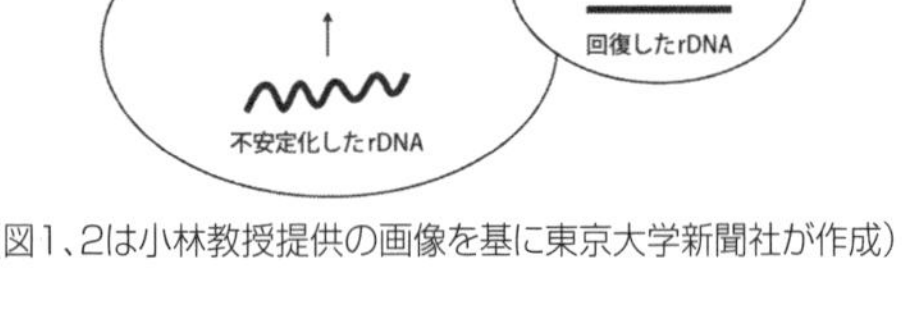

（図1、2は小林教授提供の画像を基に東京大学新聞社が作成）

就職してから見つけた研究テーマ
量子の世界

総合文化研究科

量子論

清水《しみず》　明《あきら》　教授

84年理学系研究科博士課程修了。理学博士。キヤノン中央研究所研究員、「榊量子波プロジェクト」グループリーダーなどを経て05年より現職。

電子や光子の振る舞いを記述する「量子論」が清水明教授（総合文化研究科）の研究道具だ。現在の研究対象は非常に多数の原子などからなる「マクロ量子系」。量子論に基づき多数の粒子が集まった物理的対象の性質を考察する「統計力学」を用い、電子系やスピン系などさまざまなマクロ量子系を理論的に研究する。

現在は物理学の基礎研究をする清水教授だが、学生時代には面白いと思える物理の研究分野に巡り合えなかった。「今のようにインターネットで情報を入手できなかったので、当時の物理学科で行われていた研究を物理学の全てだと勘違いしていました」。研究室の教授に勧められ博士号を取得したが、その後はカメラやコピー機などを手掛けるキヤノンに就職。「当時、成長途中の中堅企業だったキヤノンなら研究の専門家が少なく、研究を厳しく管理されずに私の興味の持てる基礎的な研究ができると考えました」

入社後の数年間は上司から指示されたテーマを研究し、半導体レーザーの設計などを手掛けたが、やがて自分で設定したテーマで研究を始めた。その一つが、人工的に作成したナノ構造の中の電子と光子の量子論的な振る舞いを研究するテーマだった。特に光の量子性が強く出るような研究は、日本では主に民間企業で研究され、大学での研究は遅れていたという。清水教授は、そこにさらに電子の量子性も絡ませることに興味を持った。一方でキヤノンでは経営環境の変化により基礎研究ができなくなり、最終的に東大で研究職に就いた。

その後も清水教授は新しいテーマに取り組み続けた。「電子のような非常に小さなスケールの世界の物理学と、私たちが実際に感じている世界の物理学は大きく異なります。どういう原理でそうなっているのかということを研究し始めたのをきっかけに、量子統計力学を用いてマクロ量子系を考察する現在の研究分野に興味が移ってきました。同じ分野だけ研究していると僕は飽きてしまうので（笑）」

理論物理学の研究では、浮かんだアイデアについて考察と計算を繰り返す。「何かアイデアを思いつくのは、大抵は電車の中や歩いているときです。関係する計算を日頃から繰り返していると、暗算ができるようになるので、どこでも計算ができるようになるのです」

他の研究者や研究室の学生との議論も研究には欠かせない。学生と共に同じ計算をしたり学生の計算結果をチェックしたりすることで研究の能率は上がるという。「理論物理の研究では、学生は共同研究者です」

研究室の学生の教育については「それぞれの学生の良い所を伸ばせばよい」と語る。「人は誰でもデコボコがあって、興味を持てる分野なら深く考えられるけれども、興味のない分野についてはろくに考えないものです」。清水教授が着任したころには学生の「ボコ」の部分も直そうと考えて指導していたが、今では「デコの部分を伸ばすと、自然とボコの部分も治ると考えます」。「個々の学生が自分の得意な分野を突きつめることで研究に楽しさを感じてもらわないと、学生は研究を続けられないと思います」

清水教授は学部生向けの熱力学・量子論の教科書も執筆してきた。実は、教科書を書こうと思ったきっかけは、peer review（専門家どうしで論文の内容を審査すること）における体験だった。「プロの書いた論文や批評でも、その人が理論の根本的な部分をよく理解できていないと感じることが少なくありませんでした」

清水教授は、物理の教科書に問題があったと分析する。「従来の物理の教科書では『習うより慣れろ』とばかりに、とりあえず計算してごらん、というスタイルの本が少なくありません。しかしそれだけでは、論理の根本的な部分で理解に穴が生じてしまいます」。この問題意識から生まれたのが『熱力学の基礎』（東京大学出版会）と『量子論の基礎』（サイエンス社）だった。「物理を勉強する上では計算することも大事ですが、学び始めの時には、計算はできるだけ易しいものにとどめ、まず根本的な論理構造を理解することが必要だと考え、新しい教科書を書くことにしたのです」

「また、その論理構造を、1年生でも理解できるように説明しようとすると、よほどよく考えないといけません。それが結果的には、自分自身の理解を深めることにも繋がります。プロでも、教科書を書いてみて初めて理解できた、ということが少なくないのです（笑）。」

そうして書き上がった教科書は、1年生だけでなく、大学院生やプロの研究者も買うような教科書になった。

今年、清水教授は駒場Iキャンパスに「先進科学研究機構」を立ち上げた。同機構は研究分野をあらかじめ決めずに、自然科学の新進気鋭の研究者を探して採用する。この採用方法をとる理由は「研究分野を絞って公募しても、そんな狭い分野の有望な若手は限られているし、そもそもシニア研究者が絞った分野が本当に将来性があるのか疑わしいからだ」という。「意欲と能力がある人を採用して自由にやってもらえば成果が出る、という個人的な信念を形にしたのが先進科学研究機構です」

この機構の若手研究者は、前期教養課程の学生を対象とする少人数講義「アドバンスト理科」を今年4月から担当する。「駒場の講義に退屈している意欲的な学生と若手トップ研究者が互いに大きな刺激を与え合うことを期待しています」

（上田朔）

再び住みたいまちに

工学系研究科

復興デザイン

窪田《くぼた》 亜矢《あや》 特任教授

00年工学系研究科博士課程修了。博士（工学）。工学院大学准教授、工学系研究科准教授などを経て、14年より現職。一級建築士。

東日本大震災を契機に、原発などの科学技術を基盤とした地域社会の在り方そのものが問われるようになった。都市計画が専門の窪田亜矢特任教授（工学系研究科）は、東日本大震災を経て地域社会の「復興デザイン」をテーマに研究を始めた。

復興デザインは、震災の被害を受けた地域をいかに住民が再び住みたいと思える空間につくり上げるかを模索する。「津波の被害をなくすため高台を作ることがよく復興事業の例に挙がりますが、ハード面だけでは不十分。復興災害などの新しい問題を生み出すこともあります」。住民が被災後のまちで生活する上では、地域の歴史や文化を生かすことも重要な要素だ。

「復興デザインのように、まちのデザインの在り方そのものを考え直すことは、被災地だけでなく多くの地域社会でも必要なことです」。中山間地域の過疎化や高齢化など、課題を抱える地域は広く存在する。

窪田特任教授が所属する地域デザイン研究室では、被災地に限らずそれらの課題を正確に把握し、課題解決やリスクの分配を行い、住みやすい空間づくりのためのデザインの在り方を考え直している。

復興デザインは震災後にできた新しい研究テーマ。研究手法はいまだ確立していないが「ケーススタディが重要」という。現在は被災地に赴き事実を淡々と記述する作業が中心だが、将来的にはその中から一般化できる知見を得、今後の被害の予防や空間づくりに生かす知見を残すことを目指している。「災害のリスク分配など、これまでの都市計画で注目されてこなかった点に気付けたことは大きな転機になりました」

◇

窪田特任教授が都市工学を専攻する原点となったのは高校時代。「当時は公害問題にとても関心がありました」。技術を用いて社会をより良く変えていきたいと思い、理系を選択。その後、空間づくりに関心が強まり、都市計画を専攻した。

東大で修士課程を修了したのち、一度設計事務所へ就職。「実務自体はとても面白かったのですが、都市がどうあるべきなのか大局的に考えたくなり、学問の道へ戻ることを決めました」。2年間勤めた事務所を辞め、コロンビア大学に留学、修士課程を修了した。「実はこの時、結婚して子どもを産んだばかりだったんです」。夫婦で同じタイミングに留学し、育児をしながらの学生生

研究室散歩

活を送ったが「学生は自由に時間を使えるし、ベビーシッターさんもいるのでそこまで大変じゃなかった」と笑顔を見せる。

◇

地域デザイン研究室の学生は各自でテーマを設定し、研究を進めていく。そのため、自分が面白いと思うものを発見して伝える力の習得が肝要だ。また、都市計画を専攻する上で大切なのは「人間の生活する空間の根本に何があるのか考える」ことだという。復興災害のように、技術を用いてより良いまちづくりをしようとした結果、人間の尊厳を損ない、新たな問題を生み出すこともある。「自分の目指すまちづくりが、本当に人間の生活をより良くするのか考えながら研究を進めてほしいですね」

（分部麻里）

楽しむ気持ちエネルギーに

人文社会系研究科

海上貿易史

島田《しまだ》 竜登《りゅうと》准教授

01年ライデン大学大学院上級修士課程修了。Ph. D.（文学）。西南学院大学准教授などを経て12年より現職。

16～20世紀前半のアジアの海上貿易史を専門とする島田竜登准教授（人文社会系研究科）。オランダ東インド会社の史料を用いて、アジアの貿易商人について研究している。最近は、歴史学の方法論としてのグローバル・ヒストリーにも注目。グローバル・ヒストリーを扱う『世界史論』は前期教養課程の人気授業の一つだ。

学生時代は早稲田大学政治経済学部で江戸時代の海外貿易を研究。休業期間には「研究対象とする場所に実際に行った方がいい」と思い、九州各地をたびたび訪れた。その中で長崎の人々はおっとりとしていると感じるなど、次第に長崎の風土が分かるようになった。大学図書館の書庫に入るのが好きで「休業期間に、書庫で洋書や変わった本を探すことに夢中でした」と笑う。宝探しのような気分だったそう。本を夢中で読み込む研究姿勢の源流がうかがえる。

修士課程修了後は近世東洋史で有名なオランダのライデン大学に留学。国立公文書館にあるオランダ東インド会社の史料を直接閲覧できる環境は、島田准教授にとって魅力的だった。留学時期はオランダ東インド会社設立400周年に当たり、そのプロジェクトのため留学していた多くのアジア人と交流。「今母国の大学で教えている彼らとのつながりは、私にとって大きな存在です」

当初は日本経済史を研究対象としていたものの、次第に輸出品の行き先、輸出先の事情などに興味が広がり、東南アジアやインドの魅力に取りつかれていった島田准教授。日本と似ているようで違う世界を魅力的に感じるようになったという。アジア貿易に関するオランダ語の史料は手付かずのものも多く、研究の可能性がある分野だと思ったそうだ。

多くの史料を読むうちに何かつながりが見えたときや、面白いことが言える発見をしたときに研究の喜びを感じるという。一方で、分かったことを人に伝えるために、論

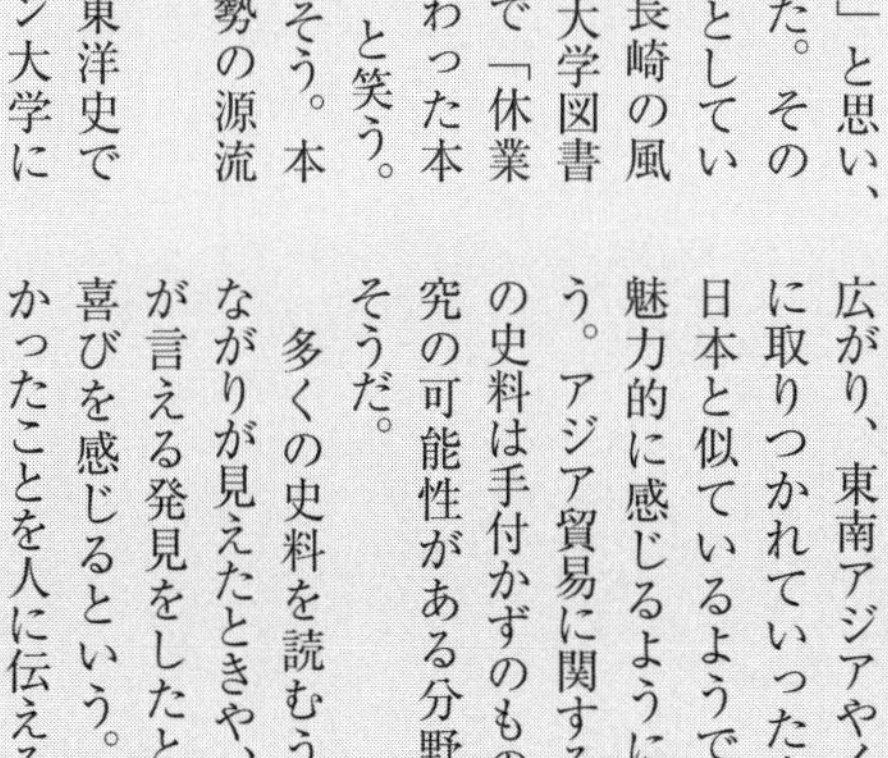

マレーシアのムラカの漢人街

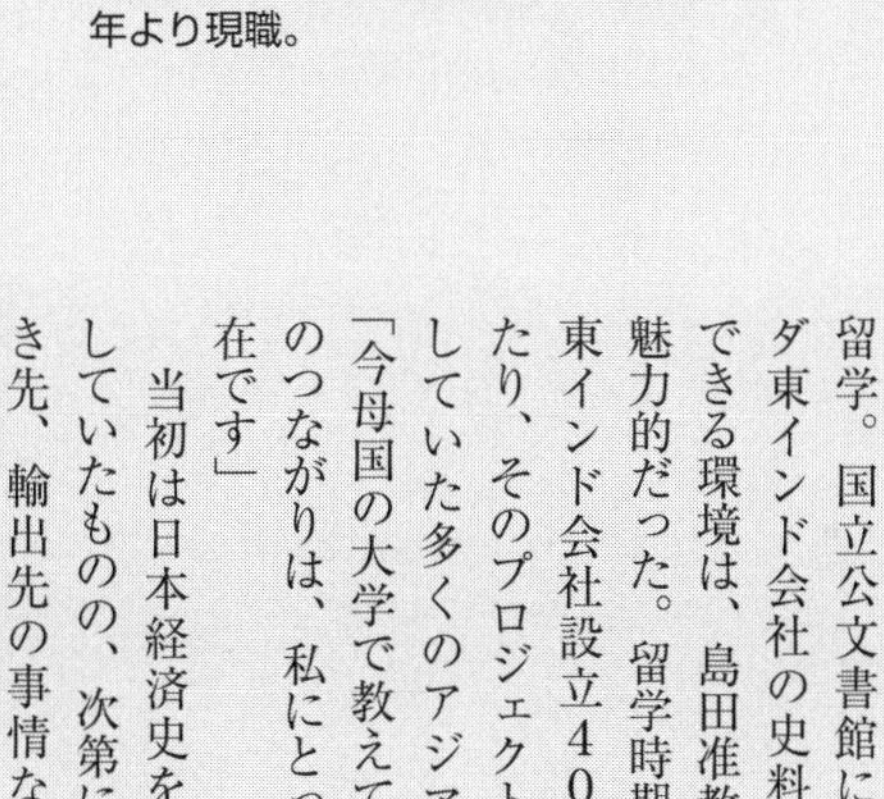

インドのコチ

理を組み立てながらの執筆作業が大変だそう。特に、5年間の留学中に英語で執筆した博士論文で苦労した。「でも自分の成果が人に伝わるとやりがいがありますね」。今後はグローバル・ヒストリー的視点からオランダ東インド会社を捉えた、これまでの研究成果についての本を書きたいという。学術書だけでなく、一般向けの本も執筆する予定だ。

現在島田准教授の研究室には10人前後の学部生と数人の院生が所属しており、それぞれの興味に沿って研究をしている。最近は院生だけでなく学部生の留学が増えたそうだ。留学中の院生にはインターネットを通じた論文執筆指導もしている。研究者を目指す学生は3分の1ほど。着任8年目の島田准教授は自分の研究室に所属していた学生と、共同研究をするのが夢だそう。残りは官公庁や民間企業に就職する。就職先は幅広く、過去には法科大学院に進学し、弁護士になった人もいたという。

歴史研究を志す学生には「面白い、楽しいという気持ち」が研究を続けていくために必要だと伝える。長い時間を要する研究でも、努力しただけの成果は返ってくる、とエールを送る。「10年も研究すればたいていその分野の世界一になれます」。思ってもいなかったようなことを発見することもあるため、研究過程で生じる副産物を見逃さないことが大事だという。文学部を志望しない学生に対しても「あらゆる学問において、現在の社会は歴史が積み重なってできているものであり、歴史は未来を創り出すものであるという視点を常に持っておいてほしい」と語った。

（上田怜）

研究で芸術家のように自己表現

工学系研究科

高分子ゲル

吉田《よしだ》　亮《りょう》 教授

93年早稲田大学大学院博士課程修了。博士（工学）。東京女子医科大学医用工学研究施設（現・先端生命研）助教、工業技術院物質工学工業技術研究所（現・産総研）研究員、筑波大学講師などを経て、01年より現所属准教授、12年より現職。

96年に「自励振動ゲル」を実現した吉田亮教授（工学系研究科）。「自励振動ゲル」は温度やpHなど外部環境の変化に応答する従来のゲルではない。生体の心筋のように自律的に拍動し、一定環境下で周期的な動きをする。このゲルにはBZ反応（化学振動反応）という周期的な反応経路が内蔵されている。BZ反応は生体内の代謝経路として知られるTCA回路の化学モデルであり「自励振動ゲル」が生体のような動きを実現しているのは、生体反応を手本に設計されたからだといえる。バイオ材料システム工学研究室（吉田・秋元研究室）では自励振動ゲルを利用した人工心筋の他、尺取り虫のように自ら歩くゲル、管の収縮が波として伝わることで管内の流体や物質が移動する人工腸、ゾルーゲル振動する人工アメーバなど、新材料としてのゲルを幅広く扱う。

これまでのゲルにはさまざまな課題がある。その一つが酸性溶液中など限られた条件の下でしか反応が進行せず、ゲルがうまく機能しないことだ。しかし、少なくともゲルの内部だけが酸性であればいい。吉田教授は、ゲルの外部環境は生理条件でありながら、ゲルの内部環境を反応条件に保てるようなシステムを構築し、医療への貢献を目指す。

現在は高分子ゲルの研究を行う吉田教授だが、学部生時代は透析やろ過の機能を持った人工臓器に使われる膜の研究をしていた。大学院生の時、共同研究生として派遣された東京女子医科大学の研究施設（現在の先端生命医科学研究所）で、体温上昇などの刺激に応答する高分子ゲルを用いた薬の送達システムに関する研究課題が与えられたことを契機に、ゲルに対する興味を持ち始めたという。その後、ゲルが硬い金属などとは異なり、内部と外部の間で物質やエネルギーのやり取りができることに目を付け、刺激応答性ゲルとは異なる、生体内で見られるような自律性を持った周期的なシステムの設計を試みるように。「学生時代は化学工学が専門だったので高分子ゲルを研究することになるとは思いもしませんでした」と吉田教授は話す。当時の研究室は自由に研究できる雰囲気があり、また現在も第一線で活躍している多くの人たちとの出会いがあったことが研究者を志す決め手となった。

　大学で研究をする上で苦労するのは、研究と学生の教育の両立。毎年学生が入れ替わる中で、教育を行いながら研究のレベルを保つのは大変だという。一方で毎年博士号取得者を輩出しており、その多くがアカデミックポジションで活躍している。「研究室に所属していた学生にとって自分が重要な役割を果たしたことに充実感を覚えます」

　吉田教授は「研究者が何を美しいと思うかという美学に、なぜその研究を行っているのかの根本があるように思います」と話す。例えば化学の分野では分子構造そのものが美しいのか、規則正しく分子を並べることが美しいのか、静（平衡状態）が美しいのか、動（時間的な変化）が美しいのか、というようにあらゆる美の対象があり、それぞれが研究テーマとなる。「研究者の誇りを感じる研究を見たとき芸術作品に触れたように感動します。研究を通して芸術家のように自己表現ができるところにやりがいを感じますね」

　研究室のメンバーは毎年15人程度でコミュニケーションが取れた良い雰囲気だという。メンバーの中には吉田・秋元研究室に配属されるまで全く違う分野を専門としていた学生も。進路は多岐に渡るが、化学系の企業への就職が多い。

　今後も細胞と類似する物性を持つゲルを利用し、細胞と同等の機能を持つ材料を作りたいという思いがあり、将来的には人工生命体を作る研究がしたいという。「大学の研究者である以上、企業が行うような製品化とは違う形で、社会に貢献するような研究ができたらいいですね」

　これから研究を志す学生には「オリジナルな仕事」をしてほしいと話す。先人の研究を追従するのではなく、概念を根本から確立しようとする姿勢が、研究者として独立し研究組織を持ったときに生きてくるという。「何が独創的で先駆的なのかを見分ける目を養ってほしいです」

（鏡有沙）

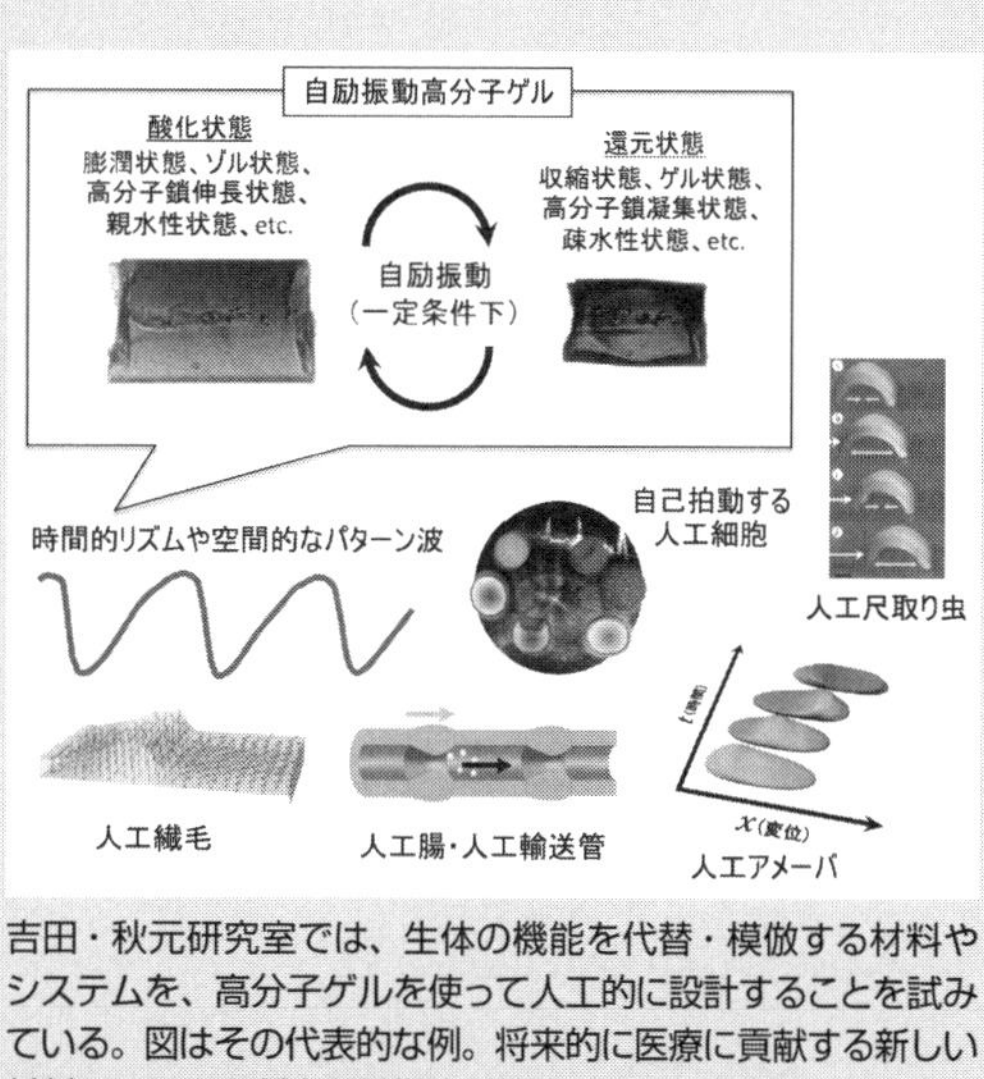

吉田・秋元研究室では、生体の機能を代替・模倣する材料やシステムを、高分子ゲルを使って人工的に設計することを試みている。図はその代表的な例。将来的に医療に貢献する新しい材料システムの創出を目指す（図は吉田教授提供）

総合文化研究科

赤ちゃん学

開《ひらき》　一《かず》夫《お》 教授

93年慶應義塾大学大学院博士課程修了。博士（工学）。09年より現職。著書に『赤ちゃんの不思議』（岩波書店）など。

予想と異なる結果を絵本に

　書店の絵本コーナーに「赤ちゃん学絵本」の文字が踊る。この絵本を監修したのは発達認知科学、別名「赤ちゃん学」を専門とする開一夫教授（総合文化研究科）。ある一時点での人の感覚を取り扱う認知科学に対し、発達認知科学は「どのように言葉を覚えるか」などの人の成長過程に着目する学問だ。

　開教授の元々の専門はロボットや機械学習。認知科学にも興味があったことから「ロボットを使った人の認知発達」という研究テーマに取り組んだ。研究の中で「ロボットよりも赤ちゃんを研究する方が面白い」と感じるようになり、発達認知科学の分野に進んだ。

◇

　発達認知科学では、赤ちゃんの視線や脳波を測定する実験が多い。開教授は赤ちゃんの視線と「ブーバ・キキ効果」を用いた手法を考案。「ブーバ・キキ効果」は音と形に一般的な連想関係があることを指す学術用語で、例えば「ブーバ」「キキ」は、性別や母語などによらず多くの人がそれぞれ「うねうねした曲線から成る形」「ギザギザした直線から成る形」を連想するとされる。これは赤ちゃんにも当てはまるのか、という疑問が「赤ちゃん学絵本」の原点だったという。

開教授は「モイモイ」という言葉を使うことに。これは、赤ちゃんが好むとされる繰り返し音、赤ちゃんでも発声しやすいマ行の音、意味が推測しにくい音、などという観点から考案した。画集を編集者と調べて選んだ4人の絵師に「モイモイ」を表す絵を描いてもらった。

実験では、まず赤ちゃんに四つの絵を見せて基準点を取り、その後「モイモイだよ」と呼び掛けながら絵を見せて視線を計測する。基準との差を見れば音と絵の結び付きを調べられるという仕組みだ。この実験を経て、赤ちゃんの言葉のイメージを表した『モイモイとキーリー』が誕生した。

4人の絵師には、新米魔術師「うるしー」を想像して描いてもらうことも依頼（「うるしー」は研究室メンバーのあだ名に由来したとか）。四つの「うるしー」で同様に赤ちゃんの視線を調べ、最も注目された絵を用いたのが『うるしー』だ。

元々は『モイモイとキーリー』『うるしー』の2冊だけを出版する予定だったが、前者の実験では特に人気を集めた「モイモイ」の絵があった。この「赤ちゃんの目をくぎ付けにした絵」を採用し、3冊目の『もいもい』も出来上がった。

◇

絵本に対する反響は大きい。読者の中には「泣き虫だった孫が『もいもい』を見せたら一発で泣きやんだ」と、お礼を兼ねて寄付金を送ってくれた人もいたという。実験に参加する親子の募集はウェブサイト上での告知やダイレクトメールに頼っていたが、最近では読者から直接連絡を受けることも増えてきた。

実験で苦労するのは、言葉の分からない赤ちゃんが思い通りに動いてくれないこと。脳波計などの装置を使う際に赤ちゃんに泣かれてしまうなど、実験以前の部分で苦労することも多い。ただ、苦労はやりがいと表裏一体で「予想と違う結果が出る点が面白いですね」と開教授。特に『うるしー』の実験では「大人目線」と「赤ちゃん目線」で人気の絵が異なると示された。

研究室メンバーは職員と学生を合わせて20人ほど。「赤ちゃんが好きな人、心の発達に興味がある人には、ぜひ学部生のうちから来てほしいです」。成果を世の中に生かしにくい研究が多い中、この「赤ちゃん学」の研究は絵本という形で成果が見えるのが魅力の一つだ。

「大人・赤ちゃん・絵本の三項関係について研究を進め、成果をまた絵本の形で出せたら」と開教授は展望を語る。赤ちゃんだけでなく、周りの大人の立場をも考慮に入れた、新しい「赤ちゃん学絵本」の誕生が待ち遠しい。**（石井達也）**

「不可逆性」の起源に迫る

工業系研究科

情報熱力学

沙川《さがわ》 貴大《たかひろ》 准教授

11年理学系研究科博士課程修了。博士（理学）。総合文化研究科准教授などを経て、15年より現職。

　夏に部屋を冷やすエアコンは、室内の熱を室外に放出している。熱を移動させる過程でエアコンは電力を消費するが、もし空気分子の速度の情報を取得できる仮想的な「悪魔」がいたとしたら、エネルギーを使わずとも熱を移動させられるという。このように物理学と情報が融合する「情報熱力学」が沙川貴大准教授（工学系研究科）の研究領域だ。

　沙川准教授は学部時代に統計力学の基礎や量子コンピューターなどの基礎理論である量子情報理論に興味を持ったという。大学院では「物理学の基礎理論と情報理論の両方を組み合わせて、物理学の基本原理を解明したい」と考え、現在の研究領域に進んだ。

◇

　情報熱力学の歴史的な発端は19世紀の物理学者マクスウェルの思考実験だった（図）。窓のある壁で仕切られた部屋があり「悪魔」は部屋の中の空気分子の速度を知っているとする。悪魔が窓を開閉して、速い分子を右側の部屋に、遅い分子を左側の部屋に通したとすれば、分子の平均速度が大きい空気ほど温度が高いため、左右の部屋に温度差が生じる。この結論は熱力学第二法則という物理法則に矛盾するように見えるため論争を呼んだが、現在では悪魔による操作も理論に取り入れる形で情報熱力学が定式化された。

　マクスウェルの悪魔は今では単なる理論上の存在ではない。沙川准教授は２０１０年に実験家と協力し、世界で初めてマクスウェルの悪魔を実験的に実現。現在では生物細胞の中に潜むマクスウェルの悪魔に類似した機構についても研究を進めている。

◇

「なぜ不可逆な現象が存在するのか」という問題も研究テーマの一つだ。例えば、熱いコーヒーを室内に放置すると冷めてしまうが、冷めたコーヒーが勝手に熱くなることはない。つまり、コーヒーの温度変化は不可逆的だと言える。

　一方、粒子の運動を支配する力学法則は可逆的だ。実際、振り子の運動をビデオで撮影して逆再生することで見える運動は、現実世界でも起こすことができる。原子や電子を記述する量子力学の世界でも、変化が可逆的に起きる点では変わらない。個々の分子や原子の運動は逆向きの変化を起こせるにもかかわらず、それらが集まって構成される物質では不可逆な現象が起きるというのだ。原因は古

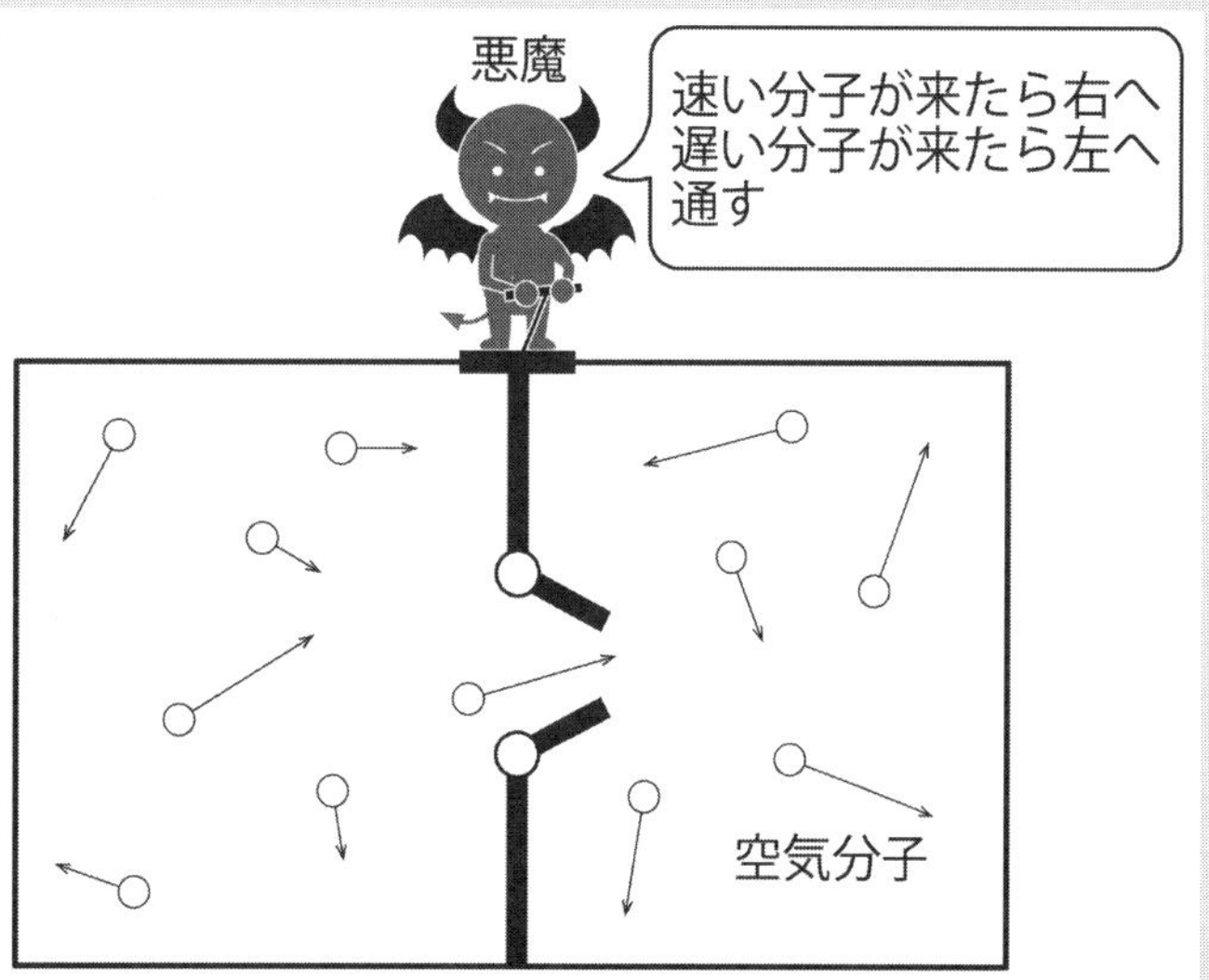
悪魔
速い分子が来たら右へ
遅い分子が来たら左へ
通す
空気分子

（図）マクスウェルの悪魔の概念図。窓を開閉して速い分子を右側に、遅い分子を左側に集めることで、左右の部屋に温度差が生じる（沙川准教授への取材を基に東京大学新聞社が作成）

くから物理学の謎の一つだった。

　物理学では、孤立した物体では「エントロピー」と呼ばれる量が増加するような変化しか起きないという物理法則により、不可逆現象は記述される。近年、このエントロピー増大則を量子力学から説明する試みが進展している。沙川准教授は多数の粒子からなる物理系を考えてその状態変化を量子力学に基づき解析し、短い時間ではエントロピーが確かに増加することを証明。不可逆性の起源解明に近づいた。

◇

　研究室では博士課程に進学する学生は半数ほど。研究を通じて得た理論的な考え方やプログラミングの技術を生かして情報系や金融系の企業に就職する学生もいるほか有名ユーチューバーも輩出した。

　理論物理の研究は主にコンピューターによる数値解析と数学的な計算から成る。「もちろん計算の能力は重要ですが、計算の起点となるアイデアがなければ研究は進まないものです」。学生たちが自力でアイデアを出すことを理想とするが「良いアイデアは一人だけで生まれるものではありません」。自由に議論できる雰囲気づくりを心掛けている。

　沙川准教授の研究室では工学的応用を意識しているものの「すぐに理論を応用するのではなく、長いスパンで応用に結びつく研究をしたい」と語る。「例えば、量子コンピューターは量子力学の基礎を深く掘り下げたからこそ見出された応用です。真に革新的な応用をするためには、基礎が重要なのです」


（上田朔）

粘菌から迫る生命の普遍性

総合文化研究科

生物物理学

澤井《さわい》　哲《さとし》 教授

01年東北大学大学院博士課程修了。博士（情報科学）。米プリンストン大学分子生物学部博士研究員などを経て08年総合文化研究科准教授、18年より現職。


　人間の体は一つの受精卵に始まり、多数の細胞に増殖・分裂してさまざまな器官を形成してゆく。細胞たちがどのように協調し、このような現象を実現するかは謎に満ちている。澤井哲教授（総合文化研究科）は実験と理論の両面から細胞の集団運動を研究している。

　澤井教授は学部時代、物理学を学ぶうちに、人間である自分自身と学んだ物理学との間のギャップに強い興味を抱いたという。「物理学は宇宙（コスモス）についての理解を与える壮大な体系で、さまざ

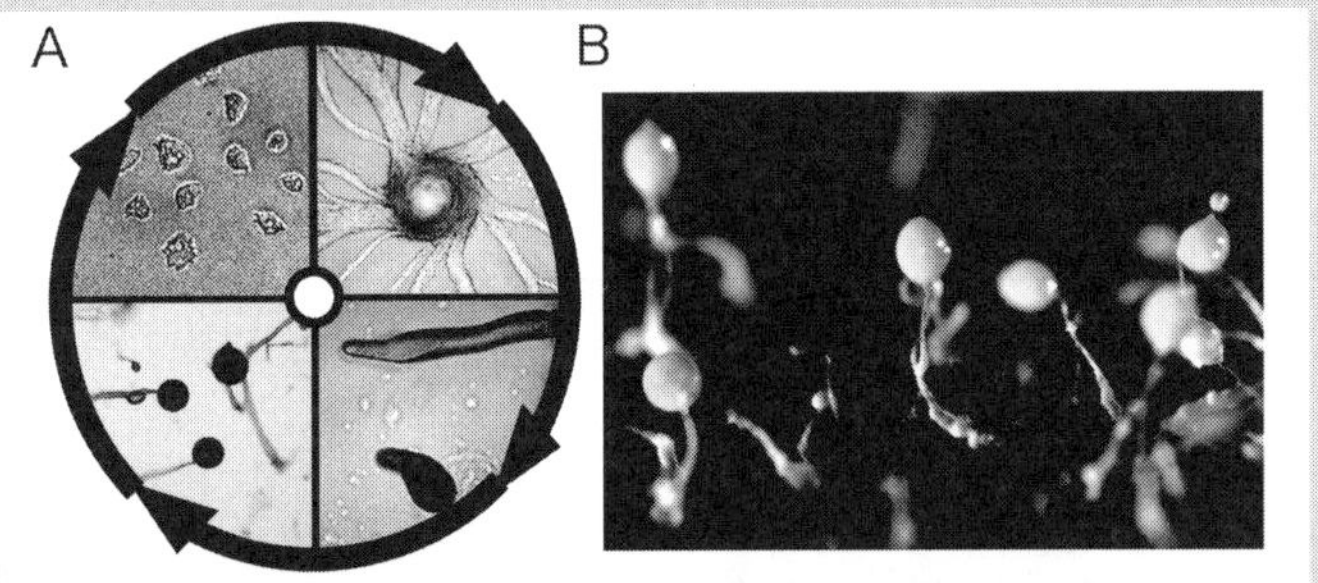

A：キイロタマホコリカビの生活環　B：集合したキイロタマホコリカビが形成する子実体　C：集合した粘菌細胞が予定柄細胞と予定胞子細胞に分離する様子
（画像は澤井教授提供）

まな予測をすることもできますが、身近な人間や生物（ミクロコスモス）についてはどうなのだろうと」

そんな時に、澤井教授は非平衡系の物理学という分野があることを知った。「それまで学んできた物理学は比較的静的な物理的対象（平衡系）に関するものが中心でしたが、私の興味は非平衡系の動的な過程にあるということに気付きました」。大学院で非線形の力学系の研究に関わるうちに、より具体的な対象として、細胞性粘菌と呼ばれる生物を用いた研究に軸足が移った。ちょうどその頃、生物学への数理的・定量的な研究が米国を中心に盛んになりつつあり、澤井教授は博士号取得後に米プリンストン大学で研究に従事した。そこで分子生物学の実験手法も取り入れ、実験と数理的手法が混在する現在の研究スタイルにつながった。

◇

澤井教授が特に注目してきた研究対象はキイロタマホコリカビという細胞性粘菌の一種だ。アメーバ状の単細胞生物だが、栄養が不足すると多数の細胞が集合して「移動体」を形成、やがて「子実体」になる（図A・B）。単細胞生物が集合することで一つの個体のように振る舞う。細胞性粘菌の解析を通じ、多細胞生物の秩序形成の基本にある自己組織ダイナミクスの仕組みに迫るという試みだ。

まず着目したのは細胞性粘菌が集合する過程。散在する粘菌細胞は環状核酸であるｃＡＭＰを産生、分泌し、これが周期的に細胞間で波となって伝搬することで互いにコミュニケーションを取り、らせん形を描きながら1カ所に集合する。

澤井教授らは、この波が細胞集団でいかに出現するか、この波をどのように手がかりにして粘菌が移動方向を決めているか、を実験的検証を重ねながら明らかにしている。細胞集団と細胞内という異なる空間スケールの現象であるが、非平衡系のパターン形成という共通の数理的背景がある。

さらに最近では集合した細胞が子実体を形成する機構についても研究を進めている。集合後の粘菌細胞は子実体の柄になる予定柄細胞と胞子になる予定胞子細胞に分化するが、これらが空間的に再配置され分離し形態形成する仕組みだ（図C）。

分かってきたことは、粘菌の運動方向がｃＡＭＰの濃度だけでなく他の細胞との接触にも影響されることである。ｃＡＭＰの刺激と接触刺激が同時に与えられると、予定柄細胞はｃＡＭＰの刺激に、予定胞子細胞は接触刺激への応答を優先する。2種類の細胞が分離する機構の解明に大きく近づいた。

細胞が運動して目的の場所に配置される現象は多細胞生物においても免疫や個体発生、けがの治癒などで幅広く見られる。粘菌を対象とした研究をさらに深める一方で、そうした他の系の理解に発展させる研究も始めているという。今後の展開がますます楽しみだ。

◇

研究室には数学・物理学系から生物系などの多様な背景の学生と研究員が在籍し、それぞれの得意分野を生かしたアプローチをとっている。「生物学は複数の分野の知識や手法を投入して取り組む総合科学の側面が強い。既存の枠を越える開拓精神を今後も大切にしていきたい」

（上田朔）

総長賞

虫を利用したリサイクル

総長賞受賞者たちの研究①

東京大学総長賞とは、学業や課外活動の業績で東大の名誉を高めたと認められた東大の学生を総長が表彰するものだ。今回は2018年度受賞者のうち団体で受賞した川本亮さん（医・3年）、高橋宗知さん（医・3年）、山田陸さん（工・3年）の素顔に迫る。

（取材・武沙佑美）

◎持続可能な食糧利用を目指して

3人が主体で運営するプロジェクト「Grubin（グラビン）」では、アメリカミズアブの幼虫を用いて生ごみを分解する小型装置グラビンの開発に取り組む。名称はgrub（幼虫）とbin（ゴミ箱）から成る造語。フードロス大国の日本で食糧廃棄物を分解しリサイクルする装置を普及させて、持続可能な食糧利用の実現を目指す。「日本では途上国への食糧援助は盛んですが、国内のフードロス問題は未解決のままです」と山田さんは話す。

グラビンの内部には傾斜する坂構造が設置されている（図1）。生ごみを取り込んで成長した幼虫はその坂を登るようになり、登り切ると生ごみから隔離される仕組みだ。空気清浄機を備え付けることで消臭も可能な上、幼虫が生きていける環境を保ち他の虫の侵入やミズアブの脱出を防ぐ工夫なども凝らされている。

なぜアメリカミズアブを用いるのか。まず幼虫は自らの体重の2・5倍の生ごみを1日で処理できるほど高い分解能力を持つ。国内にも広く生息し、生態系に影響を与えることなく利用できるのも特徴だ。そして何よりも、食品を分解し成長したアメリカミズアブは養殖や家畜の優良な飼料として需要があるため、持続可能な循環が成立する。

2019年1月からは沖縄県八重瀬町で、生ごみを取り込み成長したアメリカミズアブの飼料としての有用性を検証する実証実験を開始。現地の

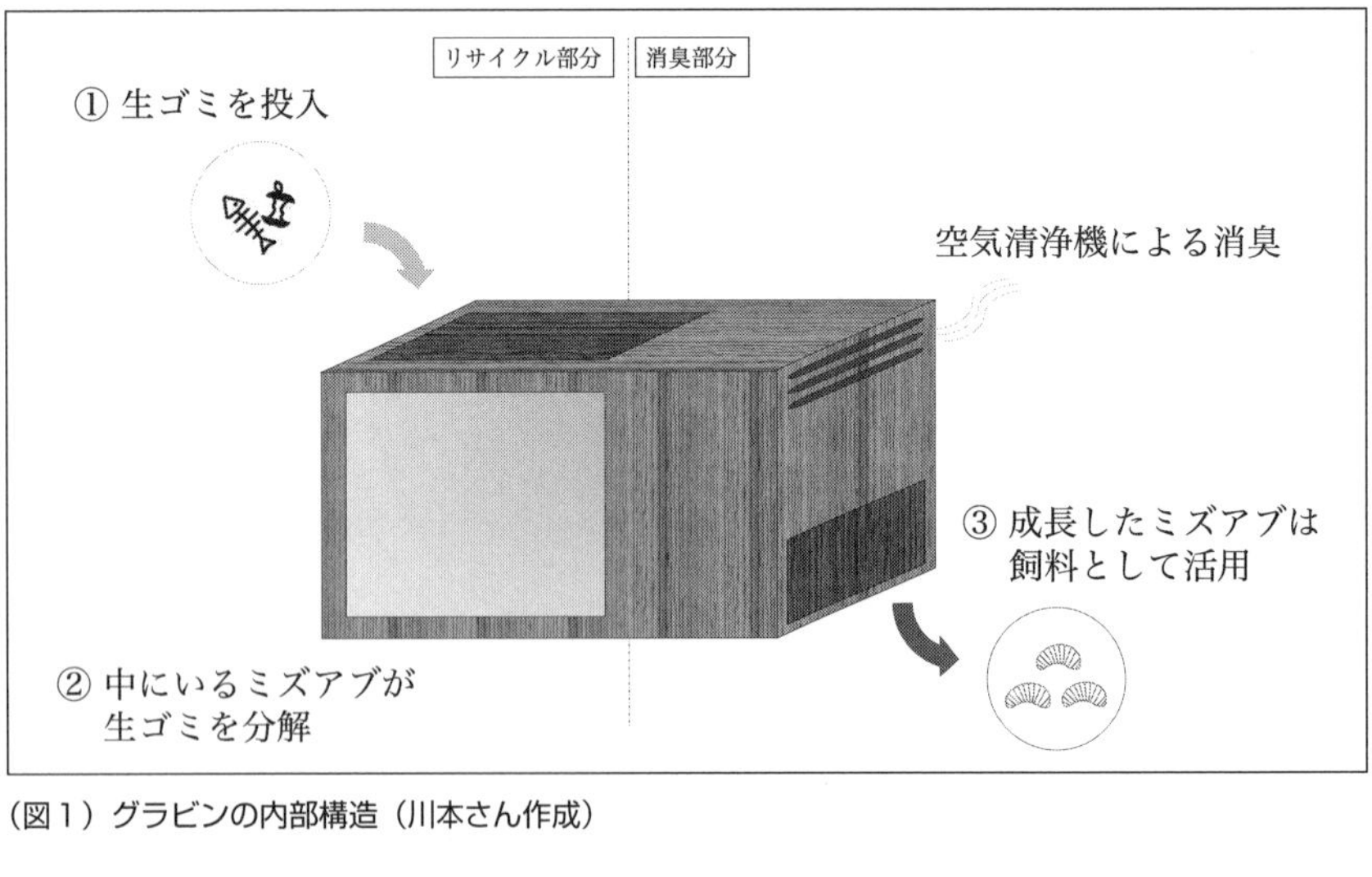
リサイクル部分
消臭部分
① 生ゴミを投入
空気清浄機による消臭
③ 成長したミズアブは
飼料として活用
② 中にいるミズアブが
生ゴミを分解

（図1）グラビンの内部構造（川本さん作成）

沖縄県八重瀬町での活動では地元住民との交流も深まった（写真は川本さん提供）

養鶏場と協力し、粉末化したミズアブの幼虫を鶏の飼料として活用し経過を見守っている。地元住民との交流も活発で「家を貸していただいた上、地元の子供たちに勉強を教えたり近所の方々と晩酌したりと、プロジェクトの内容を超えた関係を築くことができ、協力いただいた沖縄県の方々には心から感謝しています」。3月には市長・町長ら含め150人以上の地域住民に向け報告会を開催した。

現在グラビンが見据えるのは2020年の東京オリンピック・パラリンピック。選手村にグラビンを導入し、食品リサイクルに力を入れる日本の姿勢をアピールしたい考えだ。「その第一歩として、5月よりクックパッドの社員食堂に装置を導入していただけることが決まりました」と川本さん。「まずはグラビンを世に出せる形に仕上げていくことが目標です」

◎協力者への感謝を胸に

グラビンの原点は、17年11月に開催された国際的な学生向けビジネスコンテストであるハルト・プライズにある。入学早々親しくしていた川本さんと高橋さんは、工学に詳しい山田さんと3人で出場することにした。だがアイデア出しに難航した揚げ句、生き物好きだった川本さんの提案でミズアブに注目した。

当初はグラビンを用いて、カンボジアの路上に放置され腐敗する生ごみを処理することで衛生状態を改善するというビジネスモデルで勝負。初戦は突破したものの、結果的に18年5月に開催された日本予選で敗退した。「ハルト・プライズではアイデアが机上の論理になっていた印象があり、カンボジアでの実現可能性を実際に自分たちの手で確かめたいと思いました」

反省を踏まえた3人はクラウドファンディングで資金を調達し、1カ月間カンボジアへ。ミズアブを育て生ごみを分解させたり、現地の養殖・養鶏業者に頼んで飼料として試してもらったり、地元学生の協力を得て聞き込み調査を実践したりした。だが現地調査を経て感じたのは、外国人としてカンボジアでビジネスを展開することの難しさだったという。一方で「アメリカミズアブの分解処理能力が本当に高いということも分かったし、カンボジアの協力者たちの助けを無駄にしたくなかった」ため、グラビンのビジネスモデルを日本に適用させてみることを決意した。

その足掛かりとして18年9月、日本財団ソーシャルイノベーションアワードというビジネスコンテストに応募。優勝し活動奨励金1000万円を獲得した。「実は同時期に7、8個のコンテストに応募していたんですがボロ負けでした」。優勝は予想だにしていなかったという。だが優勝の理由として高橋さんは審査員が「若者の一見無謀なアイデアに期待を寄せてくれたのでは」と分析する。またカンボジアでの調査を経て「今まで助けてくれた人たちへの感謝の気持ちが、プロジェクト実現への強い思いとして表れていたのかもしれません」。

カンボジアでは連日市場へ出向き、調査した（写真は川本さん提供）

これまでの活動を通して痛感したのは、他人の協力を得ながらプロジェクトを進めていくことの重要性だ。「私たちがここまで来れたのは多くの人の助けがあったからです」。カンボジアの現地調査ではもともと川本さんと知り合いだったカンボジア人の学生が仲間を呼び集め、現地の人との通訳や移動を手伝ってくれ、沖縄県での活動も常に地元住民の温かい支えと後押しがあった。今も「沖縄県での活動は、縁あって知り合った東京理科大学の学生が仕切ってくれています」と、協力者は増え続けている。

グラビンに取り組む日々は地道な作業の連続でうまくいかないことがほとんどだという3人。だからこそ総長賞の受賞は「東大生として最高のご褒美」で、多くの人と協力しつつ活動してきたことが報われて嬉しかったと振り返る。

そんな彼らの日々の活動の原動力となっているのは「これがやりたい！　というワクワク感ですね。それから何よりも、グラビンを通してできた仲間が一番の財産です」。3人をはじめ多くの人の熱い思いを背負ったグラビンの今後が楽しみだ。

総長賞授与式後、安田講堂前にて。左から高橋さん、川本さん、山田さん（写真は川本さん提供）

総長賞

細胞の謎に学際的に挑む

総長賞受賞者たちの研究②

東京大学総長賞とは、学業や課外活動で業績を挙げ東大の名誉を高めたと認められた東大の個人・団体を総長が表彰するものだ。今回は2018年度受賞者のうち、学業分野で大賞を受賞した山岸純平さん（養・4年=受賞当時）の素顔に迫る。

（取材・武沙佑美、渡邊大祐）

高校時代

円城塔の作品から複雑系の科学へ

山岸さんの研究は、さまざまな分野が絡み合う。関係する分野は生物学から数理科学、物理学、そして経済学にまで及び壮大だ。

今年学部を卒業したばかりの山岸さんだが、論文は既に専門誌に掲載されたことがある。しかもそれは山岸さんが1、2年生の時の研究に基づく。研究室配属はおろか、専門分野も決まっていない前期教養課程の間の研究が、専門誌に掲載される論文にまで仕上がるのは異例だ。

なぜ前期教養課程のうちから研究を始められたのか。「1年生の時から金子先生のゼミで研究してい て」。金子邦彦教授（総合文化研究科）は生命現象を物理学の観点から解明しようとしてきた第一人者だ。そもそも東大入学を考えた理由の一つも、金子教授の存在だという。金子教授に憧れを抱いた高校

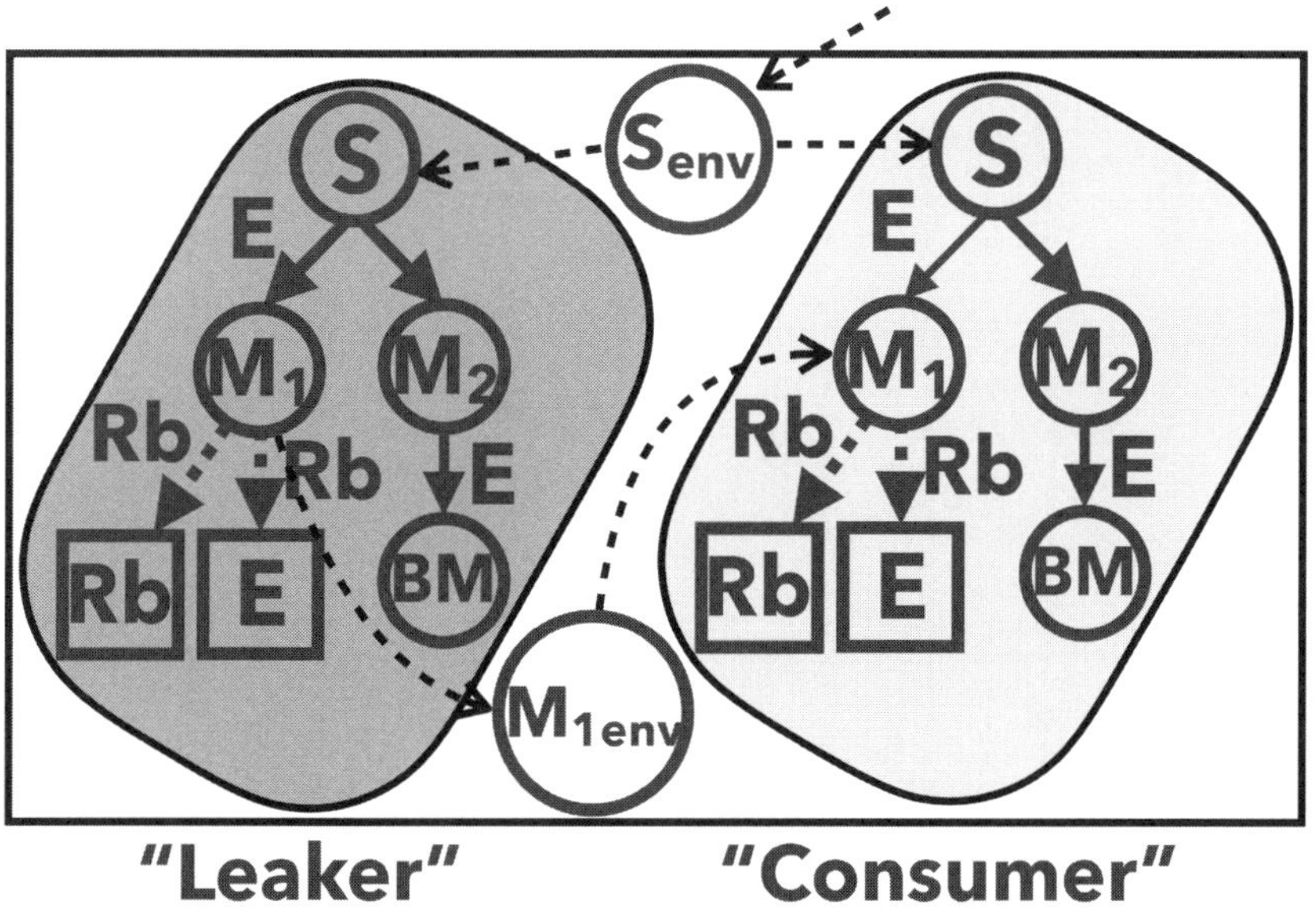

二つの細胞が物質の授受を通して共生する様子を山岸さんが単純化したモデル。左側の細胞が漏らした物質M_1を右側の細胞が取り込み利用する。細胞内の矢印は化学反応や遺伝子の翻訳を表す（図は山岸さん提供）

時代の話を聞くと、その後の研究に至るテーマも見えてきた。

高校時代、さまざまな学問分野に興味を持っていた山岸さん。部活動でディベートをする際に、数値で表され根拠になりやすいと経済学や、哲学に興味を持っていたという。

そして高校2年生の時、ある小説と出会う。それは、SF小説『Self-Reference ENGINE』。著者の円城塔さんは金子研究室出身だ。作品にも研究と関係するテーマが登場する。他の円城作品やその参考文献を読みあさった山岸さんは、金子教授の著作にも強く感銘を受けた。

山岸さんによると、金子教授や円城さんの専門は大枠では「複雑系の科学」。ある物の性質を考える際、さまざまな要素が影響を与えていると個々の要素の影響を考えても、全体の性質を説明できないものがあるという。この問題をモデル化とシミュレーションなどで解決しようとするのが「複雑系の科学」だ。聞き慣れない言葉だが、気象現象や経済などに広く用いられている。山岸さんは「複雑系の科学」に魅了されるも、まずは基本的なところからと古典力学や量子力学など物理学の基礎を独学で学んでいたという。

総長大賞受賞を記念して。中央で記念品を持つのが山岸さん。左右の２人は総合文化研究科所属で、最新の論文の共著者である畠山哲央助教（左）と金子邦彦教授（写真は山岸さん提供）

東大入学後

金子ゼミで細胞間のやり取りをモデル化

東大に入学した山岸さんは、憧れの金子教授がゼミを開いていると知る。前期教養課程の一環として開講されている「『生命とは何か?』に迫る研究体験ゼミ（現・生命の普遍原理に迫る研究体験ゼミ）」だ。入学直後から2年間参加し続けた。

金子教授らの指導の下、山岸さんが取り組んだのは「細胞間の共生の仕組み」の解明。細胞は自身にとって有益な物質を放出することがある。これはその細胞自体の生存には不利と考えられる、不思議な現象だ。放出された物質は他の細胞で利用されると考えられている。このように細胞間が共生する仕組みの解明は、生物が一つの細胞からなる単細胞生物から、複数の細胞からなる多細胞生物へ進化した理由を考える上で重要だ。

山岸さんは、細胞同士が物質をやり取りする様子を数理科学や物理学を基にモデル化。シミュレーションした結果、細胞が物質のやり取りをしない場合よりも、複数の細胞同士が物質をやり取りした場合の方が、細胞の成長速度が速いことなどを確かめた。

当時の山岸さんは週に1度、金

子教授や斉藤稔特任助教（総合文化研究科＝当時）と議論し、研究を進める日々を過ごしていた。サークルには入らず、ゼミに打ち込んだ。成果は論文にまとまり、後に専門誌に掲載されるほどの仕上がりだった。しかし山岸さんは当時を「打ちのめされていた」と振り返る。「自分が独自に考えた部分はありましたが先生方のアドバイスは圧倒的で、研究者の道に進む自信を失いました」

　実際山岸さんは2年生の夏に進学選択で、金子教授のいる教養学部ではなく、医学部医学科に進学する。「医学科で学べる基礎生物学への関心もありましたが、研究者ではなく医者になろうとも思っていました」。しかし生物学を学ぶうち「アカデミアに残りたい」という思いが強まり、転学部することにする。3年生を終えたタイミングで教養学部統合自然科学科に移り、金子教授の下で研究を続けた。

今後の展望

謙虚に研究を続け 成果を異分野に還元

　4月から総合文化研究科の修士課程に進学した山岸さん。最新の研究では、これまでの研究の延長線上に経済学を導入。細胞同士の物質のやり取りの解明に、人同士の物のやりとりを記述するミクロ経済学を利用した。高校生時代の幅広い興味とつながる学際的なテーマだ。

　総長大賞の題目「代謝物の漏出とやりとりによる細胞間分業と共生の数理、物理そして経済学」にも学際性が際立つ。受賞した感想を聞くと「医学部から教養学部に転学部する時には家族ともめましたが、今回の受賞では認めてくれてその点でもうれしかった。一方自分が総長大賞を頂くのは恐縮で、浮かれる気持ちよりも今後の研究生活への期待と不安の方が大きいです」。

　学部の早い時期から研究を続けてきた山岸さんの原動力は、高校生の時に出会った2人の存在だ。「金子先生や円城さんへの憧れが大きいです。2人と同じ視点で世界を眺めてみたい」。私生活で研究に集中するこつは、家にインターネットを引かないことだとか。「ネットがあると大して好きでもないことに時間取られちゃうので（笑）」

　今後は生物の1個体を超え、生態系単位を物理学で理解することや、経済学で生命現象を理解する他、その知見を経済学自体にも還元することに興味があるという。最後に学部生へのメッセージを聞いた。「偏見を捨てながら、好きと嫌いにだけは忠実にいてほしいです」

建築家の卵による自由な表現

約150年続く建築学科の「卒制」

東大では、法学部など一部の学部や学科を除いて、卒業論文（卒論）の執筆が卒業の必須要件として課せられている。一方、工学部建築学科では、卒論に加えて卒業制作（卒制）と呼ばれる、最終制作課題も必修課目となっている。建築学科における卒制の制度的な概要や歴史について有識者に聞くとともに、卒制を終えた学生へのインタビューを行い、その実態に迫った。

（取材・大西健太郎）

最初で最後の「無条件」な設計

卒制は卒論同様、それまでの大学での学びの集大成として位置付けられているが、その様相は大きく異なる。文字情報が主の卒論に対し、卒制の場合、平面図・断面図などの図面や絵、模型などさまざまな手法を用いて表現した制作物を提出する。

東大の卒制は現在Aコース（設計）とBコース（研究）の二つから成っている。オリジナルの建築の設計を行うAコースに対し、Bコースでは卒論などの研究を発展させたものを制作物として研究の成果を示す。

東大のように、建築学科で卒論と卒制の両方が課される大学は少ない。東大で卒論と卒制がどちらも全学生必修になっている理由について、意匠系技術職員として長年にわたって卒制に携わってきた山崎由美子さんは「実践力を身に付けると同時に、研究者の養成も重んじられているからなのでは」と推測する。

卒論同様、卒制は建築を学び始めてから自分で問題を設定する最初の本格的な機会となる。それまでの設計製図の授業では、敷地や建物用途、建物規模といった条件があらかじめ決められた課題に取り組むが、卒制では自ら敷地やテーマを決め、問題そのものを創造することが求められる。

卒業後に建築設計の仕事に就く場合、まず敷地があり、顧客の要望や予算など、さまざまな条件が与えられた上で設計に取り組まなければならない。つまり、卒制と同じように無条件で設計する場面は卒業してから二度と訪れることはないが、山崎さんは条件を全て自分で設定できる点に卒制の意義があると話す。「卒制は1から10まで自分で決められる最初で最後の機会。条件の制約なしに設計することは大変ですが、だからこそ面白いのではないでしょうか」

また、卒論はテーマや研究手法を考えるに当たって教員や院生に指導を受けることはあるものの、基本的にはどの学部や学科でも自分一人での作業が主となる。卒制の場合も個人作業が主となるが、例年提出の2、3週間前ごろから学科の下級生や学内外の知り合い（通称・ヘルパー）の力を借りて作品を完成させる学生が多いという。下級生にとっては先輩から設計技術を学ぶ機会になる一方、上級生にとっても組織的に制作物を作り上げる訓練になるなど、双方にとってメリットがあるようだ。こうした、複数人で制作物を作り上げるという点も、卒制の大きな特徴の一つと言える。

卒制では作品の評価の機会が学内外に多様に設けられている。東大の場合、提出した作品は全て展示され、全教員によって採点される。採点の結果、Aコースの優秀作品には「辰野賞」が、Bコースの優秀作品には「中村達太郎賞」がそれぞれ授与される。その後、選抜された作品についての学内講評会が行われ、教員と学生との間で作品のコンセプトや完成度、表現方法などに関して質疑応答が行われる。辰野賞受賞者で東大大学院に進学した学生には各年1人限定で「コンドル賞」が贈られる。この賞は00年に安藤忠雄教授（当時）が発起人となり創設された賞で、受賞者には海外の建築事務所での研修費用として100万円が支給される。

学内講評会では隈研吾教授ら教員との質疑応答が繰り広げられた

近年は講評の場を学外に開く動きも見られる。03年度に学外の建築家らを招いた講評会が始まったことを皮切りに、06年度からは東京工業大学、東京藝術大学という、建築学科を擁する都内の国立大学との3大学合同での講評会が行われるようになった。「また、『せんだいデザインリーグ卒業設計日本一決定戦』（仙台市）や『デザインレビュー』（福岡市）など、全国規模の講評会が毎年各地で開催されており、自作を携えて全国を行脚（あんぎゃ）する学生も多いという。

作品をさまざまな人々に講評してもらうことは設計をしていく上で大事だが、学生には自分自身が考えていることや興味があることを素直に設計で表現して欲しいと山崎さんは話す。「人がどう評価するかを気にするより、自分が納得できるかどうかが大切。2年半学んできた集大成の場なので、楽しんで取り組んでほしいですね」

名だたる建築家の登竜門

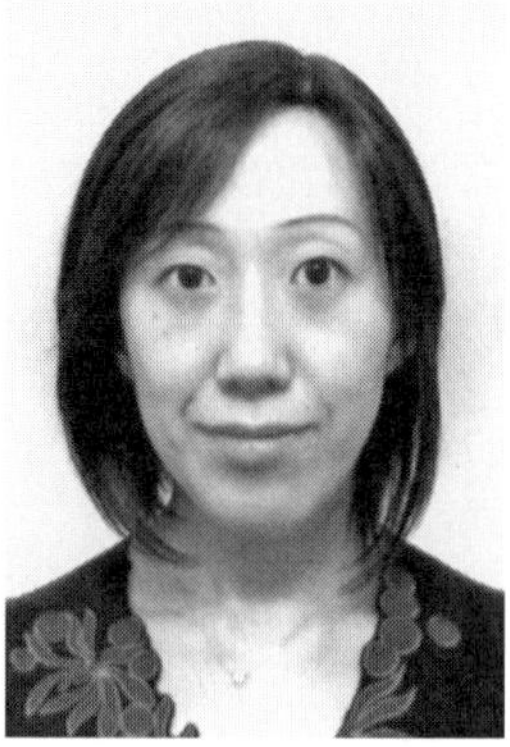

角田《つのだ》 真弓《まゆみ》さん
（工学系研究科技術専門職員）

95年筑波大学卒。博士（工学）。05年より現職。著書に『明治期建築学史』（中央公論美術出版）、編著に『東京大学本郷キャンパス140年の歴史をたどる』（東京大学出版会）など。

東大建築学科は１８７３（明治６）年に開校した工学寮工学校の専門科の一つとしてスタートした日本で初めての建築学科だ。日本銀行や東京駅の設計で知られ、辰野賞の由来ともなっている辰野金吾はその第１期生で、辰野も卒制を経験している。これは辰野らを教えた英国人建築家、ジョサイア・コンドルの発案によるものである。

「当時の卒制は現在と異なり、好きな建物を自由に設計できるわけではありませんでした」と話すのは、当時の東大建築学科の様子に詳しい歴史系技術職員の角田真弓さん。建築学科図書室では辰野金吾以来の建築学科卒業生の卒制の図面を閲覧できる。当時の図面を見ると、博物館や病院、銀行など、日本の近代化を進める上で必要となる建物を設計したものが多い。デザインも西洋の様式建築を踏襲したものが多く、時代性を強く感じさせる。

それ以降も、時代の影響を色濃く受けたものが多い。関東大震災の２年後にあたる１９２５（大正14）年の震災記念館と称した作品や、太平洋戦争が始まった１９４１（昭和16）年の傷痍（しょうい）軍人の療養施設、軍の技術研究所といった軍事色を帯びた作品など、世相を反映したテーマの作品が多く見受けられる。

辰野賞の歴史も古く、その起源は１９３４（昭和９）年にまでさかのぼる。歴代の受賞者には広島平和記念資料館や東京都庁舎などの設計で知られる丹下健三や、代官山ヒルサイドテラスや幕張メッセなどの設計で知られる槇文彦、近年では青森県立美術館を手がけた青木淳や武蔵野美術大学図書館を設計した藤本壮介など、名だたる建築家らが受賞している。

定石にとらわれない手法を提案

『住み継ぎ』という作品で19年度の辰野賞を受賞した西田静さん（工・４年）に、作品のテーマや構想プロセス、卒制期間中の苦労や思い出などについて聞いた。

◇◆◇

──作品について教えてください

福島県奥会津地域にある実際の限界集落を敷地に設定しました。住みながら家財を整理し、集落の住民や集落を訪れる人に対して家を開いていくことで、家主が亡くなった後も空き家として放置されることなく、次の住み手に受け継がれる「住み継ぎ」という考え方を提案しました。

──敷地の選定理由について教えてください

制約が多いほど設計がはかどるタイプなので、地形が複雑な場所を選びました。地方再生の手法としては、地場産業の振興を絡めることが定石です。しかし、今回はあえて産業のない集落を選びました。それは、産業に頼らなくても集落を維持できる方法を考えれば、産業のない他の地域にも適用できると思ったからです。

──卒制で苦労したことは何でしょうか

テーマが「住み継ぎ」に決まるまでに時間がかかりました。その後もテーマを建築の形に練り上げていくのに苦労しました。結局、最終的な形が決まったのは提出の１週間前でした。

設計に並行してヘルパーに模型作りを手伝ってもらったのですが、

自作のパネルと模型の前で受賞の喜びを見せる西田さん

その指示や工程管理も大変でしたね。

——卒制で学んだことについて教えてください

　私は意匠系の研究室に所属しているのですが、卒制期間中は研究室の先生のみならず、計画、環境、構法、歴史といったさまざまな分野の先生に相談しました。その中で、各分野の専門的な知見が、今まで思っていたよりも設計に反映できることに気付けました。

——辰野賞受賞の感想と今後の展望を教えてください

　受賞したこと自体もそうですが、受賞に付随して学外講評会への推薦をもらえたことがうれしかったです。卒制で設計の楽しさを再確認することができたので、大学院進学後も研究室のプロジェクトに励みたいと思います。

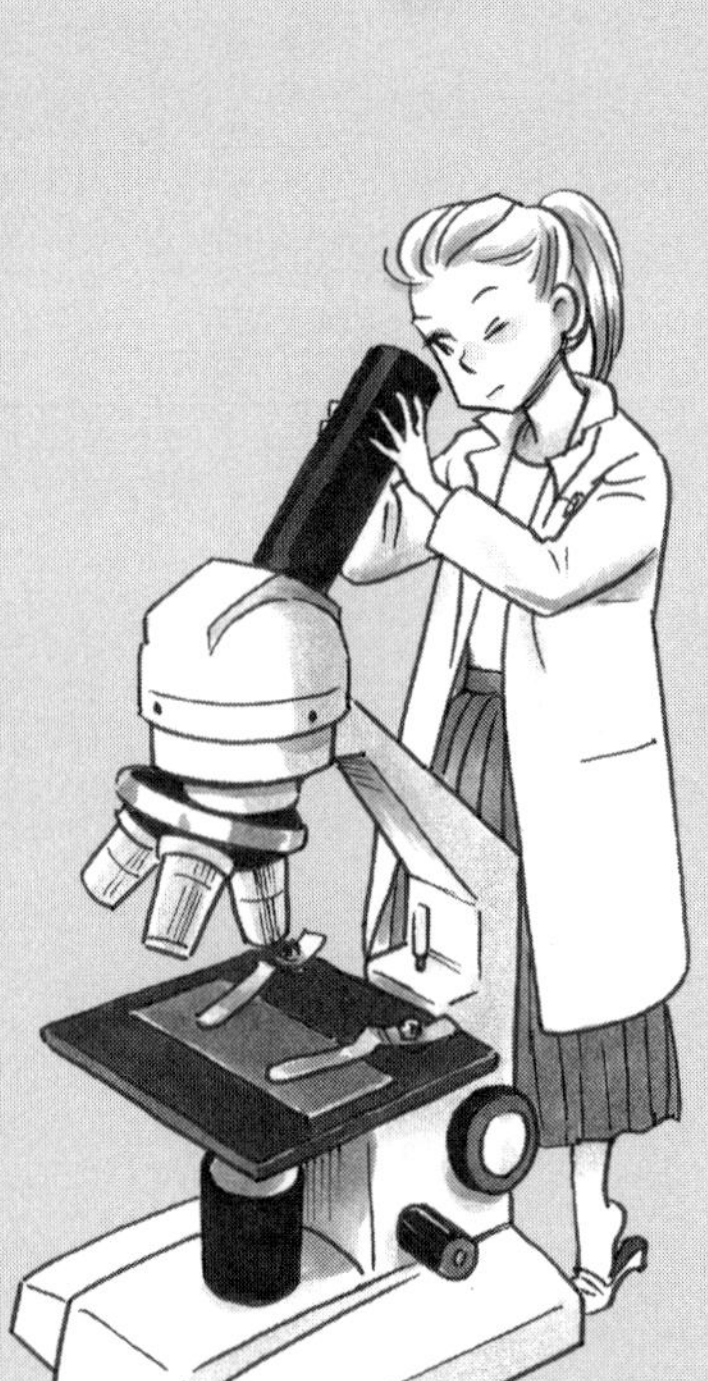

第6章 東大と生きる

例年多くの来場者で盛り上がる五月祭や駒場祭、さらに東大観光問題といった学業・スポーツ以外の外部との交流や、推薦入試、インタークラス、積極的な休学など知ってほしい学びの形をクローズアップ。

▲ＩＭＯ projectによる、芋けんぴを使ったドリンク

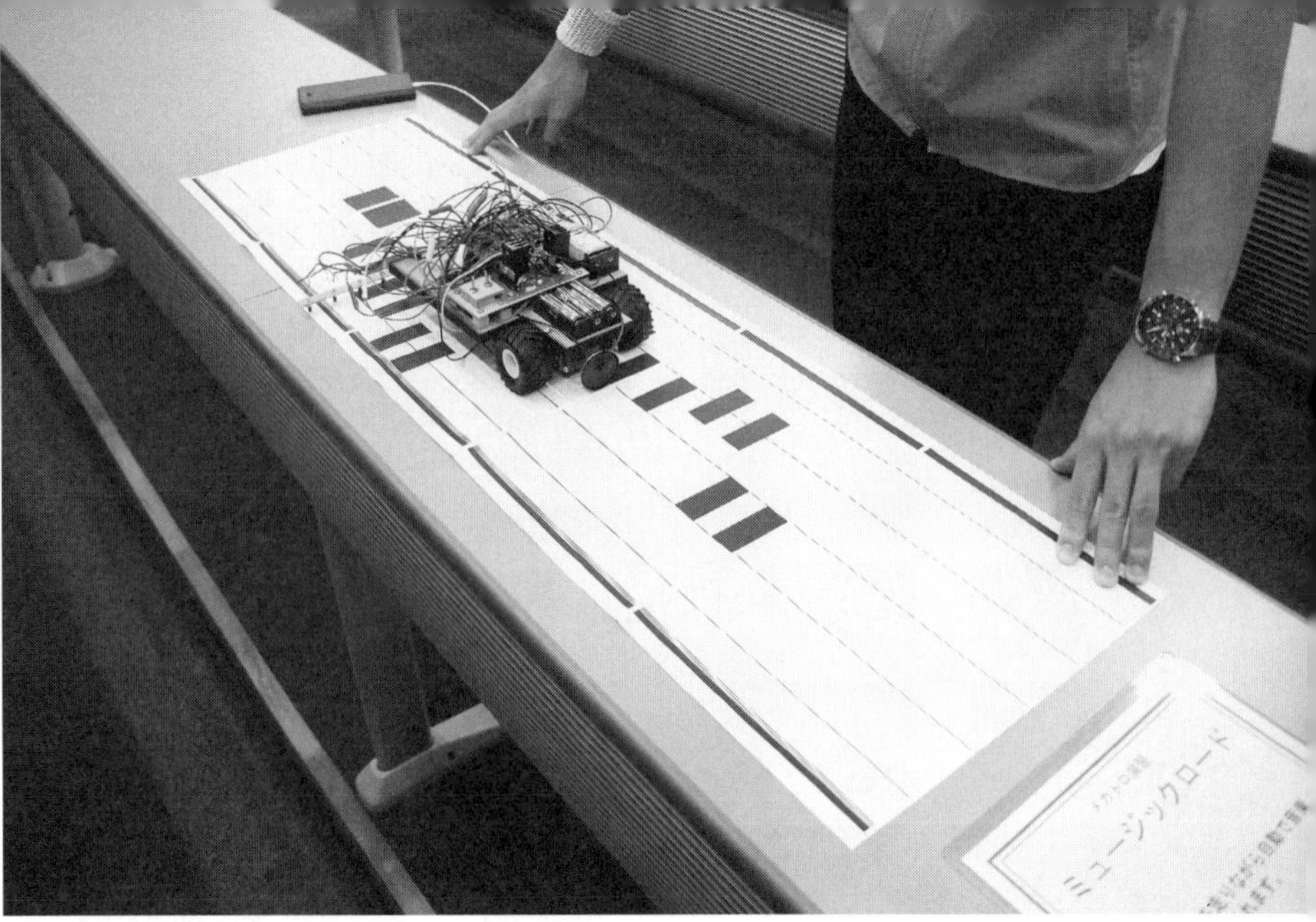

▲工学部機械工学科・機械情報工学科の展示。レーン上を進み白か黒か検知して『きらきら星』を演奏する

写真で見る 第92回 五月祭

5月18、19日に開催された五月祭は、盛況のうちに幕を閉じた。〈おもしろい〉が交差した2日間を、写真と共に振り返る。

（撮影・麻生季邦、黒川祥江、田中美帆、長廣美乃、宮路栞、山口大貴）

▲みかん愛好会のブースでみかんに舌鼓

民族舞踊研究会による一糸乱れぬ踊り▶

鏡を駆使した工学部建築学科パビリオン▶

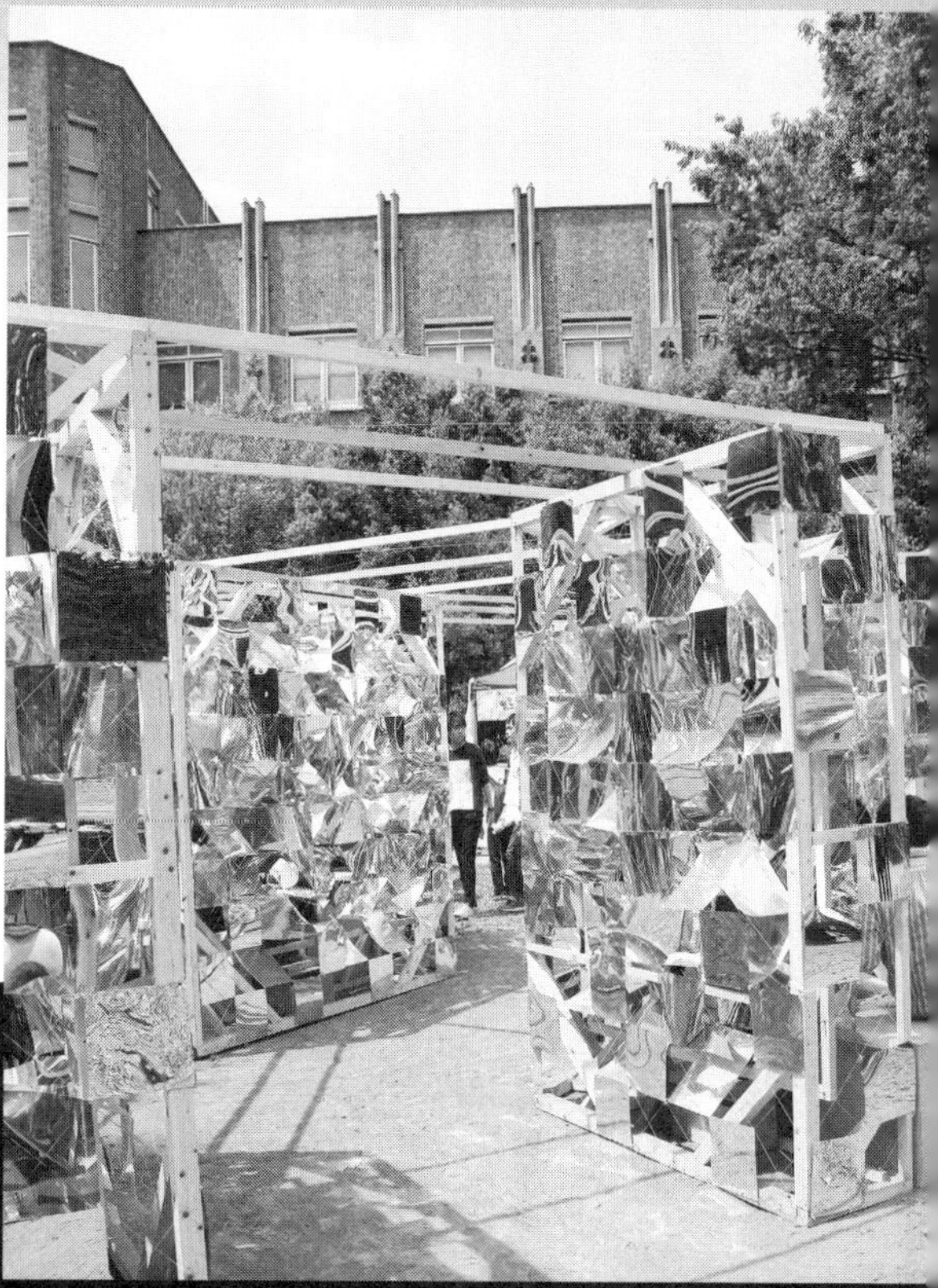

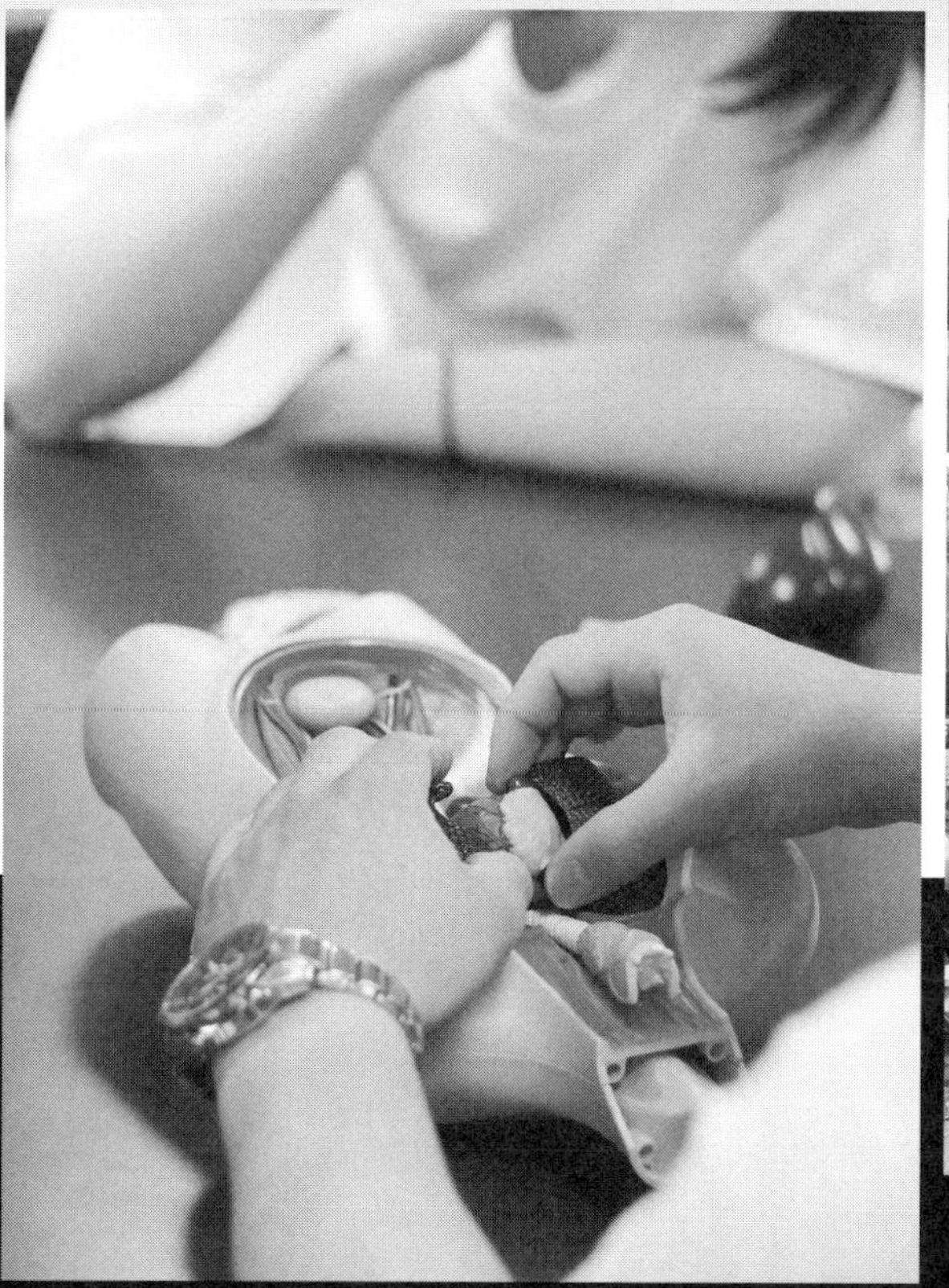

▲医学部生の説明の下、真剣に臓器模型を動かす

▲ＬＥＧＯ部による展示。本格的な操作も可能だ

◀地文研究会地理部による立体日本地図では山や谷が見事に再現された

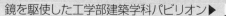

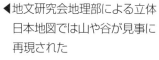

▲ミス＆ミスター東大コンテストでグランプリに輝いた上田さんと木瀬さん

第70回駒場祭が11月22日から3日間駒場Ⅰキャンパスで開催された。今年のテーマは「七変華」。数多くの企画が来場者を楽しませた。最終日の「ミス＆ミスター東大コンテスト」では、ミス東大には上田彩瑛さん（理Ⅲ・1年）、ミスター東大には木瀬哲弥さん（工・4年）が輝いた。

（撮影・石井達也、衛藤健、黒川祥江、児玉祐基、中野快紀、原田怜於、米原有里）

写真で振り返る 第70回 駒場祭

▲出店を通じ、クラスの親睦も深まる

▲今日から君もアーチェリー選手だ

◀尺八部員の指導による尺八教室が行われた

◀フラサークルＫａＷｅｌｉｎａが、指先まで
美しいフラダンスを披露

最終日にはミス・ミスターコンテストだけでなく、▶
女装子コンテストも盛り上がりを見せた

東大ハロ研'19による迫力ある▶
ダンスが観衆を魅了した

▲書道研究会の躍動感あふれる
書道パフォーマンス

寒さもへっちゃら、まわし姿で▶
ちゃんこを売る相撲部

駒場祭が見た70年

伝統ある学園祭の歴史を振り返る

駒場祭は今年で70回の節目を迎える。開始以来、一度も途切れることなく続いてきた伝統ある学園祭は、どのような歴史を経て今に至るのか。自身も学部生時代に駒場祭委員を務め、現在『東京大学の学園祭史』という題目で修士論文を執筆中の佐藤寛也さん（教育学・修士２年）に、駒場祭の歴史を時代ごとに区分してもらい、その画期となった出来事について聞いた。

（取材・大西健太郎）

当初は教員の反対も

―青春祭の時代

駒場祭の起源をたどると、現在の教養学部の前身、旧制第一高等学校（一高）で行われていた「紀念祭」という寮祭までさかのぼる。１９４９年に新制東京大学が発足し、教養学部が設立されると、有志らにより駒場キャンパスでも学園祭をとの声が上がり、当初は教員の反対もあったものの、翌年には「駒場祭」として開催が実現した。一高紀念祭は毎年2月に開催されていたが、五月祭との兼ね合いもあり11月に開催されることとなった。当時は紀念祭より続く伝統の「寮デコ」（駒場寮の各部屋に風刺的な飾り付けをする）や、仮装して渋谷まで練り歩く「仮装行列」、クラスなどによる「ページェント」（野外演劇）といった名物企画があり、当時の東京大学新聞紙上では「青春祭の色彩」と形容された。

佐藤《さとう》 寛也《ひろや》さん
（教育学・修士２年）

―反体制の時代

その後60年代に入り、学生運動が盛り上がりを見せるようになると、時代の流れに呼応するかのように、政治色の強い社会派企画が増えていった。

運動が最も過熱した68年には全学スト（授業ボイコット）が行われ、駒場祭についても開催が危ぶまれる状況であった。大学側は駒場祭委員会との交渉に応じず、何とか開催するには至ったものの、大学側からの援助が得られなかった。そのためプログラムの売り上げと広告協賛を募って集めたお金のみを運営資金とした「自主管理」による異例の開催となった。

―大衆化の時代

翌69年は安田講堂のバリケード封鎖も解除され、紛争が鎮静化に向かった年だった。五月祭は中止となったが、駒場祭は開催される運びとなった。この年は入試が行われなかったため、新入生のいない駒場祭となったが、企画数は大幅に増加し、紛争後の「駒場の再建」の象徴となった。

69年を境に70年代に入ってからの駒場祭はだんだん娯楽的要素が強まっていった。69年には、屋外ステージが初めて設置され70年代前半にかけて、屋内企画に占める喫茶店の割合や屋外模擬店の数が急増した。

時代区分	東大をめぐる出来事	駒場祭の動向
前史	新制東京大学発足、 教養学部設置（1949 年）	最後の一高紀念祭（1949 年）
青春祭の時代 （1950 年代）	旧制第一高等学校閉校（1950 年）	第 1 回駒場祭（1950 年） 寮デコ、仮装行列などが名物
反体制の時代 （1960 年代）	国会デモで東大学生が死亡（1960 年） 全学ストに突入（1968 年）	社会派企画が増加 「自主管理」による開催（1968 年）
大衆化の時代 （1970 年代〜）	安田講堂の封鎖解除（1969 年） 入試不実施（1969 年） その後、紛争は鎮静化	新入生のいない駒場祭（1969 年） 屋外ステージの設置（1969 年〜） 喫茶店・模擬店の急増
寮なき駒場の 新時代 （2000 年代）	大学が駒場寮の廃寮を宣言（1996 年） 駒場寮の強制退去が執行される（2001 年） 国立大学法人化（2004 年）	オープニング、フィナーレ（2003 年〜） 「委員はっぴ」導入（2005 年〜） 「こまっけろ」登場（2007 年〜）
拡大と多様化の 時代 （2010 年代）	教育棟 21 KOMCEE の供用開始（2012 年） 「東大生番組」ブームに	パンフレット無料化（2010 年〜） 全面禁酒（2012 年〜） 委員会企画の拡充、来場者数の増加

80年代に入ると、駒場祭委員会が設定する統一テーマも、学生運動スローガン風のものから、現在まで続く一言で駒場祭のイメージを表すものに変わっていった。

高まる人気

――寮なき駒場の新時代

続いて転機となったのは駒場寮の廃寮（96年廃寮宣言、01年強制執行）である。これにより毎年駒場祭と同時期に開催されていた「駒場寮祭」がなくなり、一高紀念祭以来の伝統が途絶えることになった。また、以前は認められていたキャンパス内での飲酒や夜間のキャンパス内滞在は近年になってそれぞれ禁止されたが、これもキャンパス内に居住者がいなくなるという、駒場寮の廃寮なくしては実現しなかっただろう。

寮のあった区域の再開発で駒場キャンパスは大きく変わった。そして廃寮から10年ほどの間に、現在の駒場祭の形がどんどん完成していった。オープニング・フィナーレや中夜祭の開始に加え、駒場祭委員が期間中に着用しているはっぴの導入や、公式マスコット「こまっけろ」の登場、それまでは有料だったパンフレットが無料になったのもこの間の出来事である。

――拡大と多様化の時代

近年は「東大生番組」ブームの影響もあるのか、２０００年代前半には3日間で合計5万人前後だった来場者数も、ここ数年は12万人を超えるまでに増加した。内容に関しても、駒場祭委員の人数が増えて来たこともあり、公開講座、スタンプラリー、ガイドツアーなど、来場者へのサービスを重視した委員会企画が拡大している。一般企画についても、以前は自分たちがやりたいことをやって楽しもうというスタンスの企画が多かったが、近年は、より来場者の満足度を意識した内容のものが増えているように思われる。

◎記者の目

駒場祭の歴史を振り返ると、どの時代も当時の世相をつぶさに反映していることが分かる。さまざまな変化を重ねながら今に至っているが、唯一変わらないものがあるとすれば、自分たちの学園祭を自分たちで盛り上げようという学生たちの思いではないだろうか。

◇◆◇

本記事に関連して、今回の駒場祭（11月22～24日）では佐藤さんら駒場祭委員会ＯＢが中心となって第70回駒場祭記念企画『駒場祭の七十変華』を開催する。会場全体を大きな年表に見たて、第1回から今回までの駒場祭のプログラム・パンフレットを中心に当時の記事や記録写真のパネル展など、駒場祭の歴史を視覚的に楽しみながら振り返ることができる。場所はコミュニケーション・プラザ南館（生協食堂）２階メディアギャラリー。

大学紛争が鎮静化した直後の1969年に行われた第20回駒場祭（写真は東京大学アルバム編集会提供）

大学観光の課題と可能性

観光地化する本郷キャンパス

本郷キャンパスには、多くの観光客が訪れる。大学は社会に開かれた場所であるべきという声がある一方で、過度な観光客の増加は弊害を生みかねない。当事者である学生にアンケートを実施した他、観光学の専門家2人に話を聞いた。

（取材・大西健太郎）

中国では人気の大学訪問

赤門前に止められた大型バスからぞろぞろと降りてくる団体客。イチョウ並木や安田講堂の前では、多くの観光客がカメラに向かってポーズを取る。本郷キャンパスを歩いていると、日常的に見られる光景だ。

　こうした現状を学生はどう感じているのだろうか。本紙が独自に行ったアンケート（図）によると「本郷キャンパスを訪れる観光客は多いと感じる」との質問に対し、全回答者77人のうち1人を除く76人（98・7％）が「はい」と回答。また「観光客の増加による騒音・混雑などによって、授業や構内の移動などに支障があったと感じる」との問いに対しては「はい」と答えた人が32・5％に上った。「はい」と答えた学生に具体的な支障の内容について聞くと「観光客の撮影した写真に自分が写り込まないか心配」「食堂の混雑悪化」「通行の妨げ」「授業中に騒音が聞こえてくる」などの声が上がった。

牛《ぎゅう》 夢沈《むちん》学芸員

（上海大学博物館）

16年國學院大学修士課程修了。修士（博物館学）。16年より現職。

　同様の事態は海外の大学でも見られる。中国の大学観光に詳しい牛夢沈学芸員（上海大学博物館）によると、中国では日本以上に大学における観光が盛んだという。「中国では、生活水準の向上や観光業の発達、大学自体の発展などを背景に、1990年代から大学観光が広く行われるようになりました」。牛さんは中国で大学が観光地として人気である理由について、自然や建築といった観光資源が豊富なことに加え、人々が大学に対して強く尊敬の念を抱いていることを挙げる。「中国では隋代に科挙が導入されて以降、勉学を重視する姿勢が社会の全ての階層に浸透しているのです」。本郷キャンパスにも、多くの中国人観光客の姿が見られる。彼らに本郷キャンパスを訪れた理由を聞くと「日本の一流大学の雰囲気を感じるため」「子どもの勉強に対する意欲を喚起させるため」といった回答が多く得られた。

　「中国の一部の大学でも観光客が過剰に訪れるようになった結果、騒音や混雑といった問題が生じ、学内からは観光客に対する不満が噴出しています」と牛さん。こうした状況を受け、武漢大学、厦門（アモイ）大学、北京大学など観光客に人気の大学では、それぞれ観光客の入構を制限している。例えば北京大学では、学期中の平日は学生や教職員が同伴する場合を除いて一般客の入構を禁止しており、

(図)本郷キャンパスを訪れる観光客に関するアンケート調査

本郷キャンパスを訪れる観光客は
多いと感じる

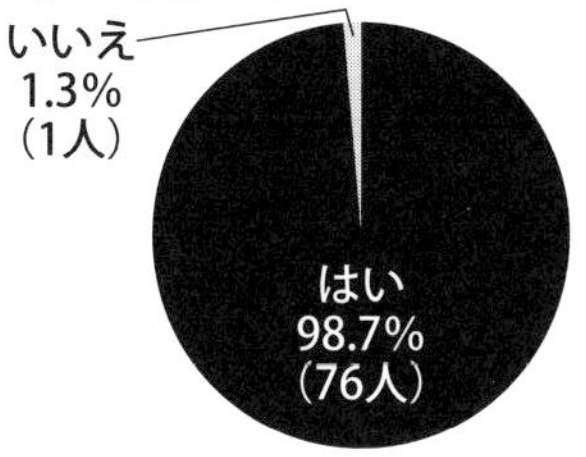

観光客の増加による騒音・混雑など
によって、授業や構内の移動などに
支障があったと感じる

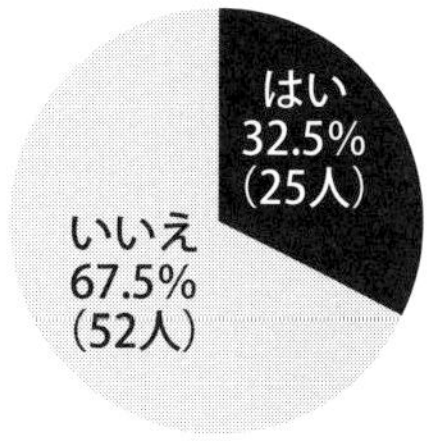

本郷キャンパスを訪れる観光客に
関してどのように思いますか

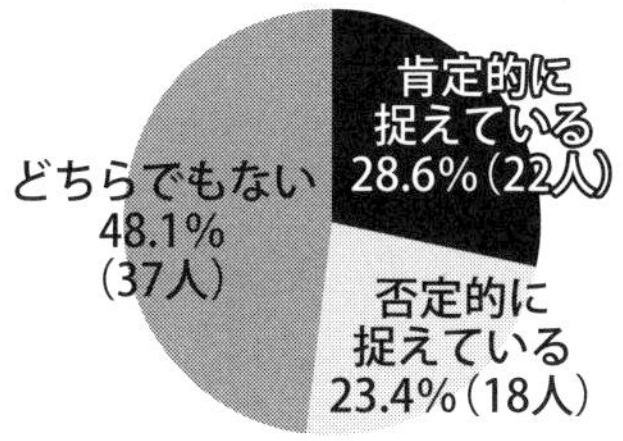

観光客に関する大学側の対応について

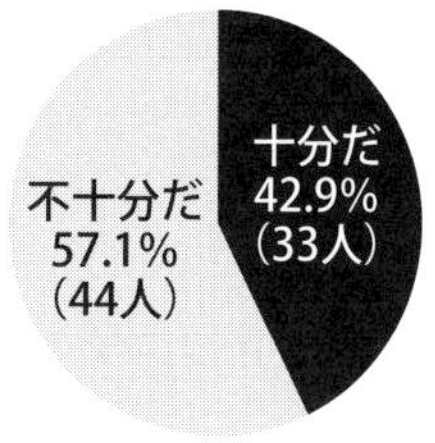

支障の例

- 写真に写り込まないよう気を使って歩くのがストレス
- 赤門を自転車を押して通過する際、写真を撮っている観光客に邪魔だと言われた
- 授業中の教室にまで観光客の騒ぐ声が聞こえてきた
- 構内を歩きづらい、ぶつかりそうになる
- 食堂の混雑
- 関係者以外立ち入り禁止の建物内に入ってくる観光客がいる

※アンケートは1月23～29日に東京大学新聞社がインターネット上で実施。
77人から回答を得た(対象は本郷キャンパスに通学する学生)

土日や長期休暇中は事前にネット予約をした場合のみ見学を許可している。

入構制限以外の方法を採っている大学もある。台湾大学で観光客向けに配られているキャンパスマップでは、博物館や植物園の位置が強調して描かれているのに対し、講義や研究で使用する建物は目立たないよう白く塗られている。「学内者と観光客の動線が交わらないようにしているのだと思います」

価値を生かす「東大観光」を

本郷キャンパスではどのような対策が採られているのか。本郷キャンパスの学内警備を担当する本部総務課は、取材に対し「静謐（せいひつ）な教育研究環境の保持の観点から、観光客が集中する時期には、バスの移動を促すことや警備員による注意喚起を必要に応じて行っている」と回答した。赤門・正門には、昨年8月に見学の際の注意事項を記載した看板を設置。今年1月からは、同じく注意事項を記載したビラを団体客に配布する他、見学登録団体に対して、付近にバスを駐停車しないようメールで呼び掛けているという。本部総務課は「今後も必要に応じて引き続き対応を検討していく」と述べた。生協を管轄する本部奨学厚生課は、すでに全ての食堂で平日繁忙時間帯の学内関係者以外の利用制限を実施。加えて、学内の研究室と協力し、利用者の混雑緩和に向けた調査を行っているという。

一方「大学本部のみならず、学生や教員の視点も取り込むことが必要」と語るのは、観光とまちづくりが専門の西川亮助教（立教大学）。観光対策を大学任せにするのではなく、学生も積極的に関わっていくべきだと主張する。「観光地にありがちなのが、何か問題が起きると、とにかく行政に頼ってどうにかしてもらおうとするケース。しかし今の時代は、住民自らが地域の課題について話し合う場を設けるなど、主体的に関わっていく姿勢が求められている」という。これは大学の場合にも当てはまる。

さらに西川助教は、観光客を単に制限するのではなく、大学のさらなる可能性を広げるツールとして観光を考えることの重要性を説く。「学術研究成果など、東大が持つ価値を分かりやすく伝えるような『東大観光』を提供できるようになれば、新たな東大の意義も生まれ、国際認知度や競争力の向上にもつながると思います」

西川《にしかわ》 亮《りょう》助教

（立教大学）

18年工学系研究科博士課程修了。博士（工学）。公益財団法人日本交通公社研究員、立教大学兼任講師を経て18年より現職。

東大生と共に歩んだ「ゆきラーメン 山手」が12月に閉店

店主に今の思いを聞く

本郷通りに店を構える「ゆきラーメン 山手」が今年12月に閉店すると発表した。この店は駒場にある「山手らーめん」の系列店で、本郷での思い出の味に数える東大関係者も多いだろう。閉店を1カ月後に控えた店主の安東正憲《あんどうまさのり》さんに今の思いを聞いた。

（取材・石井達也）

「閉店の理由は売り上げの悪化です」と言い切る声に、迷いは混じっていないようだった。今年の夏以降に売り上げが低迷する中、10月の消費増税とキャッシュレス化の波に対応できなかったためか、駒場での黒字で補い切れないほどまでに赤字が膨らんだ。「早めに手を打つのが良いと考え、社長と相談して閉店を決めました」

安東さんは9年間で積み重なった思い出の一つ一つを言葉にしてくれた。ミドリムシを使ったみどりラーメンが当時のインターネットで大きな話題を呼んだこと。東大みかん愛好会と共同開発したラーメンが毎春の風物詩になっていたこと。クリスマスに実施した、カットする前のチャーシュー丸ごと1個などが当たる企画が大受けしたこと。これだけ思い出が多ければ、未練を断つのは難しそうに思える。

「ゆきラーメン 山手」店主の安東さん（撮影・小田泰成）

しかし安東さんは「人生の中で1度失敗してもどうってことない。閉店をネガティブに捉えないでほしい」と前向きだ。今はこれまでの感謝の気持ちを込めて閉店までラーメンを提供することだけを考えているという。「もしかしたら、いつかまた私が同じ場所に店を開いているかもしれませんよ」とおどける姿に、記者も思わず元気付けられた。

◇◆◇

本郷キャンパスの赤門から徒歩2分の場所にある「ゆきラーメン 山手」。東大生に対する印象を安東さんに尋ねると「よくその質問を受けますが、お客さんに東大生が多いことは今は意識していません」と意外な答えが返ってきた。そして「昔は意識してたっけな……」と言葉をつなぐ。特別に意識しなくなるほど店にとって

定番のゆきラーメン。無料で1.5玉へ増量できる、学生にうれしいサービスもあった（撮影・石井達也）

東大生はなじみ深い存在になっていたということだろう。

「ラボの愚痴、キャリア官僚のこと、起業のこと……内容はよく分からなくても、何だか難しそうな話がカウンター越しに聞こえました」と、客席にいた東大生を安東さんは振り返る。アルバイトの多くも東大生だった。1、2年生のうちから駒場の「山手らーめん」で働き、本郷に進学すると同時に本郷へ派遣されてくる場合も多かったという。アルバイトの学生が大学を卒業する時に、部活やサークルの後輩を新しいアルバイトとして紹介してもらうこともあった。

◇◆◇

店内の装飾に凝ったり、特別な食材を使ったりはしない。「安庵」としていた店名や看板を変更した過去もある。「トンチみたいですけど『こだわらないこと』がこだわりでした」と笑う安東さんは「実家のような安心感」がある、気楽に訪れられる店を目指してきたという。

記者自身がふと店に行きたくなっていたのは、安東さんの言う「実家のような安心感」があったからなのかもしれない。記者が初めてゆきラーメンを食べたのは浪人生時代、東大に現役合格していた高校同期に誘われて出掛けた五月祭の日。大学に入ってからは駒場・本郷の両方でゆきラーメンを求めた。背脂が効きつつも不思議と食べやすい優しい味は、授業や課外活動で疲れた心身に染みわたった。

「最後に食べたいという人や、何か話したいという人はお待ちしています。まだ時間はあるので、焦らずゆっくり店に来てください」。今後の営業についての情報はTwitterで発表予定。閉店前にもう一度、本郷でゆきラーメンを食べに、そして安東さんがつくり出した「実家のような安心感」を求めに行くのも良いかもしれない。

貪欲な姿勢で自分に合った対策を

推薦生・予備校担当者が語る東大推薦入試

2016年度から開始された推薦入試。毎年さまざまな分野で活躍する多彩な推薦生が入学し、弊紙でも連載『推薦の素顔』で紹介している。では、東大の推薦入試に合格するためにはどのような対策をすれば良いのか。この企画では、推薦入試で入学した3人の学生と、予備校で進路情報を扱う担当者に話を聞いた。

（取材・撮影　小田泰成、山中亮人）

対策は千差万別

学部によって、求める学生像や推薦要件は異なる。合格者の高校時代の探究活動も人それぞれだ。

東京都出身の越田勇気さん（理Ⅰ・2年→理）は、国際地学オリンピックで銀メダルを獲得し、国際物理オリンピックの日本代表候補でもあったため「自然科学において卓越した能力」の実績の例示に合致していた。所属していた地学部の活動では、観測や考察で自然科学への興味や関心を深めた。

宮城県出身の樋野菜々子さん（文Ⅲ・2年→文）は、高校3年間、文芸作品の創作に取り組み続け、各種コンクールでの受賞歴もあった。文芸部での日頃の活動をレポートにまとめ「自主的な研究活動の具体的内容や成果」を示した。

千葉県出身の安保友里加さん（文Ⅲ・2年→育）は、旧満州（現在の中国東北部）へ渡った開拓移民が語る戦争体験の継承についての問題意識を基に、探究活動に取り組んでいた。コンクールで受賞した論文だけでなく、戦争体験の継承に携わる人々への聞き取り調査や実習の記録を提出し、教育学部の求める「卓越した探究心」の根拠とした。

3人が異口同音に「手こずった」と述べたのは、各学部の書式に合わせた志願理由書などの出願書類。3人とも、学校の先生に添削を依頼し、客観的に主張が伝わるか何度も相談することで対処した。越田さんは「夏休み明けから、一般入試の勉強と並行して取り組みました。自分の考えてきたことや、実績、大学で学びたいことを論理立てて書くのに苦労しました」と語る。

第1次選考合格者は面接を中心にプレゼンテーション、口頭試問などが課される。形式は学部によりけりだ。「面接では志望理由書や提出した書類について、どんなことも自分の言葉で説明できるまで考え続けることが一番です」と3人は口をそろえた。

「情報収集も戦略の一つ」と話すのは越田さん。理学部に推薦入試で合格した学校の先輩や、通っていた一般入試対策の塾から、過去の面接などの情報を入手した。面接で聞かれる質問事項や、難易度の高い課題の遂行能力を試す口頭試問があることを知って、対策に役立てたという。塾の大学生チューターと相談しながら、難易度の高い問題を想定し、勉強した。

一方で、樋野さんは、そもそも過去の試験の実施回数が少ないからか、インターネット上にも詳細な情報はほとんどない状態だったと振り返る。「地方では通える塾や予備校にも限りがあり、首都圏に比べると情報格差があると思います」と、情報収集の難しさを懸念する。

安保さんは「情報収集も戦略の一つとして大事だが、その人の特性

（左から）安保さん、樋野さん、越田さん

に合わせて対策を考える必要がある」と言う。書類の提出後、プレゼンテーションでの質疑応答を想定し、学校の先生と練習を繰り返した。「学校の先生など、自分の志望動機や探求活動を評価してくれる人と試験形態に合わせた対策をすることが役立ちました」

推薦生として入学してから1年以上経過した今、安保さんは、推薦入試を「自分の考えや学びの動機、将来像について直接評価をしてもらえる貴重な機会」と捉える。樋野さんは、推薦入試に対して「自分がなぜ文学部で学びたいのか、これまでの創作活動を見直しながら深く考える絶好の機会でした」と振り返る。

推薦入試ではどのような力が求められているのか。「とがった人材でありながら、一芸に秀でるだけではなく、多角的な見方を備えて考え続ける力」が求められると3人は推測する。受験生には「貪欲な姿勢で挑んでほしいです」と締めくくった。

自分の熱意を伝える

推薦入試合格者の共通点について、駿台教育研究所の石原賢一進学情報事業部長は「高い学力を前提に、思い入れの強いものを持っている人」と分析する。そのため合格者が生まれる高校には、スーパーサイエンスクールなど、学校の授業の枠組みを超えた取り組みを支援している高校が多いという。

一方で「やりたいことが明確な人材を集める」目的で実施される推薦入試で、科学オリンピック出場経験などの学力が重視されると誤解されがちなことに石原部長は疑問を抱く。「重要なことは具体的な成果よりも、自分が高校3年間何をしてきたかを示すこと。各学部が求める学生像はあくまでも例であり、ハードルの高さは気にしなくても良い」と説明する。

では、推薦入試で求められる能力とはなんだろうか。石原部長は、面接、プレゼンテーション、小論文を通して必要になるコミュニケーション能力と文章作成能力を挙げる。「口頭でも文章でも、自分のやりたいことを丁寧に伝えられるように練習しましょう」

石原部長が所属する駿台予備学校では現在、東大の推薦入試に向けた対策は、希望する生徒に文章添削を行う程度で本格的には実施していない。客観性が求められる一般入試とは違い、東大の教員が主観的に学生を選ぶ推薦入試に「必勝法」はないという。そのため、過去問演習などのパターン学習では対策し切れない。「もし不合格だったとしても『運が悪かった』と切り替えられるだけの余裕も必要かもしれません」

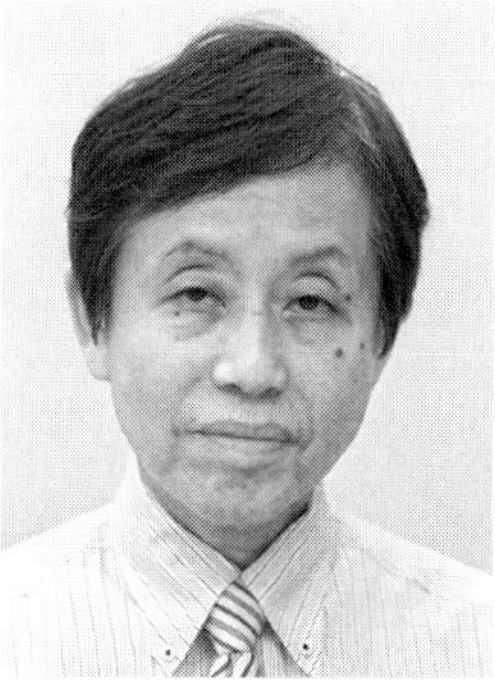

石原《いしはら》 賢一《けんいち》さん
（駿台教育研究所）

各学部が求める学生像・推薦要件（抜粋）

理学部（越田さん）
求める学生像：自然科学において卓越した能力を有する学生
推薦要件：自然科学に強い関心を持ち、自然科学の分野において、卓越した能力を有することを示す実績があること
文学部（樋野さん）
求める学生像：人間のさまざまな精神的営みや、人間の織りなす社会の歴史と現代の諸問題に関する探究心に富み、自らの考えたことを口頭発表や論文などを通して他者に伝える能力を有し、将来、社会的な貢献が期待できる学生
推薦要件：人文社会系諸学に関連する分野において、卓越した能力を有することを示す実績があること、あるいは社会貢献活動において優れた成果をあげたこと
教育学部（安保さん）
求める学生像：自ら設定した課題を探究する卓越した資質・能力を有する学生
推薦要件：東大のカリキュラム履修に必要な教科の基礎学力があり、探究学習の卓越した実績・能力を、論文、作品、発表等を通じて示すことができること

※2020年度の東大の推薦入試学生募集要項を基に東京大学新聞社が作成
※３人が受験した年のものとは表現が異なる

国際化に合わせた言語教育

インタークラスの実態に迫る

東大には歴史的にドイツ語・フランス語・中国語の既修クラス（以下、既修クラス）があり、一つにまとめて俗にインタークラスと呼ばれている。今年から理系中国語ＴＬＰ（英語以外の外国語の運用能力を集中的に高めるプログラム履修者によるクラス）の学生も加わり合計50人を超える大所帯となった。インタークラスの学生らによる座談会を開催、また大学側の見解を聞き、その実態を解明する。

（取材・趙楠）

学生の声　多様な学生が盛んに交流

——まずは自己紹介をお願いします

松浦愛さん　文Ⅰ既修フランス語です。小学校卒業まで米国にいて、中学は帰国子女として受験しました。中1から週に1回学校でフランス語の授業を受け、高1からは第1外国語としてフランス語を勉強するようになりました。

山下陽一郎さん　理Ⅰ既修ドイツ語です。中3の時に1年間だけ必修で第2外国語を学ぶことになっていたので、ドイツ語を選び、高校の間も続けました。

武伯寒さん　理Ⅰ既修中国語です。両親が中国語話者で、小学校卒業まで上海の日本人学校にいました。

石川皓大さん　理Ⅱ中国語ＴＬＰです。中国語は高校の頃趣味で数カ月勉強していた程度です。

——インタークラスに入って良かったことを教えてください

山　やはりインタークラスはみんな第2外国語を習得していて、ＴＬＰに認定された人たちですから、他のクラスに比べてバックグラウンドが多様な人が集まっていると思います。みんな自分と異なるものに対して寛容な気持ちを持つ雰囲気がある気がします。

松　私は中学と高校でフランス語を学ぶ機会があったのですが、インタークラスには自分で決断して留学に行った人もいるので、自分がどれだけ未熟なのかを実感しました。

石　僕は既修中国語クラスの学生の影響もあり、今はスピーキングに関しては英語よりも中国語の方ができる気がします。

（左から）石川さん、武さん、山下さん、松浦さん

山　休みの日にみんなで集まってボードゲームができるのもインタークラスならではだよね。

武　普通のクラスは孫クラ（2学年下で同じ組のクラス）とはほとんどつながりがないようですが、インタークラスは社会人の先輩が今でもよく遊びに来てくれるし、歴代の卒業生が集まる大コンパが開かれたりして上下の結び付きが強い。

――語学を生かして将来は何がしたいですか

松　欧州ではドイツ語を使う人が一番多いですが、アフリカなどの途上国ではフランス語の方が多く使われていますし、外務省や国連機関でもフランス語ができると有利になります。自分も将来途上国の開発に関わる仕事をしたいからフランス語を学びました。

山　僕は進学先すら決まっていないのですが、ただ言えるのは言語が好きということです。Sセメスターはインドネシア語の授業を取り、夏休みは自分でラテン語を勉強しました。

武　インタークラスの人ってみんな言語が好きだよね。

松　私も第3外国語で韓国語取ってる！　やはり第2外国語の学習に余裕があると他の人より言語間の比較がしやすいから他の言語の習得も早い気がする。

大学の声　討論を通し柔軟な思考を

大学がインタークラスに対してどのような見解を持っているかを教養学部等事務部教務課前期課程第一係の職員に取材した。

既修クラスという言葉を初めて確認できた資料は1976年度の『一般教育等の履修について』（現『履修の手引き』）だという。

クラス指定科目の関係からクラスの人数が均一である必要があるので、人数を調整するため今年度から理系中国語TLPクラスを毎年比較的人数が少ない既修中国語のクラスと合併することとした。

既修クラスは年によっては人数が極端に少なく科類によっては0人の年もあるが「外国語の先生方は既修クラスが教養学部の前期課程の中で重要な役割を担っていると考えているので、簡単になくなることはないと思います」。既修クラスはグローバル化社会の中でリーダーになれるような学生に対して適切な言語教育が行われており、重視されている。

既修中国語クラスの授業を教え始めて3年目になる毛興華（もう・こうか）講師（教養教育高度化機構）は「既修クラスは1年目に発表と討論を中心に授業を行い、手応えを感じたので続けてきました」と語る。初修クラスのように定型がない分、毎回時事性のある話題を用意している。

授業の目的の一つは、将来必ず何かしらの形で中国と関わりを持つ学生たちが中国現代社会の話題性のあるトピックに触れることで、将来を考えるきっかけになってもらうことだという。「既に語学力が一定の水準に達しているので、より高度な文法を教えるよりも中国により興味を持ってもらう方が大切だと思います」

もう一つは、グローバルな視点を持たせること。中国という国は非常に複雑だが、中国人にはそれをあまり意識していない人がいるため、日本と中国を両方概観できる立場にいる既修中国語クラスの学生には固定観念にとらわれないでほしいという。「大学時代に討論を通していろいろなことを考えることで、大人になっても柔軟性を持ち続ける大切さに気付いていてほしいです」

◇◆◇

このように、今年から理系中国語TLPの学生が加わったインタークラスは大学側からも重視される存在であると言える。学生は日々切磋琢磨（せっさたくま）して、第2外国語の向上だけでなく、新しい言語への挑戦にも努めている。そんな語学力に富んだインタークラスの学生の将来に期待だ。

毛《もう》興《こう》華《か》講師
（教養教育高度化機構）

多言語で世界を考える喜びを

教員と参加学生に聞くＴＬＰ制度

入試時に高い英語の能力（上位1割程度）を持つと認められた学生のうち、希望者を対象に第二外国語を集中的に鍛えるトライリンガル・プログラム（通称ＴＬＰ）。中国語を皮切りに、２０１９年度現在、六つの言語でＴＬＰが用意されている（表1）。ＴＬＰの設立に携わり、現在は後期ＴＬＰから発展したＥＡＡ「東アジア教養学」のコーディネーターを務める石井剛教授（総合文化研究科）に中国語を例にＴＬＰについて話を聞き、ＴＬＰに参加した学生3人の声を聞いた。

（取材・米原有里）

——ＴＬＰはいつ、どのような経緯で設立されたのですか

ＴＬＰは２０１３年度に実験的に開始されて、14年度に本格始動しました。当時、国際的な大学ランキングで非英語圏でありながら上位にあったのは東大だけでした。英語圏にはない、東アジア的な特性で世界に伍していくために、英語と並んでグローバルな言語となるであろう中国語を扱える人材を育てたいと思ったのがＴＬＰ創設のきっかけです。

現在、従来の西洋的な民主主義のあり方に軋（きし）みが生じている一方、中国が急激に発展しています。そのような視点で見たとき、数十年後、中国語を使えるか否かは決定的な違いをもたらすと思います。英語と中国語を徹底的に学び、西洋的な知の世界でも、中国的な漢字文化圏でもない、新たな世界のあり方を考えられる人材が必要なのです。

——ＴＬＰの授業にはどのような特色があるのでしょうか

一部独自の教科書を使ってはいますが、ＴＬＰと一般の授業とで決定的な違いは特にありません。あるとしたら教え方の違いでしょうか。中国語はＴＬＰ生のみのクラス編成で、ＴＬＰ担当の先生同士で個々の生徒について話し合い、ＴＬＰの授業同士が有機的に連動するように工夫しています。

——ＴＬＰの最大の魅力はなんでしょうか

少人数できめ細かい授業ができることでしょうか。中国語は1クラス20人以下に収まるようクラスを作っています。先生方もＴＬＰを熟知した先生ばかりで、学生さんと先生との距離が近いです。また、海外研修に企業からの支援をいただくなど、社会からの期待が大きく、言語学習にとどまらないさまざまな活動の場が提供されます（写真）。

——ＴＬＰで養成される語学力とはどのようなものでしょうか

結果的に修了生はＨＳＫ（中国語の検定試験）5級程度（注・全6級のう2番目に難易度が高い）の語学力を身に付けますが、特にそれを目標としているわけではありません。学生には、前期教養課程が終わる時までには中国語で授業を受けることができるようになろうね、と言って教えています。

石井《いしい》 剛《つよし》教授

（総合文化研究科）

08年人文社会系研究科博士課程修了。博士（文学）。総合文化研究科准教授などを経て、17年より現職。中国哲学・思想史を専門とする。

正確な読解力によって身に付けた教養と、それに支えられた発信力を習得することが目標です。

——TLPでは授業についていけなかったり、必修科目の多さ（表2）を負担に感じた多くの学生が離脱したりしています（表3）

半数以上の学生が離脱してしまうのは問題ですが、そもそもTLPはできる人を伸ばすように設計されているので、やむを得ない面があります。私が学生に伝えているのは、たとえ脱落したとしても、たまたま中国語が自分に合わなかっただけだということ。みんな東大生だからどこか他の場所で能力を発揮するはずで、そこに能力の優劣はありません。むしろTLPを続けた人と疎遠にならずにお互いリスペクトし合ってほしいですね。

——15年度に教養学部後期課程で設立された、中国語においてのみ開講されている後期TLPとはなんでしょうか

前期教養課程修了後、中国語のさらなる向上を求める生徒を対象に発足したプログラムです。前期TLP履修者に限らず、中国語と英語ができる優秀な学生が集まっています。20年度からはEAA（東アジア藝文書院）と名称を変更し、進化します。従来は言語運用能力を高めることにとどまっていましたが、EAAでは提携する北京大学と協力し、中国語と英語を使ってこれからの世界を考えることのできる人材育成を目指します。

2013年４月	中国語において実験的にＴＬＰが始動
2014年４月	ＴＬＰ生のクラス化が実現し、本格的にＴＬＰが開始
2015年４月	後期ＴＬＰ「東西文明学」の履修開始
2016年４月	フランス語、ドイツ語、ロシア語でＴＬＰ開始
2018年４月	韓国朝鮮語でＴＬＰが開始
2019年４月	スペイン語でＴＬＰが開始
2020年４月	後期ＴＬＰがＥＡＡ「東アジア教養学」に拡大改組

（表１）ＴＬＰの沿革に関する年表。13年の発足以来、さまざまな発展を遂げてきた（ＴＬＰウェブサイトを基に東京大学新聞社が作成）

（写真）南京でのＴＬＰの研修の様子。中国語に限らず、ＴＬＰでは夏休みや春休みに海外での語学学習や学生交流などを行っている（写真はＴＬＰ中国語部会提供）

科目名	1年				2年	
	文科生		理科生		文科生	理科生
	Sセメスター	Aセメスター	Sセメスター	Aセメスター	Sセメスター	Sセメスター
基礎科目 一列・二列	4	2	4	2	—	—
総合科目 演習（ＴＬＰ用）	2	2	—	—	—	—
総合科目 初級インテンシヴ（ＴＬＰ用）	4	4	4	4	—	—
総合科目 初級表現演習（ＴＬＰ用）※	—	—	（2）	（2）	—	—
総合科目 中級インテンシヴ（ＴＬＰ用）	—	—	—	—	4	4
総合科目 中級演習（ＴＬＰ用）※	—	—	—	—	2	（2）
取得すべき単位数	10	8	8	6	6	4

（セメスターごとの入れ替えの際に一定のレベルを満たしているとみなされ新しく編入される学生についてはこの限りではない）

※（ ）内の単位数は任意選択

（表2）中国語ＴＬＰ生が前期教養課程で取得すべき単位数。前期教養課程におけるＴＬＰ以外の学生の第2外国語の必修科目が通常文科10単位、理科6単位であるのに対し、ＴＬＰ生は18～24単位を取得する必要がある。また、ＴＬＰを修了するためには入学後の英語の成績も上位1割程度を維持することが要求される（ＴＬＰウェブサイトを基に東京大学新聞社が作成）

	履修者						修了者数		
	1年生			2年生			前期		
	男子	女子	合計	男子	女子	合計	男子	女子	合計
2013年度	12人	33人	45人						
2014年度	41人	17人	58人	12人	7人	19人	12人	6人	18人
2015年度	36人	25人	61人	33人	15人	48人	20人	13人	33人
2016年度	49人	12人	61人	16人	19人	35人	10人	15人	25人
2017年度	50人	22人	72人	31人	10人	41人	22人	6人	28人
2018年度	42人	24人	66人	47人	21人	68人	31人	16人	47人
2019年度	45人	17人	62人	22人	18人	40人	13人	11人	24人

（表3）中国語ＴＬＰの年度別履修者数・修了者数。ほとんどの年度で、入学当初の履修者数の半数以下しか修了していない（ＴＬＰ中国語部会提供のデータを基に、東京大学新聞社が作成）

——ＴＬＰの履修を迷っている新入生に向けて一言お願いします

ＴＬＰを履修し、多くの言語を使って世界を考えるという喜びを感じてください。多角的な視点で世界を見ることで、多くの想像力が生まれてくるからね。

◎負担多くも、成長実感

前期ＴＬＰ生

通常より重点的に語学を勉強できるＴＬＰのカリキュラムに魅力を感じていました。そのため、入学手続きで第二外国語を登録する際迷わず応募しました。選んだ言語は以前から興味があったロシア語です。

授業中は文法の練習だけでなくテキストの音読やリスニングも行い、ほぼ毎週作文の課題が出されてハードでした。少人数故に各学生の発言回数が多いのも特徴でしょう。量的負担に加え、ＴＬＰ継続のために良い成績を残すことへの心理的負担もありました。

しかし集中して学習する分、文法や語彙（ごい）を早く確実に習得できたという実感がありました。

1年半にわたる履修の後に受験したロシア語検定試験で、東大が推奨する第1レベル（ロシアの大学に入学できるレベル）に合格した時は、大きな達成感を得られました。

ロシア語クラスの研修は2年次の夏休みに行われます。私の代はサンクトペテルブルクとモスクワに行きました。サンクトペテルブルク国立大学でロシアの政治史を学び、両都市の観光で生のロシア語に触れ町の空気や生活感を味わいました。

確かにＴＬＰを受講するかどうか現実的に検討することは大切です。ＴＬＰのホームページにカリキュラムが載っているので、負担が気になる場合は参考にしてください。ただ、少しでも語学に興味があるならば受講することをお勧めします。頑張り次第で、負担以上の成果と充実感を得られるでしょう。

（文Ⅰ・2年・ロシア語）

◎語学から実用への発展

後期ＴＬＰ生

新たな言語を学ぶならばしっかりと学び、より多くの人や世界とつながるための力にしたいと考え前期ＴＬＰに応募。中でも話者の多い中国語を選びました。また、前期ＴＬＰを通してＴＬＰクラスの友人や中国の方と触れ合う中で、中国語をさらに上達させたいという思いや、中国語を学ぶ喜びを経験し、後期ＴＬＰにも応募しました。

前期ＴＬＰでは中国語の上達が授業の主眼で「中国語を」学んでいたのに対し、後期ＴＬＰでは中国語を手段とした「中国語で」しかできない学びを得ています。授業では実際に中国の文章を取り扱い、中国語での深い議論や評論の執筆も行いました。文法に関してもより学問および実用の観点で重要な細かい事柄を学びました。

前期に引き続き、後期でも一つの言語に触れるための機会が多く提供されるのがＴＬＰの魅力です。私は3年生の時、ＴＬＰを通じて北京大学への留学も経験しました。中国人の友人と交流し、彼らの視点を知れたことで、英語や日本語を学ぶだけでは持ち得なかった多角的な思考能力が身につきました。大げさかもしれませんが、ＴＬＰは私の人生観にも変化を与えたんです。

後期ＴＬＰには意欲の高い仲間が集まり、自ずと自分の意識も高まります。確かにＴＬＰに参加すると要求される学習のレベルは高くなりますが、その分得られるものも多いです。ＴＬＰで集中的に勉強してみるのも面白いと思います。

（養・3年・中国語）

◎負担に耐えきれず……

ＴＬＰ離脱者

ドイツ語ＴＬＰ生だった姉が研修でドイツに行くのを見て、楽しそうだと思ったのがＴＬＰに応募した主な理由です。今思えば浅はかな動機ですが、入学した当初は中国語を頑張ろう、という意識もありました。

しかし、ＴＬＰだと1年生のＳセメスターに必修の中国語の授業が週5コマもあり、大きな負担を感じました。関心がある授業があってもＴＬＰの授業と被っているために履修を諦めたこともあります。また、先生方が熱心である分、授業がどんどん進み、他のＴＬＰのクラス（注・中国語ＴＬＰは文科2クラスと理科1クラスに分かれて授業を受ける）と僕のクラスとを比較する先生もいて、少し嫌でした。数多い必修授業や先生からの期待などの負担の中勉強するよりは、自分の好きな授業を履修しながら無理のない範囲で中国語をやりたい、と思って1年生のＡセメスターからＴＬＰの授業の履修をやめました。

一方で、ＴＬＰの学生は勉強熱心で優秀な人が多く、大学生は勉強をしない、という固定観念を打ち砕かれました。常に刺激を与えてくれて、これからも仲良くしたいと思えるＴＬＰ生の友人たちと出会えたので、ＴＬＰに応募したことを後悔していません。

ＴＬＰに応募しようかどうか迷っているなら、1回挑戦してみてもいいと思います。実際に試してみて、自分に合わないと感じたら僕のように辞めればいいのです。選択肢があるのなら、やらない後悔よりやる後悔です。

（文Ⅱ・1年・中国語）

休学の魅力に迫る

休学制度を知っている人は多いだろうが、休学者がどのような動機で休学し、一体どんな活動をしているか知っている人は多くないだろう。十人十色の休学活動を、この4月から1年間休学している2人に語ってもらった。

（取材・田中美帆）

英語の聖地で誇れる経験

渡邉《わたなべ》 美咲《みさき》さん
（養・4年）

幼少期から物語を作ることが好きだった渡邉さん。小学生の時は絵本を作り、映画に出会った中高時代は「映像表現の壮大さに引かれて映画の脚本作りにいそしみました」。大学でも映画製作サークルに所属し、映画作りに熱中していた。

休学を考え始めたのは学部3年次の4月。ずっと行きたかった留学を真剣に検討し始めたことがきっかけだ。「学部3年次まではいつも何かに追われている感じがありました。就職前にゆっくりと自分を見つめる機会が欲しかったんです」

◇◆◇

休学期間は3年次が終わってからの1年間。4月から6月はロサンゼルスの語学学校キングス・エデュケーションに留学し、ハリウッドの監督が指導するイングリッシュプラスフィルムプログラムに参加した。4月は座学を受講。5、6月は各生徒が実際に脚本を書き、監督・役者・カメラマンをクラスメート9人で持ち回り映画を撮影した。「それまで独学で行っていた技術面に対しプロの指導を受けられたのが良かったです」としみじみ語る。中でも脚本面では、言葉で説明し過ぎず受け手の想像力に任せることを学んだ。

一方、監督役には苦労したという。英語で話すことが苦手だったため、言いたいことがうまく伝えられず歯がゆい思いをした。演技面でも「英語のセリフを覚えるのに精いっぱいなのに、アドリブを入れてくるクラスメートもいて困りましたね（笑）」。しかし3カ月の留学を経て英語で話すことが楽しくなったという。

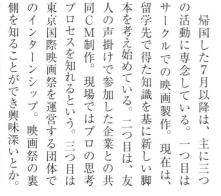

プログラムを通して「映画が好きだと改めて実感し、帰国後も脚本を書いて映画を作りたいと強く思いました」。また、初の海外生活で、人との付き合い方や暮らし方における新しい価値観に触れ「もっといろいろな所に行きたくなりました。陳腐な表現ですが、世界が広がりましたね」。

◇◆◇

帰国した7月以降は、主に三つの活動に専念している。一つ目はサークルでの映画製作。現在は、留学先で得た知識を基に新しい脚本を考え始めている。二つ目は、友人の声掛けで参加した企業との共同CM制作。現場ではプロの思考プロセスを知れるという。三つ目は東京国際映画祭を運営する団体でのインターンシップ。映画祭の裏側を知ることができ興味深いとか。「みんな映画が好きなことが伝わってきます。楽しく、でも責任を持って業務をこなしていて、働き方の参考になります」

大学院進学の予定はない渡邉さん。現在秋冬インターンを視野に入れている。「テレビ局や制作会社を検討しています。ドラマなどの映像で物語を伝えたいです。学んできたことを生かせたらと思います」

◇◆◇

ホストマザーに連れられて、ハリウッドで収録されている有名なテレビショーを観覧（写真は渡邉さん提供）

休学を迷っているならするべきだと勧める。何かを深めたいと思ったとき、授業と両立しながらだと難しいことが多い。自身に関しても「中途半端でなく、十分やったと満足できるようにしたかったんです」。1年遅れることに抵抗を感じる学生もいるかもしれないが『この時期にこんなことをやっていた』と人に誇れる経験ができるのは素敵なことだと思います」。

休学での学び事業に生かす

金子《かねこ》 真大《まさひろ》さん
（育・4年）

「他者から見ると変なことに思えても実は筋が通っていて、微妙に手が届きそうな挑戦を100歳までやり続けるのが人生目標です」と強く語る金子さん。就職するなら、本当にやりたいことが可能で柔軟な働き方ができる企業がいいと考えていたがなかなか存在しない。就職か進学か、あるいは学部1年次に起業した教育系企業を続けていくかを決めるのに時間が欲しくて、休学の道を選んだ。自社の規模拡大で、大学との両立が難しくなったことも背景にあるという。

◇◆◇

申請した休学期間は学部3年次が終わってからの1年間。4月は自社の事業に注力。5、6月は並行してAIベンチャー企業のインターンシップに参加した。各方面に秀でた「尖った人材」がそろった、個人の裁量が大きい職場で、社員1人が勝手に始めた事業に周りが賛同し、社内で収益を生む事業にまで発展する環境を目の当たりに。「周囲で絶えず新しいことが誕生する環境なら、他の人のやりたいことに乗っかることで常に新しい挑戦を続けていけると気付きました」

この気付きを基に、自社の制度設計に焦点を当て、7月に教育中心だった会社方針を転換。「テクノロジーやアートに素養のある『尖った人材』を集め、おのおのがやりたい新しいことを皆で実現していく挑戦の場を目指しています」と熱弁する。会社としての就業時間制約などはなく、リモートワークも盛んと柔軟な職場であることも特徴。「皆が活動しやすい環境をいかに作るかを日々考えています」

方針転換後の「尖った人材」による会社の事業として、7月には個人の学びを支援するコーチングアプリの製作が本格化した。9月にはファッション事業も開始。日常生活では着ないような独創的ファッションや、ファッションアートに力を入れる。教育とITにおける海外市場のリサーチ事業も手掛けるなど多様な挑戦に取り組んでいると生き生き語る。

今後の休学期間は「各事業に注力し、自分がいなくても事業が回り収益が上がる状態にしたいです」と意気込む。休学期間を経て「大学に戻って卒業した後はこの会社を続けたいという意思が固まりました」。

休学の利点は「大学の授業などの制約がなくなり柔軟に動けるようになったことです」。企業との打ち合わせにも制約なく参加できる。空いている時間には、多種多様な業界の人と会う予定を際限なく入れているという金子さん。「新しい知識や人脈は可能な限り広げたいので、アポイントメントは断りませんね」

やりたいことがあるなら休学は一手だと勧める。「大学という狭い世界や就活という画一化された世界から一度抜け出してこそ分かることもあります」。一方、だらだら時を過ごさないように、何をいつまでに終わらせるという見通しをあらかじめ立てることは重要。「休学するなら休学を終わらせるときのことを考えて、充実した時間を過ごしてください」

株式会社ＡＢＥＪＡでのインターンの成果発表説明のプレゼンテーション
（写真は金子さん提供）

排調

新聞の1面に掲載されているコラムは各紙の顔といわれる。東京大学新聞のコラムは「排調」と呼ばれ、社会問題や学生生活などに対する意見を論じる場として、読者の注目を集めている。ここでは2019年度の排調を厳選してまとめた。

2019.04.02

桜咲く駒場Iキャンパスに、新入生を呼び止めんとする大声が響く。3月28・29日、東大の春の風物詩・テント列が今年も盛大に実施された▼記者も3年前、テント列の洗礼を受けたことを思い出す。数メートルごとに声を掛けられ、サークルの説明を聞かされる。出口までに要した時間は4時間以上。帰宅後、どっと疲れが押し寄せた▼だが今になって、あの4時間は徒労ではなかったと思う。嫌になるほどのサークルの多さは、東大の多様性の現れ。記者生活とは全く違う大学生活への扉が、至る所に立っていたのだ▼サークル数は４００以上。他大学には類を見ないサークルも多く、東大生の関心の幅広さが分かる。しかし各サークルの内実を見れば、時に「多様性」とは真逆の現実が見え隠れする▼昨年4～5月実施の本紙調査では、東大女子の参加を認めないサークルが少なくとも三つ確認された。調査に回答したサークル以外でも、東大女子が不当な扱いを受けたとの声は数多い▼東大は、学内の多様性向上のため、２０２０年までに女子学生比率を30%に伸ばす目標を掲げる。家賃支援など女子学生支援策も盛んだが数字には響かず、今年の新入生の女子率はここ5年間で最低の約17%。いくら東大が女子学生も通いやすい環境を整えようとしても、当の学生が一部でも東大女子を排除するような振る舞いをしては、東大の試みが掛け声倒れに終わるのも無理はない。【塚】

2019.06.25

文学を専攻していると、なぜそんなことを研究するのかとよく聞かれる。自分でもそう思う。外国語と格闘し、一語の解釈で何時間も迷った末に、やっと訳せた文章が意味不明なんてことはザラにある。就職に有利になるわけでも金になるわけでもない。それでもたまにはいいことがある。先日、資料探しで立ち寄った図書館で一枚の手紙を見つけた▼ある東京帝国大学生が文という女性に恋をした。男はやがて小説家になるが、それでは食っていけず、昼は英語教師として働き、夜に小説を書いた。生活がなんとか回るようになり、覚悟を決めて送ったプロポーズの手紙▼近況報告を終え、本題に入る。「貰ひたい理由はたった一つあるきりです。さうしてその理由は僕は文ちゃんが好きだと云ふ事です」。生活上の便宜を計算に入れずに求婚する向こう見ずさを「世間では僕の考へ方を何と笑つてもかまひません」とはねつけ、率直な恋情を書きつづる▼文章にレトリックは何もない。ひらがなを多用した平易な言葉が並ぶ。だからこそ、まっすぐで飾り気のない情熱が読み手の心を打つ。「繰返して書きますが、理由は一つしかありません。僕は文ちゃんが好きです。それでよければ来て下さい」▼書き手の思いは届き、二人はめでたく結婚する。１９１９年、今からちょうど百年前。夫が『杜子春』を書いて文壇の名声を勝ち得る、少し前のことだった。【間】

2019.07.09

サニブラウン選手の成長が目覚ましい。先日の陸上日本選手権で圧倒的強さを見せ、２０２０年東京五輪でのメダル獲得も期待されている。しかし、日本人の母とガーナ人の父を持つ彼を純粋な日本人として応援できないという声が国内で散見された▼サニブラウン選手は日本生まれ日本育ちの日本人だ。彼を「日本人と思えない」と発言することがあるまじき差別だというのはことさら強調するまでもないだろう。一方、理解不能の違和感でもない。サニブラウン選手の強さはアフリカ系の身体能力の高さが一因で、それをズルいと感じるのだろう。しかし、潜在能力と努力の掛け合わせでトップを目指すのがスポーツだ。能力と努力に貴賤があろうか▼ハーフの日本人選手は少なくない。同じ陸上のケンブリッジ飛鳥選手、テニスの大坂なおみ選手もそうだ。日本語よりも英語が流ちょうな大坂選手にも「日本人と思えない」との声が上がった▼この問題の答えになるのは「日本人とは何か」ではなく「スポーツで国を背負うとはどういうことか」ではないか。国の代表選手は自分の勝利がその国の喜びとなると自覚しながら戦う。観客は自国の選手の勝利を、自分のことのように喜ぶ▼東京五輪・パラでも色とりどりの国旗がはためくだろう。出自、容姿、身体能力、名前にかかわらず、背負うと決めた国旗を掲げ戦う選手らの姿を純粋に楽しみたいものだ。【目】

2019.07.30

「少年老い易く学成り難し」で始まる『偶成』は、12世紀の儒学者、朱子の詩といわれる。儒教を新たに体系化し、理気二元論などで知られる朱子学を確立。朱子学は朝鮮半島や日本にも伝播して、東アジア圏を「儒教文化」で包み込んだ▼そんな大思想家の非凡ぶりは若者の頃から発揮されていた。18歳の時には、20世紀初頭まで行われていた中国の官吏登用試験である科挙に合格。科挙の合格者の平均年齢は36歳、倍率は3千倍だったというから、若い彼の合格は奇跡に近い。まさしく「一寸の光陰軽んずべからず」と自らに言い聞かせていたに違いない▼ところでこの戒めは、今日の日本の大学生にどれほど通用するのだろう。近年、学問以外の課外活動にも時間を割いたり進路の見極めにもっと時間をかけたりするために、休学や留年する人も珍しくない。地方の村で学習支援に携わる人、離島の地域活性化に取り組む人、海外へダンス留学に行く人、会社を立ち上げる人……。学問にとどまらない「学」の多様化と、「少年」時代を延長するという贅沢が可能な状況にあることは歓迎したい▼とはいえ月日が経てば年をとるのは昔も今も同じ。『偶成』の締めくくりはこうだ。春の夢がまだ覚めないうちに秋風の音が聞こえてしまうように、月日が過ぎるのは早い、と。2カ月の夏休みがいつの間にか終わっていた、なんてことのないよう気を引き締めて過ごさねば。【舞】

2019.12.03

11月下旬、ネットや街中で多くの「ブラックフライデーセール」を目にした。そもそもブラックフライデーとは米国発祥のセールで11月の第4木曜日である感謝祭の翌日を指す。日本では２０１６年ごろから大手企業により導入され、スーパーからアパレルブランドまで、さまざまなところで普及を見せている▼セールと言えば、クラスで中華まんを売った先日の駒場祭を思い出す。昼過ぎの時間帯は売れ行きが芳しくなく、タイムセールに踏み切った。３００円で売っていた中華まんを１００円に値下げした途端、遠のいていた客足が一気に増え、店の前には長蛇の列、暇を持て余していたキッチンはてんやわんやとなった▼値下げや「今だけ」という希少性は人を購入に走らせる。セールで買う必要のないものを衝動買いしてしまい、後悔した経験がある人も多いのではないだろうか▼個人の財布の問題だけではない。無駄な買い物は大量生産・大量消費社会化に拍車をかけ、環境に負担をかける。そのため、米国ではブラックフライデーをボイコットする動きもあるという▼自然の恵みに感謝したことから始まった感謝祭だが、現状に満足するどころか人間の欲をそそるイベントになりつつあるのかも知れない▼年末セールや初売りが控えるこの時期。異国の風習にも思いをはせ今与えられているものに感謝し、本当に必要な買い物だけするよう心掛けたいものだ。【雲】

2020.03.03

本号の発行日である3月3日は、漫画『こちら葛飾区亀有公園前派出所』の主人公、両さんこと両津勘吉の誕生日だ。作中には両さんが自身の経歴を「東京大学プラモデル学部」卒業とする場面がある。もちろん、東大にはプラモデル学部は存在しない▼ただ「プラモデル学」までを「そんな学問は存在しない」といって切り捨てるのは、もったいない気もする。例えば部品や工具については工学的に、誕生から普及に至る流れは歴史学的に考察できるし、他にも多様な分野と関連付けられそうだ。領域横断的に研究を重ねれば「プラモデル学」を確立することも夢ではない。こうして考えると、何事も学問分野に昇華し得る可能性を秘めているのかもしれない▼東大は第一段階選抜や第2次学力試験で多くの科目を課す。中には苦手な科目や、つまらない科目もあるかもしれない。しかし大学で研究を始める上で、興味のある分野と関係がなさそうなものにも目を向ける姿勢は、養っておいて損はないだろう。真理を見つけるためには、時にさまざまな分野を組み合わせて新しい学問分野を作る必要が出てくるかもしれないのだから▼その点、やはり「プラモデル学部」出身の両さんは言うことが違う。「正面ばかりでなくいろんな方向から物を見ないとわからんでしょうが真理というものは!!趣味の広さは人間の豊かさになってくるのですよ」【無】

2020.03.10

有名な古典落語の演目に『酢豆腐』という一席がある。いつも知ったかぶりをする若旦那の鼻をへし折ろうと、腐って酸っぱくなった豆腐を珍品だと偽って食べさせる町内の若い衆。案の定知ったかぶりをして一口食べると、どんどん食べろと追い込まれた若旦那が「いや、酢豆腐は一口に限ります」と答えるオチは会場の爆笑を誘う▼見事入試を突破した新入生を待つのは、見たことも聞いたこともない知が飛び交う大学という世界だ。広大なキャンパスで展開される研究、膨大な文献、専門性に富んだ数々の授業。その全てを知り尽くすことなど到底不可能である。そんな世界では知ったかぶりなどもってのほか。謙虚に、貪欲に学問に取り組んだ者にのみ、真の学びは開かれる。決して、おごった態度を取って「酢豆腐」を食わされることのないように▼もっとも、大学が学問をするためだけの場所だというのは大間違い。さまざまな価値観や経験、知見を持つ他者との関わりは人生の中でそう多く得られるものではない。それに、サークルやアルバイトに時間をかけて打ち込むのも授業と同じくらい貴重な経験といえよう。ここでもアンテナを広げ、積極的に自分の見識を深めていきたいものだ▼その中で、時には珍品に食らい付くこともひょっとすると必要なのかもしれない。珍品が腐った豆腐だと気付いたのなら一口でやめてしまえば良いのだから。【陽】

東京大学新聞

© 2021 東京大学新聞社

創刊は1920年

『東京大学新聞』は1920年創刊の『帝国大学新聞』を前身とし、『大学新聞』『東京大学学生新聞』と名称を変えつつ、1961年以来『東京大学新聞』として発行を続けてまいりました。2020年12月に創刊100周年を迎え、現存する大学新聞では最も長い歴史を誇ります。

学内外の問題に広く関心を持ち、大学院進学や就職を真剣に考える東大生にとって欠かせない情報源となっています。

公益財団法人東京大学新聞社の経営には学内外の有識者からなる理事会（理事長＝宍戸常寿・大学院法学政治学研究科教授）があたっています。『東京大学新聞』の編集・発行は、全員東大生・東大院生からなる編集部がいかなる団体からも独立した編集権のもとで担っています。

あなたも編集部員に

『東京大学新聞』では、新聞を読むだけでなく作ってみたいという人を待っています。資格は東大に在学していること（大学院を含む）。

編集作業はなかなか忙しくて大変な面もありますが、あくなき興味を満足させるには最高の環境です。アイデアと行動力次第で、さまざまな貴重な体験ができます。活動内容は、新聞製作（記事執筆、レイアウト、校正など）の他、写真撮影やウェブサイト構築、イベント運営まで多岐にわたります。

大学生活が格段に「知的興奮」でいっぱいになることは間違いありません。

◎社　告

弊社が発行している新聞の名称は『東京大学新聞』であり、新興宗教団体・統一教会と歩調を合わせる『東大新報』とは一切関係ありません。弊社は電話での購読勧誘を行っておりません。疑わしい場合には弊社までご一報ください。

定期購読をどうぞ

『東京大学新聞』は一部毎でも販売していますが、お得な定期購読をお勧めしています。お申し込みをいただいた方には、毎月ご自宅まで『東京大学新聞』を直接郵送しています。

定期購読を希望の方は、以下の方法で年間購読料をお支払いください。ご送金が確認でき次第、最新号からお送りいたします。

また、電子メール・電話にてお問い合わせいただくと、見本紙を送付いたします（お一人様1回限り）。東大関係者以外の一般の方のご購読も歓迎いたします。

◎郵便局にてお支払……郵便局に備付の払込取扱票をご使用いただき、弊社宛に年間購読料をお振込みください。
（郵便振替00150－3－7754）

◎オンラインショップ「BASE」にてお支払……「BASE」の東京大学新聞専用ページ https://utnp.shopselect.net にアクセスして頂き、定期購読用のバナーからお手続きにお進みください。コンビニ決済・銀行振込・クレジットカード払いなどがお選びいただけます。

【お問い合わせ先】
電話　03（3811）3506
電子メール　post@utnp.org

【年間購読料】
一年契約（増刊含む13回）……7、400円
二年契約（増刊含む26回）……14、400円

東京大学新聞年鑑 2019-20　東大記録帖

【企画・編集】公益財団法人 東京大学新聞社
〒113-8691　東京都文京区本郷 7-3-1　東大構内　電話 03-3811-3506
【発行者】長谷川一英　【発行所】（株）シーズ・プランニング
〒101-0065　東京都千代田区西神田 2-3-5　千栄ビル 2F　電話 03-6380-8260
【発売】（株）星雲社（共同出版社・流通責任出版社）
〒112-0005　東京都文京区水道 1-3-30　電話 03-3868-3275
【本文イラスト】サトウナオミ、【デザイン】中野義仁／鈴田　聡
【発行日】2021 年 3 月 25 日　第 1 刷発行
 ISBN978-4-434-28818-0 C1030